BOND MARKET QUALITY

Evaluation System, Influencing
Factors and Optimal Design

债券市场质量

评价体系、影响因素与优化设计

类承曜 等◎ 著

中国财经出版传媒集团

经济科学出版社

Economic Science Press

前　言

我国的债券市场自 1981 年财政恢复发行国债开始起步，历经 40 余年的发展，发行量迅速增长，发行品种不断创新，投资者结构日趋多元合理，对外开放程度不断加深，各方面制度与政策不断完善，在促进经济发展和推动金融市场完善方面发挥了重要作用：债券市场强有力地支持了实体经济的融资需求；为金融体系提供了风险管理和资产配置的金融资产；国债市场作为财政政策和货币政策协调配合的结合点在政府宏观调控中发挥了重要作用，推动了我国对外开放和人民币国际化进程。

2021 年，债券市场共发行各类债券 61.9 万亿元，截至 2021 年 12 月末，债券市场托管余额为 133.5 万亿元，而在 2011 年末，这一数字仅为 22.1 万亿元，短短 10 年时间增长了 5 倍！① 目前我国债券市场规模已经位居世界第二。我国债券市场规模迅速增长的同时，债券市场质量的提升和完善日益受到重视。推动债券市场高质量发展是未来发展我国债券市场的重中之重。高质量债券市场的主要标志是信息披露及时、准确，价格发现功能高效地发挥，具有很高的流动性，切实保护好投资者利益。当前中国债券市场在提高质量方面还有比较大的空间：对债券市场质量的衡量缺乏统一且可靠的指标体系，违约债券的处置机制仍有待完善；现行的国债税收制度扭曲了国债的定价机制，最终影响了资源配置的效率等。

提升债券市场发展质量，推动债券市场更好地为实体经济服务，成为当前债券市场需要重点关注和解决的问题，也是本书编写的初衷。债券市场质量涵盖的内容非常广泛，本书立足于我国实际，借鉴国际前沿理论，

---

① 中国人民银行金融市场司. 2021 年金融市场运行情况［EB/OL］. 中国人民银行官网，2022 - 01 - 30.

选取影响债券市场质量的几个核心问题进行深入研究，以简洁明晰的风格和形象通俗的图表，从评价指标、影响因素和优化建议等方面深入地分析了债券市场质量方面的几个重要问题，在内容的取舍上始终遵循理论前沿性、实用性和操作性的标准，既具有一定的理论意义，又具有高度的实用性，本书研究主题和结论为金融界的相关从业人员和债券市场参与者提供了一定的参考，希望有助于读者理解和认识如何提高债券市场质量这一问题。

为了保证结论的真实性和准确性，本书在实证部分包含了一些计量分析内容，但已尽可能将其压缩到最低限度，以提高本书的可读性，论证中注重逻辑分析过程，尽力做到理论与实践的平衡。同时，本书在编排时采用了模块化的方式，各章节之间既相互独立又紧密联系、相辅相成，有不同需求的读者可以根据自己的实际需要阅读相应章节，而不影响内容的连贯性。

本书共包括8章内容，从两大方面概括了债券市场质量的情况。

第1章和第2章介绍了债券市场质量的评价体系。要建设高质量债券市场，前提是要正确衡量债券市场质量，构建衡量债券市场质量的指标体系是必不可少的。第1章根据利率债和信用债的不同特征，分别构建了我国债券市场基于流动性、波动性、透明度、有效性和开放度五大指标的评价体系。在此基础上，考虑到数据的可得性，将反映流动性、波动性和有效性的指标通过主成分分析和因子分析分别构建了我国利率债和信用债市场质量总指标。第2章借鉴国际前沿文献的理论成果，对正确衡量中国债券市场流动性提供了一些探索性研究。尽管国内外学者构建了很多衡量债券市场流动性的指标，但适合中国债券市场流动性的衡量指标仍然需要深入研究，本书使用公募基金对债券的季度持仓量和月度换手率数据构建了可以度量市场流动性的指标——潜在流动性，并在此基础上构建了潜在流动性因子。

第3章至第8章从不同的方面研究了债券市场质量的影响因素，并基于不同的影响因素提出了提高市场质量的优化方案。第3章利用主成分分析方法实证研究了中国地方债市场的市场细分现象，以债券流动性作为市场质量的代理变量，研究市场细分对债券市场质量的影响。结果表明，市场流动性缺乏会导致市场细分现象，提高地方债市场流动性有助于减轻地方债市场细分现象，并提高债券市场质量。第4章分析发现，信用债打破"刚性兑付"以及信用债违约次数与金额的提升，有助于通过放大评级的融资成本效应改善评级的有效性，且在投资人付费模式下，发债主体及债项获得的评级结果更为客观。债券市场信用评级对于解决债券市场信息不对称问题发挥了至关重要的作用，本章对如何提高信用评级效率提出了新的思考视角。第5章梳理了我国债券违约的起因、发展过程及现状，汇总了我国信用债违约处置的主要方式和实践中遇到的困难，结合国际经验和相关的监管框架设计，提出可供我国违约债券处置借鉴的经验。债券违约合理处置一方面可以加强投资者保护，另一方面也会约束债券发行人的道德风险行为，增强债券投资者信心，这两方面是提高中国债券市场质量的重要维度。第6章基于省级季度面板数据，以2009年和2015年两次大的地方债改革政策冲击来构造工具变量，评估了地方债对于当地经济发展的影响。地方政府债券是规模最大的债券品种，中国未来稳增长的重要举措就是增加地方政府支出。对于那些自有财政缺口较大的省份，地方债促进经济增长的效果是非常显著的。本章还从经济增长角度评价了地方政府债券的质量。第7章对债券投资领域税收制度进行梳理，结合国内外经验论证了我国税收制度对债券市场价格体系的影响，初步探讨了取消国债免税政策的效应。从发达金融市场的实践来看，以国债价格形成的收益率曲线是金融市场的基准收益率曲线，但由于我国对国债利息免税导致国债收益率曲线无法成为金融体系的基准收益率曲线，这导致债券市场缺乏科学定价基准，降低了债券市场定价效率。本章的研究结论对于构建我国债券市场合理的税收制度具有参考价值。第8章采用实验经济学的研究方法展开分析，结果显示信息广泛传播造成的交易者"搭便车"行为会导致债券交易价格与价值的偏离，而在动态信息获取机制下有助于缓解该情况，并提高市场效率。该结论对于信息披露监管制度的完善提供了新的思路。

　　本书在写作过程中参考了大量国内外学者的研究经验，得到了许多人的帮助，很多业内专家也给出了非常有价值的参考意见，借此机会向他们表示衷心的感谢。本书的主要作者均为中国人民大学财政金融学院的教师，写作分工如下：第1章、第4章、第7章，类承曜；第2章，郭彪；第3章，李戎；第5章，类承曜和何林；第6章，张静；第8章，代志新。

最后，由类承曜负责通读全稿并进行修改和补充。

本书是在中债研究所与中央国债登记结算有限责任公司合作研究的基础上完成的，感谢中央结算公司的大力支持。

希望本书能在读者学习金融市场理论、对中国债券市场质量相关问题进行思考和研究的过程中提供有价值的信息！

类承曜

2022 年 4 月于中国人民大学

目　录
CONTENTS

▶▶第4章 **债券市场信用评级机制及有效性**

▶▶第5章 **债券违约处置机制与债券市场风险化解**

第①章

债券市场质量指标构建
与推动我国债券市场高质量发展建议*

1.1 引言

党的十九大报告中指出"深化金融体制改革，增强金融服务实体经济能力，提高直接融资比重，促进多层次资本市场健康发展，健全货币政策和宏观审慎政策双支柱调控框架，深化利率和汇率市场化改革"，为我国金融市场的发展勾画了新的蓝图。作为我国金融市场的重要组成部分，近年来，我国债券市场取得飞速发展。债券市场在服务经济、提升融资比重、支持融资供给侧改革方面发挥着重要作用，也是央行进行货币政策操作和宏观调控的重要平台。

债券市场是金融市场的重要组成部分，发挥着关键的资金融通作用，也是央行进行货币政策操作和宏观调控的重要平台，所以保证债券市场高质量健康发展尤为关键。

我国债券市场在高速发展的同时，也面临着内外部环境的变化。一方面，在2008年世界金融危机之后，美国、日本、欧洲等国家（地区）采取了非常规宽松货币政策。而在当前世界经济增速放缓的背景下，货币政策宽松的态势依然会延续，我国债券市场在面临全球货币金融环境变化时也要做好自身的调整。另一方面，随着供给侧结构性改革的进一步深化以

---

* 本章作者：类承曜、邓晴元。

及我国结构性"去杠杆"政策的推行，债券的期限结构、资金需求主体的分布也会经历适应性调整。近两年，我国债券违约的案例开始增多，刚性兑付的"信仰"逐渐被打破，在债券发行和债券交易环节，信用分层和流动性分层更加明显，我国的债券市场也会经历调整和波动。随着我国经济实力的提升，我国已经成为世界第二大经济体。未来，我国债券市场对境外投资者的吸引力将不断提升。据中国人民银行统计数据，截至2020年1月，国际投资者持债规模超过2.2万亿元人民币，占我国债券市场存量规模比例超过2.19%，未来将有越来越多的境外投资者进入我国债券市场，不同国家投资者的投资理念和策略、不同国家投资者资金的全球配置和流动也会对我国的债券市场提出更高的质量要求，今后需要更加注重推动债券市场功能的强化、质量的提升和稳健性的增强。

为了保证债券市场能够持续高质量发展，必须不断完善债券市场的基本制度和评估度量体系，为不断发展的债券市场保驾护航、指引方向。因此，构建更为全面系统的对于债券市场的度量指标体系具有现实性和紧迫性。

市场质量是一个定性的概念，对其高低程度的变化很难作出判断。本章将构建一个对债券市场质量进行度量的指标体系，包括流动性、波动性、透明度、有效性和开放度五个方面的指标，通过对这些指标变化情况的分析，来对我国债券市场质量进行全面客观评价。流动性是指交易者能即时地交易且价格不会出现剧烈波动，包括宽度、深度、即时性和弹性四个维度；波动性是指资产价格在市场交易中的波动程度，用于揭示金融资产价格的不确定性和交易者面临的风险程度；透明度是指信息披露程度，包括与成交量、成交价、交易者身份等有关的交易信息的披露；有效性是指价格能够准确、充分和即时地反映市场信息；开放度是指外国机构参与中国市场的深度和广度，以及中国在境外市场的参与度。这个全面和系统的指标度量体系可以更好地对债券市场质量和发展状况进行研究和评估，及时反映出债券市场发展过程中的可能风险和未来的发展趋势，对于帮助决策当局判断宏观走势并制定相应政策从而推动高质量债券市场建设将发挥不可或缺的作用。

1.2 指标体系

1.2.1 流动性

德姆塞茨（Demsetz，1968）发表的《交易成本》（*The Cost of Transacting*）一文奠定了证券市场微观结构理论的基础。大量文献和案例表明，流动性是市场的核心，一个市场只有具有良好的流动性，才能称为是有效率、有竞争力的市场。一个流动性好的市场能够增强参与者的信心，并且能够抗御外部冲击、降低系统风险，投资者想从证券市场得到的只有流动性（Handa & Schwartz，1996）。

学者们从不同维度定义并构造了流动性指标。坎贝尔等（Campbell et al.，1998）指出，金融市场的流动性是指投资者能够迅速、匿名地买卖大量的证券，同时证券价格受到的冲击较小，这是一个得到相对广泛接受的观点。格罗斯曼和米勒（Grossman & Miller，1988）提出，流动性是指愿意推迟交易的交易商比希望立刻执行的交易商以更好价格成交的可能性。哈里斯（Harris，1990）提出了流动性的四个维度，即宽度、深度、即时性和弹性。宽度是指交易价格偏离市场中间价格的程度，一般用价差来衡量；深度反映某一特定价格水平下的交易数量，是衡量市场价格稳定程度的指标，可用在不影响市场价格条件下可能的交易量或某一给定时间做市商委托单上的委托数量来表示；即时性是指投资者有效报单成交的速度；弹性是指单位交易量引起价格波动的幅度或委托单不平衡的调整速度。四个维度中宽度和深度指标、即时性和宽度指标都可能存在矛盾。时文朝等（2009）对这四个维度进行了进一步阐述：一是交易即时性，也可视为债券变现和交易清算的难易程度，即时性越强，则流动性越好；二是交易宽度，最常见的衡量指标是买卖价差，当买卖价差足够小时，市场具有宽度，即流动性强；三是交易深度，即在特定价格上存在的订单总数量，总数量越大，说明流动性越强；四是弹性，即由于一定数量的交易导致价格偏离均衡水平后恢复均衡价格的速度。

对债券市场流动性的研究主要集中于交易所债券市场，通过对流动性指标的统计研究（包括交易量、交易金额、发行量等），发现我国交易所债券市场的流动性在逐年提高（李新，2001；郭泓和杨之曙，2006）。银行间债券市场研究方面，袁东（2004）使用换手率作为度量债券流动性的指标，对比分析了上海证券交易所市场和银行间市场的国债流动性差异，认为两个市场分割所导致的波动性较大。张瀛（2007）以 2003～2004 年银行间债券市场数据为研究样本，运用日交易数据分析了做市商制度、风险波动等因素对债券流动性的影响。姚秦（2007）运用 2006 年之前的报价数据对银行间债券市场的流动性和稳定性进行了实证研究，认为做市商的双边报价具有显著的引导作用，能在一定程度上提高银行间债券市场的流动性。

本章分别构建了利率债和信用债市场流动性指标体系。利率债市场采用换手率、LHH 比率、发行量、交易量增速、质押杠杆水平、十年国开债和国债利差 6 个指标，信用债市场采用换手率、发行量、交易量增速、质押杠杆水平 4 个指标。

1. 换手率

市场流动性越高、交易成本越低，市场参与者投资积极性越高，有助于提高债券市场运作的效率；反之，市场流动性不足，将增加发行者成本负担，使债券购买者特别是持有量巨大的金融机构面临较大的流动性风险，一旦金融机构面临大量现金需求，可能因无法以合理价格变现持有债券而遭受损失。换手率是度量成交深度和流动性的有效指标，表示在一定时间内市场债券转手买卖的频率，可反映市场交投活跃程度，换手率高，说明债券交易活跃，投资者需求较高，债券市场流动性好。我国银行间债券市场自成立以来，现券市场、质押式回购和买断式回购的换手率都逐渐增加，但市场交易主体结构仍旧单一，以商业银行为主；商业银行资产结构调整，以持有到期获取利息为目的；债券双边报价机制不合理等问题，使市场整体换手率不高。图 1－1 采用"（现券成交额 + 回购成交额）/当月月末总债券存量"表示换手率，数据区间为 2010 年 1 月至 2020 年 12 月，数据来源于 Wind 数据库。

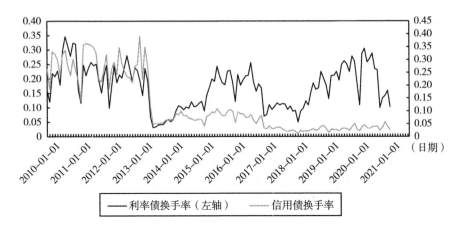

图 1-1　利率债和信用债换手率的趋势对比

从图 1-1 可以看出，2013 年之前，信用债和利率债的换手率差不多，从 2013 年下半年开始，由于"监管风暴"和"钱荒"，市场换手率突然下降，此后利率债的换手率有所回升，而信用债的换手率一直未能恢复。

2. 惠—何法比（Hui-Heubel）流动性比率

惠—何法比流动性比率指标（以下简称 LHH 比率）从价量结合的角度进行分析，考虑了成交量对价格的冲击：

$$LHH = \frac{(P_{\max} - P_{\min})P_{\min}}{V(S.\bar{P})} \tag{1.1}$$

其中，$P_{\max}$ 为最高价、$P_{\min}$ 为最低价，$(P_{\max} - P_{\min})/P_{\min}$ 表示振幅，V 为成交金额，$S.\bar{P}$ 为对应市值。对于债券市场整体而言，P 采用以下的派许加权价格指数，即采用有代表性的债券指数：

$$P_t = \frac{\sum\limits_{i=1}^{n} P_{it} V_{it}}{\sum\limits_{i=1}^{n} P_{i0} V_{it}} \times P_0 \tag{1.2}$$

从式（1.1）看，LHH 为涨跌幅与换手率的比，本质上是价格对交易量的弹性。若交易量较大但价格变化不大，LHH 较小，说明市场流动性好；反之，说明流动性不好。对于不同的债券市场，考虑采用银行间债券指数、国债指数、企债指数、沪公司债、中证全债、中国债券总指数等进行度量，图 1-2 的数据区间为 2010 年 1 月至 2020 年 12 月，数据来源于 Wind 数据库。

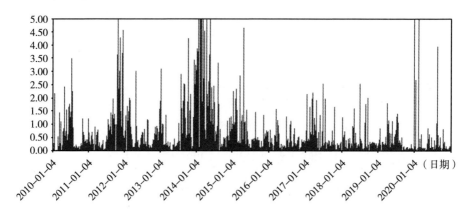

图 1-2　LHH 比率时间序列趋势

从图 1-2 可以看出，长期看市场流动性总体向好，LHH 比率幅度呈明显收紧趋势。LHH 比率在 2011 年、2013~2014 年底总体幅度较宽，说明价格对交易量变化敏感。2013 年下半年由于"钱荒"和"稽查风暴"，价格波动上升而换手率下降，LHH 比率猛增，且持续到 2014 年底。2015 年开始逐渐收窄，持续到 2018 年的牛市，说明流动性经过缓解达到较高水平。2015 年 LHH 比率突然变小，主要是由于交易金额的猛增造成的。因此，利用 LHH 比率分析流动性时应当以 2015 年初为界限在前后区间内比较。2016 年"去杠杆"使得市场流动性有所下降，LHH 比率有明显提高。

3. 发行量当月同比增速

当市场利率处于低位、流动性较好时，发行债券的成本较低，因此发行量会增加；反之，当市场利率处于高位、市场流动性较差、融资成本较高时，发行量相应减小。而发行量不足会进一步恶化市场的流动性。例如，2013 年"稽查风暴"和"钱荒"突袭给市场流动性带来了猛烈的冲击，债券市场的整体趋势由牛转熊，导致一级市场发行量急剧下跌。考虑到月度债券发行量具有比较明显的季节性特征，我们将月度发行量取同比增速，数据区间为 2009 年 1 月至 2020 年 12 月，数据来源于 Wind 数据库。

4. 交易量当月同比增速

债券交易量是反映债券市场流动性的重要指标，也可以反映投资者对于债券市场的认同程度，交易量下降表明市场流动性减弱，流动性风险上升，在流动性差的市场中，投资者在短期内无法以合理的价格卖掉债券，易引发投资者恐慌和抛售，加剧市场的不稳定性。同样地，为去除季节性趋势，取月度同比增速。本章采用"（现券成交量＋回购成交量）同比增速"表示交易量同比增速，数据区间为 2009 年 1 月至 2020 年 12 月，数据来源于 Wind 数据库。

5. 质押杠杆水平月度同比

虽然中国债券二级市场换手率低，交投不活跃，流动性看似较低，但 2016 年债灾一大原因是期限错配和杠杆叠加，债券发行者可将发行债券所得流动性委外或同业，继而投向流动性较高的市场，赚取收益差，债券持有者可将债券作为抵押品，从央行或其他金融机构代持获得流动性，进行再投资，因此，质押杠杆水平是衡量市场流动性风险的一个新思路。

近年来，债市加杠杆已经成为提高资产管理收益的重要方法。在货币政策相对宽松、市场利率处于低位的情况下，债券市场杠杆水平高企。2013 年下半年，货币政策的突然收紧导致了"钱荒"，使得高杠杆的债券市场出现了一轮大幅下跌。2016 年下半年以来，央行开启了第二轮去杠杆进程，债市便逆转了长达两年多的牛转熊。所以，杠杆率过高隐藏着潜在的市场风险。一旦货币政策有所收紧或者资金链断裂，那么债市的稳定性便会受到冲击。

债券市场加杠杆的方式分为两种：一是通过场内回购交易，即金融机构在银行间与交易所市场回购融入资金以购买债券，获取票息与回购成本之间价差的超额收益部分；二是通过场外产品设计，即金融机构获取劣后级资金的收益与优先级资金的成本间的价差。将两种加杠杆方式比较来看，场内回购监管相对严格、信息更加透明、资金供需更为市场化且成本较低。鉴于数据的可得性，本章采用"托管量/（托管量－质押式待购回余额）"表示质押杠杆水平，再取同比增速，图 1－3 中的数据区间为 2010

年 1 月至 2020 年 12 月，数据来源于 Wind 数据库。

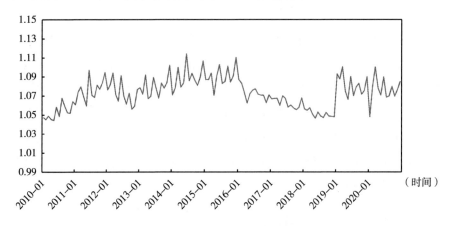

图 1－3　质押杠杆水平时间序列趋势

从图 1－3 可以看出，质押杠杆比从 2010 年开始不断增加，且震动幅度不断扩大。2013 年下半年，货币政策的突然收紧导致"钱荒"，使得高杠杆的债券市场出现了一轮大幅下跌。2015 年底到 2016 年初该比例达到较高水平。后随着金融监管"去杠杆"以及降低流动性风险和信用风险目标的不断推进，中国证券登记结算有限责任公司（以下简称中证登）会同上海证券交易所、深圳证券交易所联合发布了《债券质押式回购交易结算风险控制指引（征求意见稿）》，旨在健全债券质押式回购风险管理，明确参与机构责任，控制回购融资主体杠杆。2016 年下半年以来，央行开启了第二轮"去杠杆"进程，债市逆转了长达两年多的牛转熊。从 2016 年底开始，质押杠杆比有明显下降，而且震荡幅度收窄。2018 年下半年以来，资金宽松使得杠杆提升，但整体中枢低于 2016 年之前。

6. 10 年期国开债和国债利差

国债与国开债在所得税和增值税的税收政策上存在差异，国债票息免税，使其与国开债形成利差。此外，国债不占用风险资本、不产生坏账等特征也使其利率低于国开债。但是，国开债与国债利差还受到投资者结构、交易性需求、流动性溢价等市场因素的影响。特别是流动性的差异，使得二者利差在不同时期存在变化，表现出"牛市收窄，熊市走扩"的特征。国开债流动性比国债更好。在债市熊市时，市场整体流动性不足，投资者卖出流动性更好的国开债，使其价格降低、利率走高，与国债利差加大。因此，本章选择关键期限10年期的国开债和国债利差作为衡量指标之一，图1－4的数据区间为2010年1月至2020年12月，数据来源于Wind数据库。

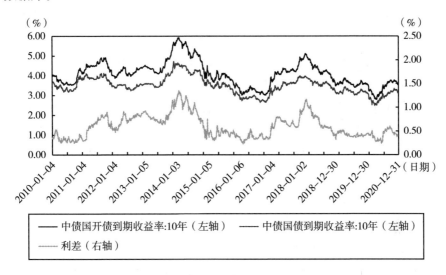

图1－4 10年期国开债和国债利差时间序列趋势

7. 小结

回顾整个观察的时间段，从2010年开始，债券市场经历了震荡的小牛市。随后，2013年的"稽查风暴"和"钱荒"造成了大熊市，市场流动性下降。其中，换手率和交易量都明显下降；LHH比率增大；一级市场发行量也急速下降；质押杠杆比下降，国开债、国债利率大幅上升，利差也随之上升。2014年政策宽松的牛市，各个指标有明显的变化。2016年"去杠杆"进程进一步推进，市场由牛转熊，市场流动性再次下降。其中，质押杠杆比由于政策压力明显下降；国债、国开债收益率从低点开始上升，利差逐渐变大；发行量增至顶点后稍有下降；LHH比率振幅扩大；交易量以及换手率明显下降。2018年迎来债券市场大牛市，央行继续实行稳健的货币政策，根据经济下行压力增大的形式变化，适时地通过降准和开展中期借贷便利等操作加大中长期流动性投放力度，保持银行体系流动性合理充裕，各项指标也随之有明显改善。

综上所述，以上指标均能从不同方面反映银行间债券市场的流动性。其中，质押杠杆比主要体现市场的杠杆率，在2016年"去杠杆"政策推进后有明显的下降，因此，应当以2016～2018年为分界线，分别比较前后时期内的流动性，不能通过质押杠杆比来比较不同时期的流动性。国开债、国债利差是较好的衡量流动性的指标，牛市熊市的转换在指标中体现明显，几乎不需要深入分析、分类讨论即可反映流动性。但需要说明的是，首先，利差体现流动性不应该从低点或者高点开始观察，而是应当把拐点当作流动性变化的开始，从拐点开始提高警惕；其次，利差作为流动性指标，相比于其他指标具有一定的滞后性。发行量月增速从一级市场的角度反映了利率的水平，间接反映了市场的流动性。由于发行需要一定的流程，因此发行量在体现流动性方面也有一定的滞后性。交易量月增速及换手率都是从交易量的角度体现市场的流动性。其中，换手率的变化较为明显，反映市场流动性的能力较强，而且换手率剔除了由于市场发展而导致交易量增加带来的影响，能够更好地体现债券市场的活跃度，体现市场的流动性。另外，LHH比率体现了价格对交易量的敏感度，也可以作为衡量流动性的指标之一。当市场流动性好时LHH明显收窄，流动性不好时幅度加宽。但在使用LHH比率时需要以2015年初作为分界线各自比较，否则可能造成LHH比率变化不明显的问题。

1.2.2 波动性

关于债券市场波动性的研究，国外的研究文献较为丰富。波勒斯勒夫（Bollerslev，1992）研究得出美国国债风险收益的波动性具有明显的自相关性，而且波动的持续性较强，随时间的衰减程度缓慢。研究得出美国国债风险收益的波动性具有明显的自相关性，而且波动的持续性较强，随时间的衰减程度缓慢。纳加德（Najand，1993）研究表明美国国债期货市场上周收益率的波动聚类性与杠杆效应明显。琼斯（Jones，1998）研究认为美国国债波动过程符合单变量GARCH过程。蔡定洪等（2014）以中国银行间债券市场7天质押式回购利率（R007）作为指标刻画银行间债券市场波动性特征。

从中美两国对比来看，以10年期国债收益率标准差衡量，我国国债收益率波动率整体低于美国国债收益率波动率（见图1－5）。此外，2013年和2020年美国10年期国债收益率波动率的峰值也显著高于中国。图1－5说明中国债券市场虽然在流动性上差于海外债券市场，但波动性整体小于海外债券市场。

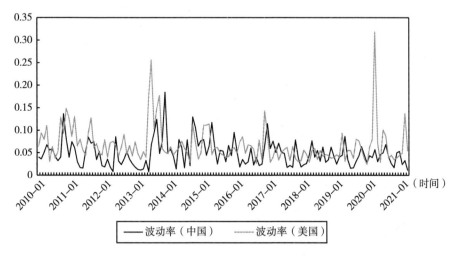

图1－5 10年期国债利率波动率中美两国对比

资料来源：Wind数据库。

本书采用10年期国债活跃券久期、R007环比、R007标准差、10年国债活跃券收益率波动率、10年国债收益率偏度5个指标衡量利率债市场波动性，并用各级信用利差标准差衡量信用债市场波动率。

1. 债券价格久期

久期（持续期）是衡量债券价格波动性的一种方法，久期只是加权平均计算证券现金流量现值的权数，该权数也即每次现金流量的现值占全部现金流量现值的百分比，或者说是每次现金流量现值占债券全价的百分比。债券久期越长，权数越大，债券相对价格的波动性也就越大。

2. R007收益率月度环比及波动率

R007为货币市场关键利率指标。（1）收益率标准差最直观地反映波动率。（2）债券价值与利率的波动率也呈反向关系。利率波动越大，债券整体价值越低。

3. 10 年期国债活跃券收益率波动率及偏度

10 年期国债活跃券为资本市场关键利率指标。除了波动率，偏度也补充刻画了其分布状态（见图 1 - 6）。图 1 - 6 展示了 10 年期国债活跃券利率波动率和偏度的情况。

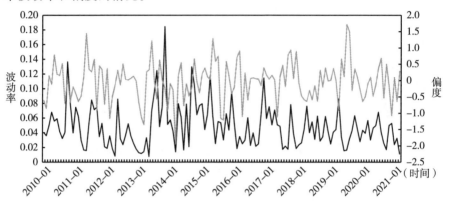

图 1 - 6　中国 10 年期国债活跃券利率波动率和偏度

资料来源：Wind 数据库。

在债券市场处于下行阶段或受到外部冲击较大时（如 2013 年 6 月和 2016 年底），市场波动性相应增加。

4. 信用利差波动率

用信用利差的波动率衡量信用债市场的波动性。Wind 数据库中将信用债细分为城投债和产业债，城投债信用利差整体高于产业债，但二者信用利差的走势和波动趋势较为相近，2014 年之前城投债数据缺失，因此主要以产业债利差波动率作为指标。进一步地，将产业信用债利差波动率分为不同信用等级的 3 个分指标，更细致地刻画信用债市场波动性。

1. 2. 3　透明度

针对公司信息披露的透明度，有学者将公司信息披露的数量作为衡量标准。汪炜等（2004）基于在上海证券交易所上市的 516 家公司数据，在研究信息透明度的评价标准时，把公司自主进行的信息披露数量作为替代变量，以516个样本公司2002年全年的临时公告与季报数量作为衡量公司自愿信息披露水平的指数（指数＝临时公告数量＋季报数量），指数越高说明公司信息披露水平越高。也有的研究采用构架综合评价指数的方式。崔学刚等（2004）实证研究了企业透明度与公司治理机制之间的关系，以中国上市公司作为研究对象，以自愿性信息披露水平作为公司透明度的替代变量，构建信息披露指数来测度自愿信息披露水平。也有研究采用以盈余变量为核心的代理变量，还包括用信息质量、盈余管理等指标作为信息透明度的替代变量。最后一种是采用第三方机构，如交易所或会计师事务所出具的信息披露等级评价来评价某家公司的信息披露透明度。信息披露透明度指标描述如表1－1所示。

表1－1　　　　　　　　　　信息披露透明度指标描述

指标名称	计量方法	指标内容	数据来源
信息披露处罚占比	以当期信用债发行人中受到交易商协会或证监会信息披露违规处罚的占比来衡量市场信息披露质量	信息披露违规包括虚假记载、误导性陈述、重大遗漏和不正当披露四种类型。其中，（1）虚假记载是指披露了虚构的事实或者数据；（2）误导性陈述是指公司对外披露的文字不真实、不准确，对投资者构成误导；（3）重大遗漏是指未完整披露信息，即"不披露"；（4）不正当披露是指"不及时"披露信息，其中包括信息延时披露	数据源自中债信息网、银行间交易商协会官网、上清所官网、巨潮网、沪深证券交易所官网等公开数据
信息更正公告占比	以当期信用债发行人中发布了信息更正公告的占比来衡量市场信息披露质量	信息更正公告指的是在债券发行人公布半年报或年报之后发布信息更正公告，或者对募集说明书进行更正，对财务数据等信息进行更正等	
信息延时披露占比	以当期信用债发行人中信息披露超时的占比来衡量市场信息披露质量	信息延时披露：披露的时间要求是"及时"。就重大事项临时信息披露而言，企业应当披露的时间节点为有关事项发生之日起两个工作日内	

证券市场的透明度指的是市场参与者观察交易过程信息的能力，交易过程信息包含了股票价格、交易量、委托指令流以及交易商身份等。另外，对交易透明度的衡量还需要判断什么信息需要公开，什么是合适的信息公开对象（Bloomfiled & O'Hara，2000）。虽然这样的透明度

定义更为全面，但也更难衡量。因此，一般将透明度信息分为价格信息和交易量信息（Boehmer et al.，2005）。例如，在采用做市商机制的市场中，将透明度定义为做市商能获得市场目前交易指令单价和量信息的程度，并发现更大的透明度平均会为不知情的交易者带来较低的交易成本（Pagano，1996）。

交易透明度通常又被分为交易前透明度和交易后透明度（见表 1 - 2）。交易前透明度关注的是对交易谈判或是其他交易事项的一个指示，包括最优报价和报价量。研究认为，透明竞价、集合竞价、连续竞价和做市商这四种交易机制的透明度程度依次降低。交易后透明度关心的是对整个完整交易的信息披露，指交易执行后，对交易所产生的价格及交易量等信息的传播报告程度。交易过程中的透明度可以解释为市场中所有参与者得到关于交易报价、交易量和交易达成时间等市场信息的程度（Pagano & Roell，1996；时文朝，2009；Schultz，2012；Roland，2015）。一个功能良好的市场组织的重要特点在于其透明度。

表 1 - 2　　　　　　　　　　　交易透明度指标描述

透明度	指标内容	数据来源
交易前透明度	场内集中交易赋分机制为 2，做市商交易和经纪商交易机制赋分为 1，一对一询价交易和柜台交易赋分为 0。 交易前透明度 =（交易所市场规模 × 2 + 银行间债券市场规模 × 1）/（交易所市场规模 + 银行间债券市场规模）	Wind 数据库
交易后透明度	综合债券指数是实时的债券指数，样本涵盖了记账式国债、政策性金融债、企业债、中期票据。 交易后透明度 = 中债综合价格指数覆盖债券样本规模/银行间债券市场总规模	中国外汇交易中心

由于数据可得性原因，我们暂未将透明度纳入总质量指标体系。

1.2.4　有效性

国外学者对于债券市场的研究也是深刻而全面的。马丁（Martin，1974）通过研究 1960～1971 年的美国债券市场，发现历史价格对债券的到期收益率不具有预测力和解释力，表明美国债券市场已经达到了弱势有效。卡茨（Katz，1974）则研究了信用评级的变化对债券价格变化的影响，发现评级改变之前债券的价格没有表现出任何预期，而评级改变之后需要经过6~10周价格才能调整到新的合理水平，表明当时的美国债券市场还没有达到半强型有效。此外，乔丹（Jordan，1991）发现了日历效应的存在，包括一月效应、年末效应和月内周效应等，这些日历效应的存在表明美国债券市场的信息有效性水平不高，并没有达到真正意义上的弱式有效市场。

国外学者的研究不仅包括单独的债券市场，还包括跨市场（债券、股票、衍生品）的价格联动性，并进一步研究了公司债券在无风险利率（国债）、宏观经济（股票指数）、公司基本面（关联股票）等方面的信息有效性。康奈尔和格林（Cornell & Green，1991）以及布卢姆（Blume，1991）等首次研究了美国的低信用级别公司债券，发现其回报率与国债和股市的回报率均为正相关关系。亚历山大等（Alexander et al.，2000）对高收益债券进行研究，发现了关联股票可以预测债券回报率的现象。唐宁（Downing，2009）通过研究发现美国低信用公司债券的信息有效性要低于关联股票的有效性。

国内文献方面，陈军泽和杨柳勇（2000）运用事件研究法考察了国债市场对央行降息事件的反应，发现降息公告发布之前国债的价格就会上涨，而公告发布之后没有显著的异常回报率，说明我国国债市场的信息有效性很高；李贤平等（2000）则进一步发现我国国债市场的有效性是不断提高的。汤亮（2005）利用在上海证券交易所交易的国债日数据，发现仅在交易所交易的债券对消费者物价指数（CPI）的公布存在提前反应，而同时在交易所和银行间市场交易的债券不存在提前反应。

国内对于公司债和企业债市场有效性的研究较少，研究的内容主要集中于强制担保（李丽，2006）、品种创新（杨晖，2006）和信用利差方面（冯宗宪，2009）。时文朝（2009）发现增加债券市场的透明度会降低债券市场交易价格、交易量等相关因素的方差进而提高信息效率。高强等（2010）研究发现公司债券的有效性高于企业债券，整体来看，历史价格和无风险利率的有效性较低，公司基本面方面的有效性较高。王茵田等（2012）从信息传递的角度研究了跨市场的协整和波动溢出效应。张雪莹（2017）则通过研究债券担保对利差的影响得到担保与信息不对称的关系。

另外，还有文献讨论了交易制度对市场有效性的影响。交易机制可以直接或间接地影响市场上价格的形成，从而影响市场的有效性。做市商制度和竞价制度代表两种不同的价格发现方式，信息反映到价格中的方式、速度、成本都有较大的差异，所以两种交易制度下市场有效性也有明显的差别。研究发现，做市商市场的交易成本相对较高，但市场的信息效率较好，市场价格可以比较好地反映相关的信息；竞价制度的交易成本较低，但对新信息的反应不及时、不足够。格罗斯顿（Glosten，1989）通过研究发现，在信息不对称的市场中，做市商可以通过提高市场的流动性来提高市场有效性。毛格（Maug，1998）认为由于知情交易者交易的存在，市场流动性与市场有效性呈现正相关关系。此外，做市商还可以通过价格的调整和利用自身账户的交易来减少市场的非理性波动。做市商具有明显的资金、人才和专业知识等优势，并掌握更多的报价信息，可以更为准确地对债券进行定价，使价格趋近于均衡价格，从而提高市场有效性（冯用富，2001）。

本书通过构建自回归模型，采用单位根检验（ADF 检验）和序列相关检验（自相关系数）来分别检验银行间债券市场和交易所债券市场的有效性。图 1-7 展示了债券交易市场滞后一阶自相关系数的变化情况。

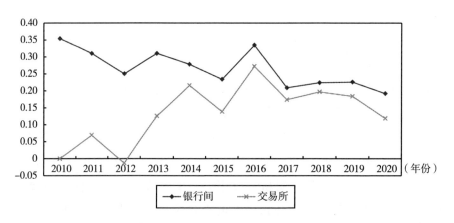

图 1-7　2010~2020 年中国债券交易市场滞后一阶自相关系数变化

资料来源：Wind 数据库。

观察银行间债券市场与交易所债券市场 2010～2020 年的滞后一期相关系数变化，可以看到，2010～2020 年，两个市场国债的相关系数总体都呈现下降趋势，有效性在提升。

另外，在构建信用债市场价格有效性指标体系时，我们还测算了信用债市场的价格信息含量，从债券价格信息反应速度、价格异质性信息含量和价格预测能力三个维度进行了度量。

1.2.5　开放度

近年来，随着市场自身的发展完善以及金融开放政策的推动，我国债券市场的开放也在稳步推进，开放度水平不断提高，市场外资参与度和参与主体多元化等有了显著的进展。目前国内缺乏对于债券市场开放整体水平的评价指标和体系，所以本书将先构建一个较为全面的衡量债券市场的指标体系。

我国债券市场的开放历程，大致分为三个阶段：第一阶段（2005～2009 年）是债券市场开放的萌芽阶段，境外机构开始通过合格境外机构投资者（QFII）制度进入中国交易所债券市场，并开始熊猫债发行试点；第二阶段（2010～2014 年）是债券市场开放的加速阶段，外资进入中国债券市场的渠道更加丰富，境外机构的持债量快速增加，离岸人民币市场迅速发展，银行间债券市场成为债券市场开放的主渠道；第三阶段（2015 年至今）是债市开放的深化阶段，开放措施更加综合化、立体化，合格境外机构范围不断扩大，参与交易类型和准入条件也在逐步放宽（宗军，2015）。

在"引进来"上，随着我国债券市场开放程度不断加深，境外机构持有我国债券的规模和占比均不断上升。从持债规模上看，近几年境外机构持有我国国债和国开债等金融债的比例稳定在 2% 左右，而境外机构持有美国国债的规模占比达到 30%，说明我国债券市场开放的深度与广度仍不及美国和日本（廖慧，2015）。2010～2019 年境外机构持有美国国债的规模及占比趋势如图 1-8 所示。目前，中美利差持续拉开，美债利率保持在低位使得中国利率债对外资有更强的吸引力，外资需求及开放程度有待进一步加深。

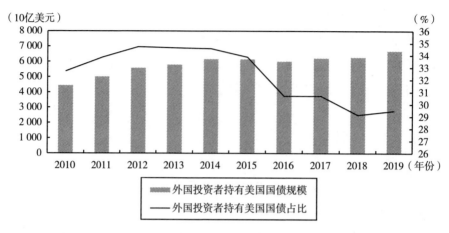

图 1 − 8　2010 ~ 2019 年境外机构持有美国国债的规模及占比趋势

资料来源：Wind 数据库。

在"走出去"上，我国在推动熊猫债的快速发展方面做出了诸多努力，目前熊猫债的规模及境外发行主体数量都有了很大提高。从图 1 − 8 可以看出，在全球利率环境下，中国利率仍处于较高水平，国内债市融资成本较高，也限制了境外发行人的融资脚步。

结合国内外学者的研究文献和报告，我们从"引进来"和"走出去"两个维度建立一系列衡量中国债券市场开放度的规模和结构指标。具体地，利率债市场采用境外机构持有国债占比、境外机构持有国开债占比、人民币合格境外机构投资者（RQFII）投资额度、QFII 投资额度、中债境外机构投资者指数衡量开放度；信用债市场采用境外机构持有企业债占比、境外机构持有中期票据占比、RQFII 投资额度、QFII 投资额度、中债境外机构投资者指数衡量开放度。

1. 境外投资者持债规模

截至 2020 年末，我国债券市场托管存量达 104. 32 万亿元，其中境外投资者持债规模约为 2. 88 万亿元，占比为 2. 76%；中国国债的存量规模为 19. 44 万亿元，境外机构持有规模为 1. 88 万亿元，占比接近

10%。从整体的持债规模来看，境外投资者投资中国债券市场的广度不断提高，但还有很大的上升空间。根据中国人民银行发布的《2020年金融市场运行情况》，截至2020年末，我国银行间债券市场各类参与主体约2.8万家，其中境外机构投资者905家，占比仅为3%。图1-9和图1-10分别展示了2015~2020年境外机构对我国国债和国开债的持有情况。

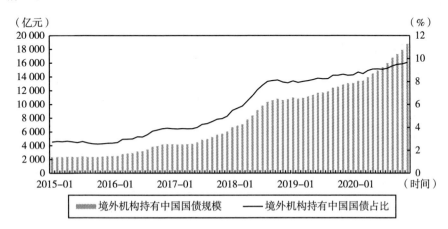

图1-9 2015~2020年境外机构持有中国国债的规模及占比趋势
资料来源：Wind数据库。

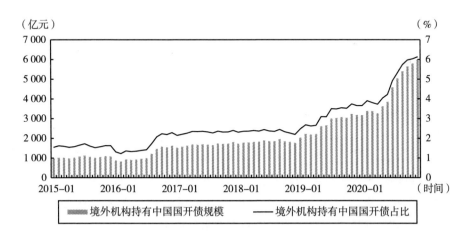

图1-10 2015~2020年境外机构持有中国国开债的规模及占比趋势
资料来源：Wind数据库。

2. QFII 和 RQFII 投资额度

我国在 2011 年开始实行 QFII 和 RQFII 制度，使得合格境外投资者可以进入中国市场，投资的限额也在不断提高。2019 年 9 月，国家外汇管理局宣布取消 QFII 和 RQFII 投资额度限制，包含三方面：一是取消 QFII 和 RQFII 投资总额度；二是取消单家境外机构投资者额度备案和审批；三是取消 RQFII 试点国家和地区限制。此后，投资额度逐年增长。图 1 – 11 展示了 2011～2020 年 RQFII 投资变化情况。

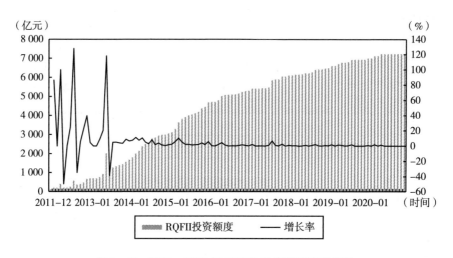

图 1 – 11 2011～2020 年 RQFII 投资额度变化趋势

资料来源：Wind 数据库。

3. 中债—境外机构投资者指数

中债—境外机构投资指数由中债金融估值中心有限公司编制，该指数以境外机构在中央结算公司托管账户上的持仓集合作为成分券，以持仓市值进行加权计算，旨在为境外机构投资者提供精细化的横向业绩评价基准。图 1 – 12 展示了中债—境外投资者的走势情况。

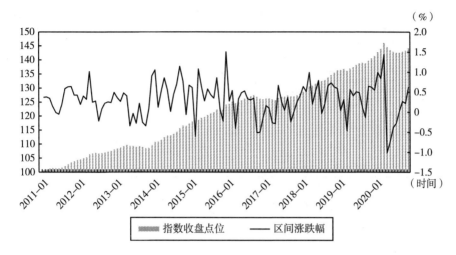

图 1 - 12　2011 ~ 2020 年中债—境外机构投资指数收盘点位及区间涨跌幅情况
资料来源：Wind 数据库。

1.3　总指标编制

根据指标体系和数据可得性，我们采用流动性、波动性和有效性指标进行总指数构建（开放度指标由于变化过于剧烈，加入总指标会掩盖其他方面表现，因此单独附加构建开放度总指标）。同时，我们采用主成分分析和因子分析两种方式构建指标，并进行对比。

1.3.1　利率债总指数

1. 主成分分析

用流动性、波动性和有效性指标进行总指数构建（见表 1 - 3）。我们对因子进行相关性检验，巴特利球形检验结果 p = 0.01，拒绝相关系数矩阵为单位阵的原假设，变量之间存在公因子；$KMO = 0.536$，因子间有较强的相关性，支持进行主成分分析。

表1-3　　　　　　构建利率债市场质量总指数的指标体系

类别	变量名称	变动方向	类别	变量名称	变动方向
流动性	换手率	同向	波动性	活跃券久期	反向
	LHH 比率	反向		R007 标准差	反向
	交易量月增速	同向		收益率波动率	反向
	发行量月增速	同向		收益率偏度	反向
	质押杠杆水平	反向	有效性	国债一阶序列	反向
	10 年期国开债和国债利差	反向			

　　根据主成分分析结果（见表1-4），取第3个因子累计贡献率达到85.51%，超过85%，因此选取前3个因子作为主成分，进一步得到主成分因子载荷。

表1-4　　　　　　　　　总指数主成分分析结果

序号	指标名称	第一主成分系数	第二主成分系数	第三主成分系数
1	换手率	-0.0181	-0.0752	0.0385
2	LHH 比率	0.005	-0.0071	-0.0105
3	交易量月增速	0.0518	0.5033	0.2724
4	发行量月增速	0.0601	0.8004	0.1879
5	质押杠杆水平	-0.0028	0.0006	0.0029
6	利差_m	-0.0722	-0.0477	0.2848
7	活跃券久期	0.0639	0.0762	-0.3041
8	R007 标准差	-0.0526	-0.2868	0.8433
9	收益率波动率	0.0001	0.0008	0.0079
10	收益率偏度	0.9906	-0.0999	0.0604
11	国债一阶序列相关系数	-0.0053	-0.0017	0.023

　　指数构建中三个主成分占比分别为49%、31%和20%。第一主成分中的收益率偏度，第二主成分中的交易量月增速、发行量月增速和第三主成分中的利差、活跃券久期、R007 标准差，共6个指标是权重影响比较大的指标。

　　通过主成分分析法得到的利率债市场质量指数表达式如下：

$$f_{score} = 0.4901 \times f1 + 0.3093 \times f2 + 0.2004 \times f3 \qquad (1.3)$$

其中，f_{score} 为利率债市场质量指标，$f1$、$f2$、$f3$ 分别为第一、第二和第三主成分。

2010~2020 年利率债市场质量指数变化情况如图 1-13 所示。

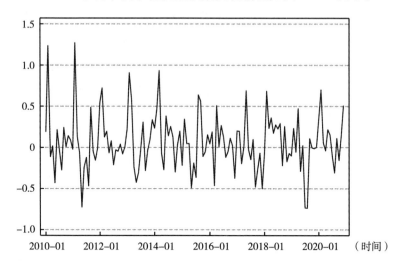

图 1-13　2010~2020 年利率债市场质量指数变化情况（基于主成分分析）

2. 因子分析

通过因子分析法实现指标降维，从 11 个指标组降到 5 个公因子，累计贡献率为 69.52%。总指数因子分析结果如表 1-5 所示。

表 1-5　　　　　　　　　　总指数因子分析结果

序号	指标名称	公因子 F1 上的载荷	公因子 F2 上的载荷	公因子 F3 上的载荷	公因子 F4 上的载荷	公因子 F5 上的载荷
1	换手率	0.6431	-0.4713	0.2275	-0.1306	-0.0368
2	LHH 比率	0.1134	-0.0798	-0.795	-0.0178	0.1101
3	交易量月增速	-0.0113	0.9039	-0.0028	0.0955	0.0399
4	发行量月增速	-0.0302	0.9003	0.0901	-0.1033	-0.0204
5	质押杠杆水平	0.1628	0.0484	-0.1269	-0.2414	-0.6033
6	利差_m	0.8715	0.0408	-0.0195	-0.1307	-0.0354
7	活跃券久期	-0.8515	0	0.0293	-0.2326	0.0744
8	R007 标准差	0.4625	-0.101	0.0692	0.4916	-0.0244
9	收益率波动率	0.1798	0.0091	0.7486	0.0663	0.0891
10	收益率偏度	-0.0418	0.0452	-0.0757	-0.1228	0.8379
11	国债一阶序列相关系数	-0.0106	0.0285	0.0372	0.8831	-0.0328

从表 1 - 5 可以看出，公因子 F1 中载荷较大的指标有换手率、利差、活跃券久期、R007 标准差，公因子 F2 中载荷较大的指标有换手率、交易量月增速、发行量月增速，公因子 F3 中载荷较大的指标有 LHH 比率、收益率波动率，公因子 F4 中载荷较大的指标有 R007 标准差、国债一阶序列相关系数，公因子 F5 中载荷较大的指标有质押杠杆水平、收益率偏度。较主成分分析的权重指标增加了换手率、LHH 比率、质押杠杆水平和国债一阶序列相关系数 4 个指标。

通过因子分析法得到的利率债市场质量指数表达式如下：

$$f_{score} = 0.3254 \times F1 + 0.2243 \times F2 + 0.1692 \times F3$$
$$+ 0.1463 \times F4 + 0.1349 \times F5 \tag{1.4}$$

基于因子分析法，得到 2010～2020 年利率债市场质量指数变化情况（见图 1 - 14）。

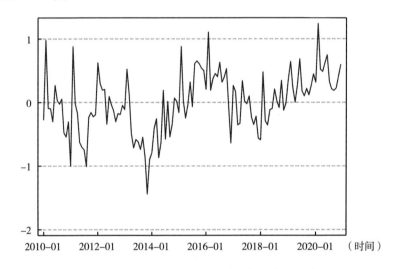

图 1 - 14　2010～2020 年利率债市场质量指数变化情况（基于因子分析）

1.3.2　信用债总指数

1. 主成分分析

用流动性、波动性和有效性指标进行总指数构建（见表 1 - 6）。我们对因子进行相关性检验，巴特利球形检验结果 $p = 0.01$，拒绝相关系数矩阵为单位阵的原假设，变量之间存在公因子；$KMO = 0.687$，因子间有较强的相关性，支持进行主成分分析。

表 1 – 6　　　　　　构建信用债市场质量总指数的指标体系

类别	变量名称	变动方向
流动性	换手率	同向
	交易量月增速	同向
	发行量月增速	同向
	质押杠杆水平	反向
波动性	AAA 级产业债信用利差波动率	反向
	AA + 级产业债信用利差波动率	反向
	AA 级产业债信用利差波动率	反向
有效性	价格信息反应速度 1（delay1）	反向
	价格信息反应速度 2（delay2）	反向
	债券价格信息预测能力	同向
	债券价格异质性信息含量 1（rsqr1）	反向
	债券价格异质性信息含量 2（rsqr2）	反向

根据主成分分析结果（见表 1 – 7），取第 2 个因子累计贡献率达到94.19%，超过 85%，因此选取前两个因子作为主成分，进一步得到主成分因子载荷。

表 1 – 7　　　　　　　　总指数主成分分析结果

序号	指标名称	第一主成分系数	第二主成分系数
1	发行量月增速	− 0.0033	− 0.0158
2	交易量月增速	− 0.0001	− 0.0306
3	换手率	0.0025	− 0.0007
4	质押杠杆水平	0.0006	0.0005
5	AAA 级产业债信用利差波动率	0.3898	0.6554
6	AA + 级产业债信用利差波动率	0.6498	0.3013
7	AA 级产业债信用利差波动率	0.6526	− 0.6915
8	价格信息反应速度 1（delay1）	− 0.0008	0.0109

续表

序号	指标名称	第一主成分系数	第二主成分系数
9	价格信息反应速度 2（delay2）	− 0.0011	0.0131
10	债券价格信息预测能力	0.0004	0.0002
11	债券价格异质性信息含量 1（rsqr1）	− 0.0003	0.0034
12	债券价格异质性信息含量 2（rsqr2）	− 0.0008	0.0082

指数构建中两个主成分占比分别为 89% 和 11%。两个主成分中的不同等级信用利差波动率等 3 个指标是权重影响比较大的指标。

通过主成分分析法得到的利率债市场质量指数表达式如下：

$$f_{score} = 0.8945 \times f1 + 0.1055 \times f2 \qquad (1.5)$$

基于主成分分析法，得到 2010 ~ 2020 年信用债市场质量指数变化情况（见图 1 − 15）。

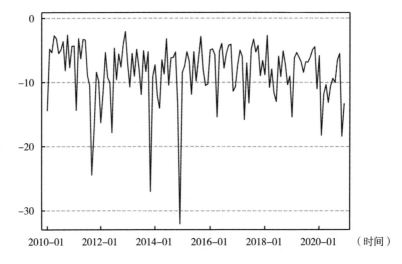

图 1 − 15　2010 ~ 2020 年信用债市场质量指数变化情况（基于主成分分析）

2. 因子分析

通过因子分析法实现指标降维，从 12 个指标组降到 4 个公因子，累计贡献率为 85.78%。

从表 1-8 可以看出，公因子 F1 中载荷较大的指标有换手率、价格信息反应速度 1（delay1）、价格信息反应速度 2（delay2）、债券价格异质性信息含量 1（rsqr1）、债券价格异质性信息含量 2（rsqr2），公因子 F2 中载荷较大的指标有 AAA 级产业债信用利差波动率、AA + 级产业债信用利差波动率、AA 级产业债信用利差波动率，公因子 F3 中载荷较大的指标有发行量月增速、交易量月增速，公因子 F4 中载荷较大的指标有质押杠杆水平、债券价格信息预测能力。较主成分分析的权重指标增加了大量有效指标。

表 1-8　　　　　　　　　　总指数因子分析结果

序号	指标名称	公因子 F1 上的载荷	公因子 F2 上的载荷	公因子 F3 上的载荷	公因子 F4 上的载荷
1	发行量月增速	0.0019	− 0.0407	0.9071	0.0068
2	交易量月增速	0.0249	0.0035	0.912	0.0195
3	换手率	− 0.8932	0.0915	− 0.1348	0.0783
4	质押杠杆水平	− 0.1309	0.1781	0.0511	0.7775
5	AAA 级产业债信用利差波动率	0.0649	0.8763	− 0.0943	0.1208
6	AA + 级产业债信用利差波动率	− 0.0397	0.9506	− 0.0056	0.0403
7	AA 级产业债信用利差波动率	− 0.0661	0.8971	0.0468	0.0544
8	价格信息反应速度 1（delay1）	0.9952	0.0034	− 0.0167	0.0558
9	价格信息反应速度 2（delay2）	0.9948	− 0.0012	− 0.0149	0.0461
10	债券价格信息预测能力	0.1905	0.0645	− 0.0099	0.8107
11	债券价格异质性信息含量 1（rsqr1）	0.9815	0.0006	− 0.0145	0.0264
12	债券价格异质性信息含量 2（rsqr2）	0.9925	− 0.0022	− 0.0104	− 0.0007

通过因子分析法得到的信用债市场质量指数表达式如下：

$$f_{score} = 0.4665 \times F1 + 0.2561 \times F2 + 0.1638 \times F3 + 0.1135 \times F4$$

(1.6)

基于因子分析法，得到 2010 ~ 2020 年信用债市场质量指数变化情况（见图 1-16）。

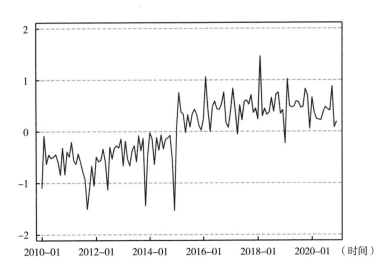

图 1-16　2010~2020 年信用债市场质量指数变化情况（基于因子分析）

1.3.3　开放度总指标

1. 利率债市场开放度主成分分析

我们选取境外机构持有国债占比、境外机构持有国开债占比、RQFII 投资额度、QFII 投资额度、中债境外机构投资者指数作为开放度因子，通过主成分分析法构建开放度总指标。

我们对因子进行相关性检验。巴特利球形检验结果 p=0.01，拒绝相关系数矩阵为单位阵的原假设，变量之间存在公因子；$KMO=0.789$，因子间有较强的相关性，支持进行主成分分析。开放度主成分分析的结果如表 1-9 所示。

表 1-9　　　　　　　　　开放度主成分分析结果

主成分	特征根	差异	贡献率（%）	累计贡献率（%）
成分 1	1 366 527	1 365 668	0.9994	0.9994
成分 2	859.1160	854.5360	0.0006	1.0000
成分 3	4.5798	4.5798	0.0000	1.0000
成分 4	0	0	0.0000	1.0000
成分 5	0	.	0.0000	1.0000

根据表 1-9，取第一个因子累计贡献率达到 99.94%，超过 85%，因此选取第一个因子作为主成分，进一步得到开放度主成分因子载荷（见表 1-10）。该主成分主要体现 RQFII 投资额度和 QFII 投资额度。

表 1-10　　　　　　　　　利率债开放度主成分因子载荷

序号	指标名称	第一主成分系数
1	境外机构持有国债占比	0.0000
2	境外机构持有国开债占比	0.0000
3	RQFII 投资额度	0.9930
4	QFII 投资额度	0.1181
5	中债境外机构投资者指数	0.0065

主成分因子与原 5 个变量之间的线性关系表达式为：

$$f1 = 0.0000 \times 境外机构持有国债占比 + 0.0000 \times 境外机构持有国开债$$
$$占比 + 0.9930 \times RQFII\ 投资额度 + 0.1181 \times QFII\ 投资额度 +$$
$$0.0065 \times 中债境外机构投资者指数 \qquad (1.7)$$

最终按照因子累计贡献率加权，得到开放度总指标 $Openness_{score} = f1$。

最后，基于开放度总指标，得到 2015~2020 年银行间债券市场开放度变化情况（见图 1-17）。

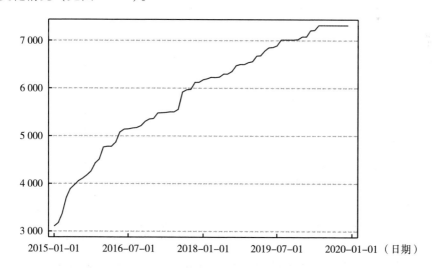

图 1-17　2015~2020 年利率债市场开放度变化情况（基于主成分分析）

2. 利率债市场开放度因子分析

在因子分析中，选取第一个因子构建开放度指数，累计贡献率为92.52%。开放度因子分析结果如表1-11所示。

表1-11　　　　　　　　利率债市场开放度因子分析结果

序号	指标名称	公因子 F1 上的载荷
1	境外机构持有国债占比	0.9703
2	境外机构持有国开债占比	0.8969
3	RQFII 投资额度	0.9657
4	QFII 投资额度	0.99
5	中债境外机构投资者指数	0.9836

从表1-11可以看出，公因子F1中5个变量载荷都处在较高水平，较主成分分析法增加了境外机构持有国债占比和境外机构持有国开债占比两个重要指标。

基于因子分析法，得到2015~2020年利率债市场开放度变化情况（见图1-18）。

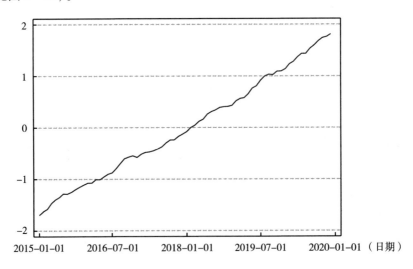

图1-18　2015~2020年利率债市场开放度变化情况（基于因子分析）

3. 信用债市场开放度主成分分析

我们选取境外机构持有企业债占比、境外机构持有中期票据占比、RQFII投资额度、QFII投资额度、中债境外机构投资者指数作为开放度因子，通过主成分分析构建开放度总指标。

我们对因子进行相关性检验。巴特利球形检验结果 p = 0.01，拒绝相关系数矩阵为单位阵的原假设，变量之间存在公因子；$KMO = 0.535$，因子间有较强的相关性，支持进行主成分分析。开放度主成分分析的结果如表 1 - 12 所示。

表 1 - 12　　　　　　信用债市场开放度主成分分析结果

主成分	特征根	差异	贡献率（%）	累计贡献率（%）
成分 1	1 366 527	1 365 668	0.9994	0.9994
成分 2	859.116	854.536	0.0006	1
成分 3	4.57979	4.57979	0	1
成分 4	0	0	0	1
成分 5	0	.	0	1

根据表 1 - 12，取第一个因子累计贡献率达到 99.94%，超过 85%，因此选取第一个因子作为主成分，进一步得到开放度主成分因子载荷（见表 1 - 13）。该主成分主要体现 RQFII 投资额度和 QFII 投资额度。

表 1 - 13　　　　　　　　开放度主成分因子载荷

序号	指标名称	第一主成分系数
1	境外机构持有企业债占比	0
2	境外机构持有中期票据占比	0
3	RQFII 投资额度	0.993
4	QFII 投资额度	0.1181
5	中债境外机构投资者指数	0.0065

最终按照因子累计贡献率加权，得到开放度总指标：

$$Openness_{score} = f1$$

最后，基于开放度总指标，得到 2015 ~ 2020 年银行间债券市场开放度变化情况（见图 1－19）。

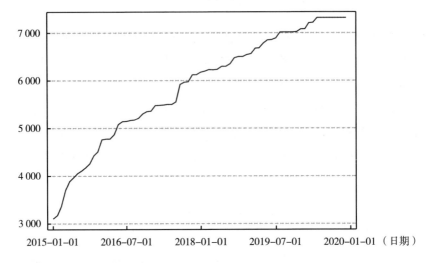

图 1－19　2015～2020 年信用债市场开放度变化情况（基于主成分分析）

4. 信用债市场开放度因子分析

在因子分析中，选取前两个因子构建开放度指数，累计贡献率为 87.44%。开放度因子分析结果如表 1－14 所示。

表 1－14　　　　　　　　　信用债市场开放度因子分析结果

序号	指标名称	公因子 F1 上的载荷	公因子 F2 上的载荷
1	境外机构持有企业债占比	－ 0.3346	0.8188
2	境外机构持有中期票据占比	0.5077	0.6814
3	RQFII 投资额度	0.9573	－ 0.0735
4	QFII 投资额度	0.9875	－ 0.0537
5	中债境外机构投资者指数	0.9834	0.0235

因子分析较主成分分析增加了境外机构持有企业债占比和境外机构持有中期票据占比两个重要指标，但累计贡献率有所下降。

基于因子分析法，得到 2015～2020 年信用债市场开放度变化情况（见图 1－20）。

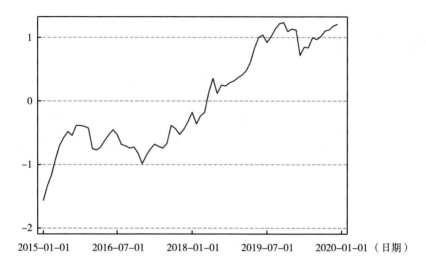

图 1 ~ 20　2015 ~ 2020 年信用债市场开放度变化情况（基于因子分析）

第②章

潜在流动性：
我国债券市场流动性的新度量方法*

2.1 引言

债券市场作为金融市场的重要组成部分，过去几年在规模增长、产品创新、制度建设等方面均取得长足进步，有力地支持了实体经济的发展。当前，我国已进入新发展阶段，推动高质量发展，既需要资本市场发挥重要支持作用，也意味着市场会迎来更多的发展机遇。

2020 年 12 月 25 日，中国人民银行发布《完善银行间债券市场现券做市商管理有关事宜》公告（以下简称《公告》）。全国银行间同业拆借中心（以下简称"交易中心"）同步发布《全国银行间同业拆借中心银行间债券市场现券做市商业务操作指引》，进一步明确现券做市商业务操作流程。至此，中国银行间债券市场做市商制度正式迈入 2.0 时代。自 2007 年我国银行间债券市场做市商制度正式确立以来，活跃券报价价差持续缩窄，推动形成反映供求关系的收益率曲线。特别是在 2020 年，面对突如其来的新冠肺炎疫情席卷全球，国际债券市场流动性几乎丧失，而我国银行间债券市场流动性"这边独好"，对平稳市场、坚定信心发挥了至关重要的作用。

在金融市场中，资产流动性状况是度量资产质量的重要标准。虽然在理论上流动性的含义易于定义，但在实证中找到有效和较为准确的测量方

---

* 本章作者：郭彪、姜圆。

法却并非易事。资产的流动性作为金融学的一个基础性概念，度量了证券买卖交易达成的速度和交易成本。当投资者考虑购买、持有或出售一项资产时，将会面临资产的流动性约束。在理论上，流动性是容易被定义的，但在实证过程中如何较为准确地度量资产的流动性却并非易事。文献中较为常用的流动性度量指标有凯尔（Kyle，1985）、阿米胡德（Amihud，2002）以及派斯特和斯丹姆伯格（Pástor & Stambaugh，2003）等指标。这些指标依赖于如交易量、换手率、买卖价差等交易信息的可获得性，信息获取频率越高，指标的质量越好。同时，这些流动性指标一般被应用于度量股票市场上的流动性，而债券市场主要以大宗交易为主，其交易频率不及股票市场，是否能够将这些流动性指标应用于债券市场尚缺乏理论和实证支持。

本章借鉴马汉提等（Mahanti et al.，2008）的方法，利用交易所国债、企业债和公司债交易数据，以及公募基金对债券的季度持仓量和月度换手率数据构建了可以度量债券市场流动性的度量指标。该指标被定义为单只债券被公募基金持有比例与公募基金换手率的加权平均，并被称为"潜在流动性"。我们使用该指标度量了国债、企业债和公司债自2000年1月至2020年12月的流动性变化状况，并使用学术界常用的流动性度量指标——换手率、派斯特和斯丹姆伯格、阿米胡德，以及调整后的阿米胡德指标度量了三个市场的流动性状况，取得了前后一致的结论。同时，使用潜在流动性因子估计了债券的潜在流动性贝塔，检验了该因子的横截面流动性风险定价能力。

研究发现，样本期内我国国债、企业债和公司债的流动性状况均出现不同程度的流动性恶化，使用换手率、派斯特和斯丹姆伯格、阿米胡德、调整后的阿米胡德等指标均取得一致的结论。使用公募基金持仓数据度量的潜在流动性显示，国债市场流动性状况并没有出现显著的恶化，但企业债和公司债市场的流动性状况大不如前。同时，本章使用潜在流动性指标构建了潜在流动性因子，在估计了债券的潜在流动性贝塔的基础上，检验了潜在流动性贝塔对于债券流动性风险的横截面定价能力，发现国债市场较低流动性债券可以获得更高的风险溢价，而这一特征在企业债和公司债市场则不存在。这说明从流动性视角来看，国债市场是一个初具风险—收益相互匹配的成熟市场，而企业债和公司债市场则无此特征。

2.2 文献综述

目前关于流动性的文献已有很多，大部分集中于股票市场流动性的研究，对于债券市场流动性的研究近年来也开始增多，这些方法主要从流动性的三个维度来测量流动性的大小，包括价差的测量方法、基于交易对价格影响的测量方法和基于债券特征的测量方法。

2.2.1 基于价差的测量方法

目前虽然有很多测量流动性的方法，但都只能描述流动性的某些方面，并不能准确地描述流动性的全部含义。国外对于流动性的含义最早是由凯恩斯（Keynes，1930）提出的，他认为流动性是"市场价格将来的波动性"。凯尔（1985）指出流动性包括三个方面：紧度、深度和弹性，并认为买卖价差是测量流动性的重要指标，买卖价差越小，市场流动性越强。哈里斯（Harris，1990）第一次提出流动性包括四个维度，分别是宽度、深度、即时性和弹性，并定义了宽度的三种测量方法：报价价差、实际价差和有效价差，学术界普遍认为哈里斯关于流动性的定义是最完整最全面的，其影响也最为深远，此后流动性指标的建立都是在此基础上进行新的构建或发展的。

罗尔（Roll，1984）提出了一种估计有效价差的方法，这种方法的实施需要两个假设条件：（1）市场是有效市场；（2）价格变化的概率分布是稳定的。罗尔（1984）推导出相邻时点上价格变动是反向变化的，有效价差与相邻时点上市场价格变动的协方差有关，即 $S_t = \dfrac{1}{2}\sqrt{-cov(\Delta p_t, \Delta p_{t-1})}$（其中，$S_t$ 为 t 期估计价差，Δp_t 为 t 期价格变动量）。李焰和曹晋文（2005）将罗尔（1984）的测量方法引入中国国债市场的研究中，用有效价差作为衡量流动性宽度的指标，比较了交易所市场和银行间市场的宽度。

斯托尔（Stoll，2000）提出了交易价差的测量方法，定义为每个交易日卖方平均交易价格与买方平均价格之差的一半。交易价差的形式主要有两种，区别在于交易的权重：第一种是赋予每项交易相同的权重，第二种是按照交易量来赋权。交易价差的测量方法和罗尔（1984）提出的有效价差的方法类似，都使用买卖价差反映真实摩擦成本。

朱世武和许凯（2004）研究了银行间债券市场的流动性。首先计算出交易日单只债券的绝对买卖差价和相对买卖差价，再把所有国债买卖差价的平均值作为整个市场的平均买卖差价，这个平均买卖差价就代表了市场的流动性。万树平（2006）也使用买卖差价作为衡量流动性的指标，不同的是，他利用股票交易的买卖报价、实际交易的价格和交易量，计算出了一个新的衡量瞬时或一段时间内买方和卖方实际成交深度的指标值，并将之定义为"绝对深度"。尼克和雅戴夫（Naik & Yadav，1999）首次提出了定位价差的概念，定义为实现价差和有效价差之差。

此外，使用价差来衡量流动性的文献有很多，而且对简单的买卖价差计算方法进行了变化和改进。近年来使用价差作为流动性衡量指标的代表是陈龙等（Chen et al.，2007），他们认为买卖价差是最有效的衡量流动性的方法，而且计算得出成比例的价差为一个季度卖价与买价之差除以卖价与买价的平均值。

虽然买卖价差被认为是流动性最直观的测量方法，且不断地发展和改进，并得到广泛应用，但是实际研究中公司债券市场的交易数据很难获得，给买卖价差的计算带来了一定的困难，因此随着流动性研究的进一步深入又引出了许多其他类型的指标。

2.2.2　基于交易对价格影响的测量方法

实际交易的公司债券市场流动性不仅与买卖价格之间差额的大小有关，还与实际市场的交易量等数据有关，一个市场大量的交易仅引起市场价格微幅的波动，说明这个市场是流动性比较强的市场，因此越来越多的学者针对交易和价格之间的关系提出了一系列衡量流动性的指标。艾米韦斯特（Amivest，1998）将交易日当天收盘价与交易量的比值作为流动性指标，测量出价格变化一个百分点交易量的变化程度，认为价格变化一个百分点需要的交易量越大，说明交易对价格的影响越小，债券的流动性比较好。马丁（Martin，1975）提出了一个马丁指数作为衡量流动性的指标，与艾米韦斯特（1998）类似，用每日价格变化的平方与交易量的比值来代表流动性。胡贝尔等（Heubel et al.，1984）提出了另一种测定流动性的方法，以交易期间价格变化百分比的均值和交易笔数的比率作为衡量流动性的指标，这个指标考虑的是特定时期内价格的最高值和最低值，并考虑了交易规模因素。

李焰和曹晋文（2005）使用艾米韦斯特（1998）的流动性比率和换手率两种方法估计了流动性的深度，并考察了银行间债券市场和上海证券交易所市场流动性的大小，结果表明两个市场流动性存在结构性差异，因此不能简单地进行比较。阿米胡德（2002）提出了一种非流动性的测量方法，以一段时期内每个交易日收益的绝对值与以美元计价的交易量比值的均值来表示，可以解释为每日价格变化对一美元的交易量的反应，即对价格影响的估计。这个测量方法所需要的每日收益和交易量的数据可以很容易地获得，因此，阿米胡德指标出现之后就得到了广泛应用。派斯特和斯丹姆伯格（2003）提出的流动性测量方法的基本思想与阿米胡德（2002）基本一致，他们使用回归法将当日后一日超额收益率映射到带有方向性的当日交易额之上，使用回归系数度量流动性。

2.2.3　基于债券特征的测量方法

由于公司债券的大部分交易都发生在柜台市场，直接的流动性测量（基于交易数据）经常是不可靠的，并且数据很难获得，因此，越来越多的研究者开始依靠间接的方法来测量流动性，主要是基于债券的特征确定指标，这类指标包括债券的息票率、期限、发行量、行业和信用等级等。

侯维玲等（Houweling et al.，2005）使用9个不同的代表量测量了企业债券的流动性，这9个指标分别为：发行量、挂牌、是否以欧元计价、最近发行、期限、缺失的价格、收益率的变动、交易者的数量和收益率分散，并比较了9个指标代表流动性的显著性，结果拒绝了9个代表量中的

8个，发现了显著的流动性溢价，此结论表明不同的流动性指标对于公司债券收益率价差的解释作用有着显著的区别。

杰克韦氏等（Jankowitsch et al.，2008）扩展了价格分散方法，这种方法是以市场参与者对资产价格的一致估价为基础的。价格分散是指市场交易价格和市场一致估计价格之差。这种测量方法来源于一个柜台市场（OTC）的微观结构模型，在柜台市场，投资者的搜寻成本和做市商的存货成本都是由交易价格和基础价格的差距产生的，因此这种方法成为估计柜台市场真实交易成本的有效方法。弗莱明（Fleming，2003）比较了买卖价差、报价规模、每笔交易规模、交易量和交易频率等流动性测度指标，并对美国国债市场流动性问题进行了经验研究。结果发现，在测量美国国债市场的流动性时，买卖价差是最有用的指标，每笔交易规模只是一般的流动性测量指标，而且交易量和交易频率的测量效果也不好。

迪克—尼尔森等（Dick-Nielsen et al.，2009）分析了2007年美国次贷危机前后流动性的变化及原因，使用了5种流动性测量方法，包括阿米胡德（2002）方法、罗尔（1984）测量方法、往返成本、换手率和零交易日。在控制了信用风险之后，在债券所有的等级和所有的样本期间，有4个流动性指标的等权之和（标准化后）都对企业债券利差有显著影响，分别为：阿米胡德方法、往返成本、阿米胡德变化量和往返成本的变化量。莱斯蒙德等（Lesmond et al.，1999）引入了一个基于零收益率的方法。他们认为，由于新信息的积累需要较长时间，零收益的交易日会经常发生，该测量方法被认为是一个比较准确的方法。贝克特（Bekaert et al.，2003）也发现零收益率本身是一个非常合理的流动性代表量。

我国学者也发展了很多测量流动性的方法。例如，刘海龙等（2003）总结了传统的测量流动性的方法，在此基础上提出了一个新的测量方法——有效流速，将流动性定义为换手率与波动幅度的比率，得出当换手率比较大、波动幅度比较小时，股票的流动性才比较大。陈启欢和杨朝军（2005）综合相对有效价差、相对实现价差、相对价格冲击和深度4个指标来考察流动性的变化，从有效价差来看，在上证180指数成立后流动性有了很大的改善，但是从深度来看，流动性指标却变差了。这说明任何一种指标都不能单独地来衡量流动性的大小，应该将几种指标综合起来考虑。尹华阳等（2006）提出以流通比例（流通股本与总股本的比值）或相关指标（如流通股本规模）作为流动性的度量指标，分析了股票市场的迁徙效应。

总的来讲，以上三种方法都是从不同的角度刻画流动性的特点，都只能代表流动性某一方面的特征，各有优缺点。基于价差的测量方法的优点是计算比较简便；缺点是准确性不高，不能准确地衡量交易成本的大小。基于交易对价格影响的测量方法的优点是将交易价格和交易量联系起来，可以清晰地看到交易价格和交易量之间的相互影响，使用起来也比较方便；缺点是无法区分价格变化的原因，并且比较容易受到个别异常价格变化的影响，准确度不高。基于债券特征的方法在概念上很清楚，使用起来也比较方便，但是并没有考虑价格的影响，在数据的获得上存在困难。

2.3 债券流动性的度量方法

本节在已有对流动性测度的基本思想的基础上，介绍如何利用公募基金对债券的持仓数据和公募基金的换手率数据构建度量债券流动性的潜在流动性指标。同时，也一并介绍四种传统流动性指标：换手率指标、派斯特和斯丹姆伯格指标、阿米胡德指标和调整后的阿米胡德指标的度量方法。

2.3.1 潜在流动性指标的度量方法

马汉提等（2008）所提出的潜在流动性的度量方法，是一种测量流动性的新方法，这种方法的优点是不需要市场交易的微观数据，在衡量流动性上简便易行，并且与其他流动性方法相比较，这种方法同样具有解释力。由于债券市场的流动性不高，交易并不频繁，因此数据非常难以获得。考虑两只交易频率较低的债券 A 和 B。A 债券一年交易 6 次，B 债券一年交易 3 次，由于交易频率过少，我们很难得出 A 债券的流动性好于 B 债券的结论。"潜在流动性"指标正好符合债券市场交易频率较低这一特征，不需要过多的数据就可以衡量流动性的大小，因此在考虑数据可得性的前提下，应着重考虑构建类似"潜在流动性"这样的衡量指标，从全新的角度来衡量流动性的大小。

在债券市场上，尤其是银行间和柜台债券市场，债券流动性高低的衡量因素应是做市商在市场价格冲击最小的前提下获得或出售债券的难易程度。当一个买单或卖单到来时，做市商应能够使用自己的存货或者买卖双方的订单信息撮合完成交易。若一只债券主要为基金所持有时，当基金的换手率较高时，债券买单和卖单到达做市商平台能够撮合成交的可能性更高、难度更低。这是因为换手率较高的债券型基金申购和赎回的份额越多，份额中债券买卖成交的频率越高，获得基金份额中债券的难度越低，因此对应的债券流动性也越强。

获得债券的难易程度与一般意义上的流动性度量指标的基本思想有所差异，其是通过从基金的换手率信息中提取对应债券买卖交易达成的难易程度，是潜在地度量债券流动性的一种方法，因此被称为"潜在流动性"。当持有一只债券的所有基金加权平均换手率较高时，这只债券的流动性越高；反之，则越低。

基于以上思想，马汉提等（2008）将潜在流动性指标定义如下。假设在 t 月末，基金 j 披露的对债券 i 的持仓量占债券 i 总规模的比例为 $\pi^i_{j,t}$，基金 j 的 t 月的换手率为 $T_{j,t}$，则 i 债券在 t 月的潜在流动性可计算如下：

$$L^i_t = \sum_j \pi^i_{j,t}, T_{j,t} \tag{2.1}$$

其中，$T_{j,t}$ 使用基金在 t 月的交易总额与基金总规模之比加以计算。由于基金对债券的持仓数据为季度数据，基金换手率为月度数据，在数据匹配时，将同一季度内的月度换手率数据与对应的季度持仓数据相匹配。因此，对于第 i 只债券，在同一个季度相应的基金持仓数据是相同的。

从式（2.1）可以看出，潜在流动性事实上是持有债券的所有基金在对应时间、区间债券持仓比例所计算的换手率加权平均。

潜在流动性最大的优点在于不再需要债券的交易数据，而只需要获得基金的持仓量数据和交易数据即可。因此，即使当债券在样本期间内无任何交易数据时，我们仍然可以得到对应债券的潜在流动性指标。但其不足在于要获得基金对于债券的全部持仓数据难度仍然较大，该数据到目前为止一般只在季度频率披露了重仓债券的持有数据。但对于拥有该数据的中央结算公司而言，计算起来是非常方便的。

2.3.2 传统流动性指标的计算方法

本节汇报传统流动性指标，包括换手率、派斯特和斯丹姆伯格非流动性、阿米胡德非流动性，以及经过高低价差调整后计算得到的阿米胡德非流动性的计算方法。

1. 换手率

换手率是债券和股票市场上度量流动性最早使用的指标。本节主要用到两类换手率：一是债券换手率；二是基金换手率。

$$债券换手率 = \frac{债券交易额}{债券发行总规模}$$

$$基金换手率 = \frac{基金交易额}{基金总规模}$$

2. 派斯特和斯丹姆伯格非流动性

派斯特和斯丹姆伯格（2003）认为，证券的流动性本质上度量了特定时期内订单流对于市场瞬时价格的冲击程度：一定时期内单位交易额对于价格冲击越大，证券的流动性越差，或证券的非流动性越高。基于此，他们使用以下回归方程来度量证券的非流动性：

$$r_{i,d+1,t}^{e} = \theta_{i,t} + \varnothing_{i,t} \cdot r_{i,d,t} + \gamma_{i,t} \cdot sign(r_{i,d,t}^{e}) \cdot v_{i,d,t} + \varepsilon_{i,d+1,t}, d = 1, \cdots, D$$

$$(2.2)$$

其中，$r_{i,d,t}$表示债券i在第t月、第d天的收益率；$r_{i,d,t}^{e} = r_{i,d,t} - r_{m,d,t}$，$r_{m,d,t}$表示第$t$月、第$d$天债券市场的整体收益率，本节使用国债、企业债、公司债在当天的市值加权平均收益率加以计算；$v_{i,d,t}$表示债券在第t月、第d天的交易额。

式（2.2）右边$r_{i,d,t}$是控制变量，$\gamma_{i,t}$即为债券i在第t月的非流动性指标。式（2.2）的基本思想为，如果证券 i 的流动性较差，则经过当期收益率符号调整后的交易量大增将伴随着下一期收益率的反向变动。因此，$\gamma_{i,t}$ 符号一般为负，且当证券的流动性越差时，$\gamma_{i,t}$ 的绝对值越大。

3. 阿米胡德非流动性

阿米胡德（2002）认为，证券的流动性可以使用单位交易额对当期收益率的冲击程度来度量：单位交易额对收益率或证券的价格冲击程度越大，证券的流动性越差，或非流动性越强。基于该思想，阿米胡德（2002）使用下式估计证券的非流动性：

$$ILLIQ_{i,t} = \frac{1}{D_{i,t}} \sum_{d=1}^{D_{i,t}} \frac{|R_{i,d,t}|}{VOLD_{i,d,t}} \qquad (2.3)$$

其中，$R_{i,d,t}$ 表示证券 i 在第 t 月第 d 天的收益率，$|\cdot|$ 表示绝对值，$VOLD_{i,d,t}$ 表示证券 i 在第 t 月第 d 天的交易额，$D_{i,t}$ 表示第 i 只证券在第 t 月的交易天数。

$ILLIQ_{i,t}$ 的值越大，单位交易额对证券收益率的冲击程度越大，说明证券的价格极易受到交易冲击，即证券的流动性越差。

4. 调整后的阿米胡德非流动性

由于债券的交易频率不及股票，过多的非连续交易日数据缺失造成式（2.3）中 $R_{i,d,t}$ 产生更多的数据缺失。为了避免这一问题，本节对阿米胡德（2002）的方法做了修正，给出了调整后的非流动性测度：

$$ILLIQ_{i,t} = \frac{1}{D_{i,t}} \sum_{d=1}^{D_{i,t}} \frac{|\tilde{R}_{i,d,t}|}{VOLD_{i,d,t}} \qquad (2.4)$$

其中，$\tilde{R}_{i,d,t} = \frac{HIGH_{i,d,t} - LOW_{i,d,t}}{CLOSE_{i,d,t}}$，$HIGH$、$LOW$ 和 $CLOSE$ 分别表示当日最高价、最低价和收盘价。

2.4 国债、企业债、公司债市场总体状况与公募基金持债的基本特征

本节使用 2000 年 1 月至 2020 年 12 月沪深两市交易所交易的国债、企

业债、公司债交易价格数据，计算传统的换手率、派斯特和斯丹姆伯格非流动性、阿米胡德非流动性以及经过价差调整后的阿米胡德非流动性。同时，使用公募基金的月度换手率数据、基金对债券的季度持仓量数据计算债券的潜在流动性，所有数据来源于瑞思数据库和 Wind 数据库。为了展示数据的基本特征，本节汇报国债、企业债和公司债市场，以及公募基金持债状况的描述性统计。

表 2-1 汇报了交易所国债市场和公募基金的持债数据。从第（1）列和第（2）列可以看到，我国国债市场债券数量和余额稳步增长，存量国债数量已从 2000 年的 62 只增长至 2020 年的 271 只，存量余额从 16 247.59 亿元增长至 206 858.65 亿元，国债成为我国债券市场最重要的"压舱石"，助力我国债券市场成为全球第二大债券市场。由于国债是我国央行公开市场业务的操作主体，国债市场体量的稳步增长为促进货币政策的有效发挥、稳定市场利率水平和为其他金融工具提供定价基础发挥了有效的基础性作用。从第（3）列至第（6）列可以看到，根据已公布的公募基金持有国债数据，基金组合中包含国债的基金数量经历了先升后降的过程，2002 年持有国债的基金数量约 14 只，持债余额 67.55 亿元；2007 年持债余额增加至 625.08 亿元，持有的债券数量由 2005 年的 71 只略降至 2007 年的 50 只；2020 年底，公募基金持有国债的数量约 14 只，持债余额为 163.68 亿元。从公募基金持有债券余额占债券总余额之比来看，已公布的公募基金持债余额不足，长期维持在 1% 以下，仅在 2004～2007 年持债比例略高于 1%。

表 2-1　　国债市场总规模以及公募基金持有国债数量与金额的描述性统计

年份	(1) 存量国债数量（只）	(2) 存量余额（亿元）	(3) 基金披露持有债券数量（只）	(4) 债券数量持有占比（%）	(5) 基金持有债券总额（亿元）	(6) 债券余额持有占比（%）
2000	62	16 247.59	—	—	—	—
2001	77	19 036.71	—	—	—	—
2002	90	22 358.46	14	15.56	67.55	0.30
2003	100	27 649.63	29	29.00	77.02	0.28

续表

年份	（1）存量国债数量（只）	（2）存量余额（亿元）	（3）基金披露持有债券数量（只）	（4）债券数量持有占比（%）	（5）基金持有债券总额（亿元）	（6）债券余额持有占比（%）
2004	106	31 261.90	69	65.09	540.07	1.73
2005	114	34 352.60	71	62.28	509.98	1.48
2006	121	36 668.17	47	38.84	573.87	1.57
2007	135	53 601.01	50	37.04	625.08	1.17
2008	149	54 783.22	52	34.90	355.90	0.65
2009	184	61 516.77	41	22.28	434.48	0.71
2010	218	68 543.44	48	22.02	395.95	0.58
2011	218	72 728.57	41	18.81	376.30	0.52
2012	219	77 877.86	51	23.29	222.17	0.29
2013	230	87 043.36	36	15.65	118.58	0.14
2014	248	95 911.24	33	13.31	84.65	0.09
2015	271	106 610.95	23	8.49	137.16	0.13
2016	267	119 698.74	16	5.99	120.98	0.10
2017	274	134 344.97	16	5.84	152.37	0.11
2018	282	148 803.67	13	4.61	104.60	0.07
2019	281	166 505.34	12	4.27	99.55	0.06
2020	271	206 858.65	14	5.17	163.68	0.08

资料来源：国债总规模根据 Wind 数据库统计，公募基金持有情况根据瑞思数据库统计年底数据整理而得。

表2-2汇报了企业债市场和公募基金的持债数据。可以看到，企业债市场债券总量从2000年的85只增加至2020年的2 603只，债券余额从2000年的295.92亿元增加至2020年的22 694.55亿元，因此企业债市场的总规模远远小于国债市场。从基金披露的持债数据来看，基金持有的企业债数量和余额稳步增加，2004年底基金持有的企业债数量为3只，余额为3.12亿元；至2020年底，基金持有的企业债数量达到223只，余额达104.84亿元。从已披露的持债余额占总余额的比重来看，该比例长期低于1%的水平。

表 2 - 2　　　　　企业债市场总规模以及公募基金持有企业债数量
与金额的描述性统计

年份	（1） 存量企业债 数量（只）	（2） 存量余额 （亿元）	（3） 基金披露持 有债券数量 （只）	（4） 债券数量 持有占比 （％）	（5） 基金持有 债券总额 （亿元）	（6） 债券余额 持有占比 （％）
2000	85	295.92	—	—	—	—
2001	62	374.36	—	—	—	—
2002	43	477.30	—	—	—	—
2003	52	909.30	—	—	—	—
2004	65	1 145.50	3	4.62	3.12	0.27
2005	90	1 657.50	7	7.78	5.94	0.36
2006	134	2 377.50	11	8.21	21.06	0.89
2007	212	3 386.76	3	1.42	4.28	0.13
2008	274	4 948.66	15	5.47	38.96	0.79
2009	451	8 118.88	26	5.76	9.41	0.12
2010	619	10 810.31	36	5.82	25.50	0.24
2011	805	13 082.36	63	7.83	41.01	0.31
2012	1 271	19 313.09	79	6.22	107.51	0.56
2013	1 611	23 396.93	223	13.84	134.01	0.57
2014	2 149	29 297.51	315	14.66	182.79	0.62
2015	2 381	30 557.68	241	10.12	137.33	0.45
2016	2 734	32 700.13	308	11.27	166.02	0.51
2017	2 840	30 545.21	277	9.75	141.93	0.46
2018	2 555	25 758.32	200	7.83	108.91	0.42
2019	2 558	23 857.77	201	7.86	150.68	0.63
2020	2 603	22 694.45	223	8.57	104.84	0.46

资料来源：企业债市场总规模根据 Wind 数据库统计，公募基金持有情况根据瑞思数据库统计年底数据整理而得。

　　表 2 - 3 汇报了公司债市场以及公募基金持债数量与金额的描述性统计结果。可以看到，公司债市场自建立以来体量稳步增长，2007 年存量公司债仅有 5 只，至 2020 年底，增长至 8 978 只；从公司债余额来看，2007 年公司债总余额仅为 52.00 亿元，而 2020 年该数据为 89 234.02 亿元，从总规模来看，2020 年公司债市场约是企业债市场的 4 倍之多。从公募基金披

露的持债数量和余额来看，2007 年仅有 1 只基金持有公司债，持债余额为0.20 亿元；2020 年底市场上有 883 只基金持有公司债，持债余额达到822.92 亿元。从债券余额持有占比来看，公募基金持有公司债的比例约在1%，特别地，2008～2015 年该持债比例均高于 1%，2016～2020 年基金持有公司债的比例略低于 1%。因此，从已披露数据来看，公募基金持有公司债占总规模的比重大大高于国债和企业债市场。

表 2-3　　　　公司债市场总规模以及公募基金持有公司债数量
与金额的描述性统计

年份	（1） 存量公司债数量（只）	（2） 存量余额（亿元）	（3） 基金披露持有债券数量（只）	（4） 债券数量持有占比（％）	（5） 基金持有债券总额（亿元）	（6） 债券余额持有占比（％）
2007	5	52.00	1	20.00	0.20	0.38
2008	20	400.00	10	50.00	8.78	2.19
2009	64	1 038.40	26	40.63	21.17	2.04
2010	90	1 641.40	26	28.89	17.69	1.08
2011	171	2 813.60	53	30.99	51.89	1.84
2012	462	5 499.45	69	14.94	86.47	1.57
2013	792	6 991.11	103	13.01	99.54	1.42
2014	1 162	7 679.32	115	9.90	109.72	1.43
2015	1 780	16 870.99	181	10.17	179.03	1.06
2016	3 689	43 239.72	357	9.68	344.30	0.80
2017	4 431	50 924.00	497	11.22	343.61	0.67
2018	5 276	58 242.12	610	11.56	450.69	0.77
2019	6 576	69 041.60	741	11.27	649.46	0.94
2020	8 978	89 234.02	883	9.84	822.92	0.92

资料来源：公司债市场总规模根据 Wind 数据库统计，公募基金持有情况根据瑞思数据库统计年底数据整理而得。

　　考虑到本节的研究主题是债券市场总体流动性状况的测量问题，在此我们按照年份统计了三类债券市场分年度的平均交易天数，即在每一个年度每一只债券存在交易数量和交易价格的交易日数量（见表 2-4）。从市场的总体交易状况可以发现：（1）国债、企业债和公司债市场总体的交易状况呈现恶化趋势，各年份中有交易数据的交易日数量呈现显著的下降态势；（2）国债和企业债市场交易频率高于公司债市场的交易频率；（3）国债市场交易频率恶化的态势相比企业债和公司债市场更为明显，2000 年国债市场有交易数据的平均交易日为 215 天，至 2020 年平均交易日为 67 天；（4）企业债市场各年份中交易天数微弱下降，2000 年平均交易日为 210天，2020 年平均交易日为 199 天，公司债市场交易天数呈现先升后降的态势，2006 年平均交易日为 18 天，2010 年达至峰值 160 天后稳步下降，2020 年平均交易日为 74 天。

表 2－4   债券市场年度交易天数分年度统计   单位：天

年份	国债	企业债	公司债
2000	215	210	—
2001	219	211	—
2002	219	219	—
2003	221	226	—
2004	219	227	—
2005	186	231	—
2006	145	229	18
2007	150	231	81
2008	150	222	135
2009	135	205	165
2010	121	202	160
2011	111	198	142
2012	118	202	136
2013	98	184	123
2014	109	208	138
2015	104	186	109
2016	113	188	87
2017	97	175	81
2018	80	184	64
2019	73	203	67
2020	67	199	74

资料来源：根据 Wind 数据库分年度统计而得。

2.5 债券市场的流动性状况与风险定价检验

本节基于第 2.3 节潜在流动性和传统流动性的度量方法，利用公募基金对债券的持仓量数据、公募基金的换手率数据计算债券的潜在流动性，考察潜在流动性与债券基本特征之间的关系，并使用债券的交易数据计算传统流动性指标，对比传统流动性指标对债券市场的度量结果与潜在流动性的度量结果之间的一致性和差异性。最后，在风险定价模型的基础上，构建出潜在流动性因子，使用国债、企业债和公司债市场个券收益率收益估计出潜在流动性贝塔，使用法玛和麦克白（Fama & MacBeth，1973）的方法检验债券市场是否具有风险定价功能。

2.5.1 债券特征与潜在流动性

本部分在构建潜在流动性的基础上，分别展示债券已发行年限、到期年限、平均发行规模、平均票面利率与潜在流动性之间的关系。具体地，按照国债、企业债、公司债的潜在流动性排序将债券分为 10 组，从而将潜在流动性标准化至 ［0，1］区间内，计算不同债券特征组合内债券的平均潜在流动性，并用二维图展示平均排序潜在流动性与债券组合的平均特征。

1. 债券已发行年限与潜在流动性

图 2-1（a）、图 2-1（b）、图 2-1（c）分别展示了国债、企业债和公司债的平均发行年限与排序标准化后的潜在流动性之间的相关关系。可以看到：（1）国债的平均已发行年限与潜在流动性正相关，即已发行时间越长的国债其平均潜在流动性越高；（2）企业债的平均已发行年限与潜在流动性负相关，新发行的企业债流动性比发行时间久远的债券流动性更高；（3）公司债的平均已发行年限与潜在流动性不存在显著的相关关系。

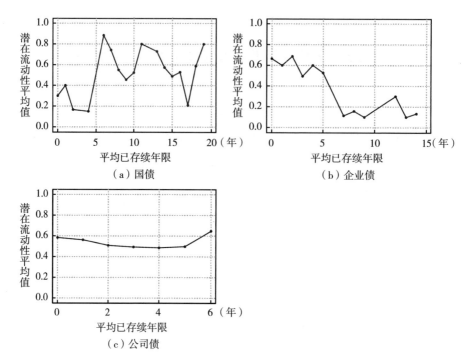

图 2 - 1   债券平均发行年限与潜在流动性

2. 债券到期年限与潜在流动性

图 2 - 2（a）、图 2 - 2（b）、图 2 - 2（c）分别展示了国债、企业债和公司债到期年限与潜在流动性之间的关系。可以看到，三种债券的剩余到期年限越长，债券的潜在流动性越高。这说明公募基金有更强的意愿在基本组合中持有剩余期限更长的债券，从而导致公募基金的换手率更高、组合基金的债券流动性更高。

3. 债券平均发行规模与潜在流动性

图 2 - 3（a）、图 2 - 3（b）、图 2 - 3（c）分别展示了国债、企业债和公司债的平均发行规模与潜在流动性之间的相关关系。可以看到：（1）国债平均发行规模与潜在流动性负相关，发行规模越小的国债券种潜在流动性越强，发行规模越大的券种潜在流动性越弱；（2）企业债、公司债与潜在流动性之间呈现微弱的负相关关系，该负相关关系不及国债的相关性。

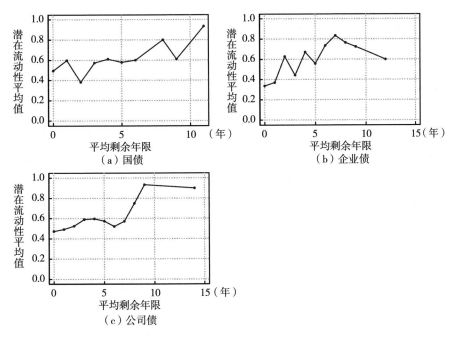

图2-2 债券到期年限与潜在流动性

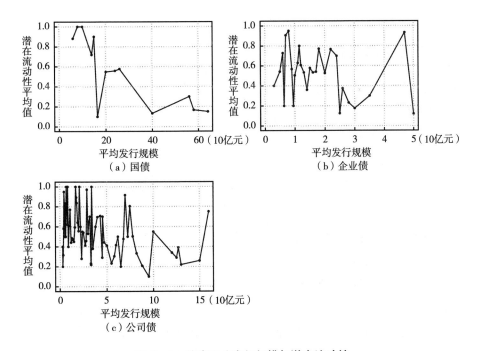

图2-3 债券平均发行规模与潜在流动性

4. 债券平均票面利率与潜在流动性

图 2−4（a）、图 2−4（b）、图 2−4（c）分别展示了国债、企业债和公司债的平均票面利率与潜在流动性之间的关系。总体来看，平均票面利率与潜在流动性之间呈现倒"U"型关系，即票面发行利率适中的债券的潜在流动性最好，票面发行利率越高或越低的债券的流动性均呈现下降趋势，这一趋势在国债市场表现得最为突出。这说明从债券流动性来看，应合理确定债券的票面发行利率。

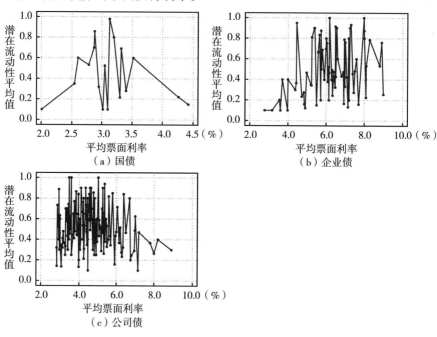

图 2−4　债券平均票面利率与潜在流动性

2.5.2　债券市场的潜在流动性

在构建个券潜在流动性的基础上，本部分通过横截面平均构建国债、企业债和公司债市场的平均潜在流动性指标。具体地，对于每一券种逐月计算个券潜在流动性的简单算术平均，构建出三个市场的潜在流动性时间序列。

为了熨平潜在流动性过度的波动性，对计算后的时间序列取自然对数，具体结果如图2-5所示。可以看到：（1）国债市场的潜在流动性总体水平没有出现整体性恶化或改善，2007年国债市场潜在流动性出现显著提升，2013年和2019年出现明显恶化，但整体市场的潜在流动性趋于稳定；（2）企业债市场的潜在流动性出现趋势性恶化，2020年左右的流动性远远不及2010年左右；（3）公司债市场的潜在流动性呈现波动性恶化趋势，虽然在2011年左右流动性得以明显提升，但在此之后流动性逐步呈现下降趋势。

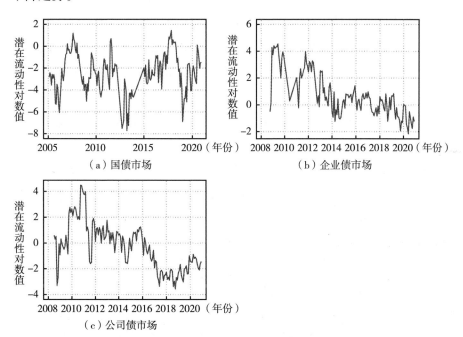

（a）国债市场　　　　　　　（b）企业债市场

（c）公司债市场

图2-5　国债、企业债和公司债市场的潜在流动性度量

对比图2-5与表2-4的结果可以看到，虽然国债市场的年度交易频率明显降低，但整体的潜在流动性并没有出现趋势性恶化；企业债市场的年度交易频率虽然没有出现明显下降，但潜在流动性指标显示企业债市场的流动性在不断恶化；无论从年度交易频率还是从潜在流动性来看，公司债市场的债券流动性均呈现先升后降的态势，二者的结论相一致。

图2-5与表2-4关于国债和企业债市场的结论不一致，一方面，说明应从多个维度来度量和观测债券市场的流动性状况；另一方面，二者取得的结论不一致可能是由于国债和企业债的交易量主要是在银行间和柜台

市场产生，而本节使用的是交易所数据，因此对于公司债来讲能够取得一致性的结论。

2.5.3　传统流动性指标对债券市场流动性状况的测度

在逐年统计债券交易天数和计算整体市场潜在流动性状况的基础上，得到的基本结论为：国债市场的交易频率下降，但潜在流动性状况并未出现显著恶化；企业债市场的潜在流动性状况出现趋势性恶化；公司债市场的潜在流动性状况先升后降，同样出现趋势性恶化。为了进一步验证以上结论的稳健性，本节对比潜在流动性指标与传统流动性度量指标在测度债券市场流动性之间是否有差异。

在构建了证券月度流动性指标后，在同一个横截面上按照简单平均法可以计算得到国债、企业债和公司债市场的总体流动性状况时间序列，结果如图2-6至图2-8所示。具体地，换手率越大，市场的流动性越好，派斯特和斯丹姆伯格非流动性、阿米胡德非流动性和调整后的阿米胡德非流动性越大，市场的流动性越差。为了熨平极值的影响，对四类流动性指标做了对数化数理。

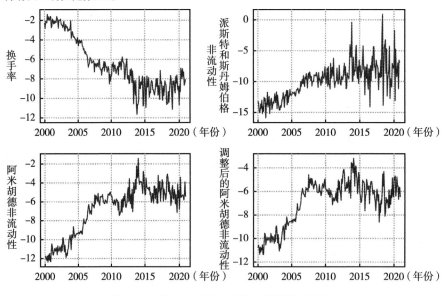

图2-6　2000～2020年国债市场流动性变化

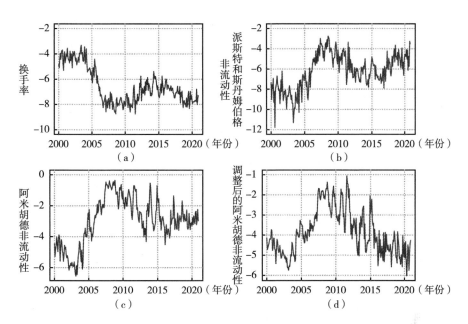

（a）　　　　　　　　　　　　（b）

（c）　　　　　　　　　　　　（d）

图2－7　2000～2020年企业债市场流动性变化

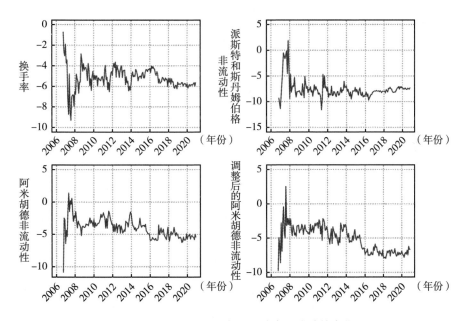

图2－8　2006～2020年公司债市场流动性变化

　　图2－6分别汇报了使用换手率、派斯特和斯丹姆伯格（2003）、阿米胡德（2002）和调整后阿米胡德（2002）方法计算的市场流动性指标。可

以明显看到，从 2000 年到 2020 年底，国债市场的换手率不断下降，派斯特和斯丹姆伯格非流动性、阿米胡德非流动性和调整后的阿米胡德非流动性指标不断上升，说明国债市场的流动性状况在趋于恶化，这一趋势在 2000～2010 年最为明显。从表 2-4 国债分年度统计的交易天数也可以看出，自 2000 年以来，国债市场年度平均交易天数在不断下降，说明国债市场的流动性状况在恶化，图 2-6 的结论与表 2-4 相一致。

图 2-7 汇报了四类指标计算的企业债市场流动性变化情况。从中可以看到：（1）使用换手率计算的企业债市场流动性状况不断变差，特别是 2000～2007 年这一趋势较为明显；（2）图 2-7（a）和图 2-7（b）表明，企业债的非流动性逐步上升，说明企业债市场的流动性状况也在恶化；（3）图 2-7（d）反映了企业债流动性在 2009 年有明显的恶化趋势，但在此之后流动性不断改善。

图 2-8 汇报了公司债市场的流动性变化情况。从换手率、派斯特和斯丹姆伯格非流动性、阿米胡德非流动性指标反映的流动性状况来看，公司债市场流动性并没有出现显著改善或恶化；从调整后的阿米胡德非流动性指标来看，公司债市场的流动性有微弱的改善趋势。

图 2-6 至图 2-8 的结果，与图 2-5 和表 2-4 显示的结果有不一致之处。具体来看：（1）图 2-5 显示国债市场流动性并未出现明显的恶化或趋势性改善，而表 2-4 和图 2-6 显示国债市场流动性出现趋势性恶化；（2）图 2-5 显示企业债市场流动性出现趋势性恶化，这与图 2-7 的结果基本一致，但从表 2-4 年度交易天数来看，企业债市场流动性并没有显著改变；（3）图 2-5 显示公司债市场流动性出现趋势性恶化，这与表 2-4 的结果一致，但图 2-8 显示使用传统流动性指标计算的公司债流动性并未出现明显改善或恶化。

图 2-6 至图 2-8 的结果、表 2-4 的结论与图 2-5 关于国债、企业债、公司债市场潜在流动性与传统流动性的基本结论看起来不一致的原因可能有以下三个。（1）年度交易频率可能无法真实反映国债市场流动性变化。虽然交易所国债市场的年度交易频率在不断下降，但由于国债风险极低和免税的特点，机构投资者倾向于持有到期，而非频繁地做交易和买卖，但当要出售国债时，交易量对于市场价格的影响极小。（2）市场分割

造成交易所和银行间债券市场流动性不尽相同。潜在流动性度量了基金所持有债券获得和出售的难易程度，这些基础资产主要是通过银行间债券市场交易，而表2-4和图2-6只反映了交易所市场国债流动性的变化，图2-5本质上反映了银行间债券市场的流动性，由于债券市场分割的存在，两个市场的流动性可能存在差异。（3）潜在流动性的样本选择缺乏代表性。如表2-1所示，由于基金在季度、半年度和年度报告中只披露了重仓券的持有量，在计算潜在流动性时，基金的持债量占债券余额的比例不足1%，使得计算得到的潜在流动性指标不能真实反映国债市场真实的流动性状况。

2.5.4 潜在流动性因子的风险定价检验

本部分在风险定价模型的基础上，构建出潜在流动性因子，使用国债、企业债和公司债市场个券收益率收益估计出潜在流动性贝塔，使用法玛和麦克白（1973）的方法检验债券市场是否具有风险定价功能。具体步骤如下。

（1）在每一个横截面上对国债、企业债和公司债的潜在流动性取简单平均，构建出潜在流动性因子，并对该因子正负变换。该因子本质上反映了整个债券市场的流动性状况，其数值越大，表明市场的流动性越差、市场的流动性风险越高。

（2）将个券月度收益率回归到潜在流动性因子上，滚动估计出个券的潜在流动性贝塔，滚动窗口期为24个月，最小窗口期12个月，估计模型如下：

$$r_{i,t} = \alpha_i + \beta_i \cdot Latent_t + \epsilon_{i,t} \qquad (2.5)$$

（3）采用法玛和麦克白（1973）的方法，将个券下个月的月度收益率回归到个券当期的潜在流动性贝塔上，第二阶段采用纽维和韦斯特（Newey & West，1987）的方法调整三阶滞后标准误，检验模型如下：

$$r_{i,t+1} = \lambda_0 + \lambda_1 \cdot LantentBeta_{i,t} + \epsilon_{i,t} \qquad (2.6)$$

表2-5汇报了对式（2.6）的检验结果，其中第（1）列至第（3）列分别对应国债、企业债和公司债的风险溢价检验结果。可以看到，国债市场的潜在流动性贝塔具有显著的正溢价，潜在流动性风险越高的债券未来收益率越高，说明我国国债市场具有较为理想的风险定价功能，国债市场流动性风险较高的债券可以获得更高的溢价。从表2-5第（2）列和第（3）列可以看出，企业债和公司债并未表现出合理的正溢价特征，说明企业债和公司债市场尚不具备流动性风险定价功能。

表 2-5　　　　　　　　　　潜在流动性风险定价检验

变量	（1）	（2）	（3）
Latent Beta	0.623 * （2.10）	-0.208 （-1.68）	0.077 （0.41）
b	0.000 （0.43）	-0.008 *** （-4.50）	-0.001 （-1.27）
Nobs	1 396	8 564	7 944
R^2	0.371	0.061	0.079

2.6　总结

债券的流动性问题对于债券市场的长期健康发展发挥着举足轻重的作用。一方面，债券的流动性与投资人资产变现的速度紧密相关，过低的债券流动性增加了资产变现的流动性风险和交易成本，直接影响债券二级市场的健康发展；另一方面，二级市场的流动性问题直接关系到债券一级市场的发行定价，若流动性不畅，会直接增大一级市场的债券发行成本，有可能造成金融系统的萎缩。因此，研究中国债券市场的流动性，具有很强的现实意义。

长期以来，由于债券市场的交易频率不及股票市场，且大宗交易主要在银行间市场进行，如何有效度量债券流动性是一个重要的研究课题，也是一个现实的研究难题。本章借鉴马汉提等（2008）的方法，使用我国公募基金对债券的季度持仓量数据和公募基金的换手率数据，构建了反映债券市场流动性状况的指标，并称之为"潜在流动性"。通过使用潜在流动性度量国债、企业债和公司债市场的流动性发现，潜在流动性与国债已发行年限正相关，与企业债已发行年限负相关；与国债、企业债和公司债的到期年限正相关；与债券平均发行规模负相关，与平均票面利率呈现倒"U"型关系。通过测度市场整体流动性状况发现，2000年以来我国国债市场的整体流动性状况没有出现明显恶化，但企业债和公司债市场的整体流动性趋于恶化。同时，本章使用四类传统流动性指标度量了国债、企业债和公司债市场的整体流动性，所得到的结论与潜在流动性指标的结论基本一致。最后，使用潜在流动性因子检验了债券市场的风险定价能力，发现目前国债市场是一个风险和收益相互匹配的流动性风险定价市场，而企业债和公司债市场则无此特征。

由于本章在研究过程中无法获取公募基金对于债券的全部持仓数据，且主要研究了国债、企业债和公司债的交易所市场，因此所得到的结论与传统流动性指标所得到的结论有不一致之处，这可能是本章研究的一个不足之处。在未来的研究过程中，随着数据可得性的进一步增强，相信使用潜在流动性来度量债券市场的流动性将具有更为广阔的研究前景。

第③章

市场细分对债券市场质量的影响*

3.1 引言

    1994 年之后，分税制改革使得地方政府收入来源减少，但其相应的支出责任并没有减少甚至有所增加。尤其是近年来，地方政府财政收支矛盾扩大，地方政府财政压力加大。为缓解地方财政压力，各地政府尝试建立融资平台举债（城投债）融资，并且在 2014 年修正的《中华人民共和国预算法》（以下简称《预算法》）通过后发行地方政府债券融资。目前，地方政府债券和城投债（以下简称"地方债"）已经趋于常态化。地方债连接着地方政府负债端和投资者资产端，它的作用不仅限于地方政府融资，还在于收益稳健、风险较低。但是，要发挥它的作用需要较高的流动性。流动性充裕的地方债市场很好地对接了负债端和资产端的需求。然而，我国地方债市场流动性并不充裕，严重制约了地方债发挥分散地方债务风险的作用。

    基于上述背景，本章以流动性作为债券市场质量的替代指标，研究市场细分对债券市场质量的影响。具体来说，测算中国地方政府债券和城投债的流动性，实证评估中国地方政府债券和城投债市场是否存在流动性不足的问题，并且研究中国地方政府债券和城投债市场是否存在非理性的市场细分现象，然后尝试阐述市场流动性与市场细分现象的关系。

    理论上，本章通过不同流动性指标来测算我国地方政府债券和城投债

---

    * 本章作者：李戎、卢征宇。

的流动性，丰富了地方政府债券和城投债流动性测算方法，充实了地方政府债券和城投债的流动性测算理论，为分析地方政府债券和城投债市场流动性提供了不一样的视角。

实践上，我国处在化解地方政府债务风险的重要时期，本章采用多个指标实证分析地方债流动性现状，有利于更加全面地了解地方政府债务风险，为化解地方政府债务风险提供了实际数据。

国外较早开始研究债券流动性问题并且已经得到了丰富的成果。一部分学者用交易成本的高低来衡量流动性，即交易成本与流动性负相关。罗尔（Roll，1984）在无法获得买卖侧信息时，从贸易价格的分布中筛选出交易成本，采用贸易价格回报率的负自协方差来衡量交易成本。舒尔茨（Schultz，2001）以及爱德华、哈里斯和皮沃瓦（Edwards，Harris & Piwowan，2007）都基于回归的方法从交易价格和参考价格的差异中估计交易成本。查克拉瓦蒂和萨卡尔（Chakravarty & Sarkar，2003）通过比较债的平均买价和平均售价之间的相对差异来衡量交易成本。戈延科、霍尔顿和特尔辛卡（Goyenko，Holden & Trzcinka，2009）基于价格聚类来估计买卖报价价差从而来衡量交易成本。费尔德特（Feldhutter，2012）则关注往返交易，并将15分钟窗口期内发生的交易价格差异作为买卖报价价差的度量。科温和舒尔茨（Corwin & Schultz，2012）从每日的最高价和最低价中过滤出买卖报价价差来衡量交易成本。

另一部分学者采用交易价格响应指标来测算流动性。阿米胡德（2002）将每日绝对收益与每日交易量联系起来构建流动性指标。帕斯特尔和斯坦博（Pastor & Stambaugh，2003）运用每日交易价格和每日交易量的回归来测算流动性。哈斯布鲁克（Hasbrouck，2009）将交易的回报回归到交易量上，以获得价格函数的斜率估计量，并以此来衡量流动性。

国内研究债券流动性问题的开始时间稍晚，但也有些许不错的尝试。朱世武和许凯（2004）运用绝对买卖价差和相对买卖价差来分析银行间国债市场的流动性。董乐（2008）实证分析了我国银行间债券市场的流动性交易特征、有效价差、流动性溢价等问题。时文朝和张强（2009）将结构突变理论引进微观市场领域，认为中国银行间债券市场流动性呈现平稳上升趋势。朱万权（2016）从深度、宽度、速度和弹性四个角度测算了农发债二级市场的流动性，发现农发债二级市场存在交易规模较快增长、债券周转率低和买卖价差较大的特点。王超、高扬和刘超（2018）比较了债券市场日内高频和日间低频的流动性度量指标。张瑞晶（2018）通过对交易量和换手率两个纬度的度量，指出我国地方政府债券流动性仍处于偏低状态。刘绪硕（2019）运用深度、宽度、速度和弹性四个指标测算了我国地方政府债券的流动性，并且提出了建设性的意见。

虽然国内关于债券市场流动性测算的研究颇多，但是对于地方债流动性的测算还是缺乏。大部分文献对地方政府债券和城投债的分析缺乏数据支撑，少部分研究利用数据分析，但指标的选择局限于换手率等简单的指标，未能采用更加复杂的指标进行分析。

本章采用文献资料研究法和实证分析法。一方面，本章根据既有文献研究方向进行检索，整理与债券、流动性、地方政府相关的文献，并且充分利用图书馆线上和线下资源，了解国内外最新的研究，并在此基础上寻求创新；另一方面，本章运用 Wind 金融资讯终端获取债券交易数据，通过交易数据来构建流动性指标，进而测算我国地方政府债券和城投债市场的流动性，并分析我国地方政府债券和城投债市场是否存在市场细分现象。

本章发现中国地方政府债券和城投债市场存在流动性不足的问题，并且在金融监管政策收紧时期，地方政府债券和城投债市场流动性更加匮乏。在市场流动性不足的同时，中国地方政府债券和城投债市场都存在非理性的市场细分现象。并且，地方债市场细分现象往往出现在其市场流动性不足的时期。

3.2　地方债流动性的理论分析

一般来说，地方政府或者地方公共机构发行的债券即地方政府债券。地方政府以税收能力作为担保发行债券，筹措资金用于当地公共事业，进行地方性公共设施建设。

城投债为地方政府融资平台发行的债券。但是，关于地方政府融资平台的定义有多种口径。2010年6月，国务院发布《关于加强地方政府融资平台公司管理有关问题的通知》，其中将地方政府融资平台定义为：由地方政府及其部门和机构等通过财政拨款或注入土地、股权等资产设立、承担政府投资项目融资功能，并拥有独立法人资格的经济实体。2011年，银监会通过了《关于地方政府融资平台贷款监管有关问题的说明》，将地方政府融资平台定义为：由地方政府出资设立并承担连带还款责任的机关、事业、企业三类法人。徐军伟、毛捷和管星华（2020）将地方政府融资平台定义为：在满足地方政府出资、投融资功能和非公众企业法人三个基本要素的前提下，在债务资金使用的前端存在替地方政府融资或（和）投资行为，或（和）在偿还债券资金的后端依赖来自政府部门或其他融资平台公司现金流的行为的公司。

最早，凯恩斯将资产流动性概括为在短期更容易变现而不遭受损失。从执行交易的时间角度，若某资产能以可预期的价格迅速出售，则该资产具有流动性，即基于买卖报价和交易即时性的流动性概念。从交易对市场价格波动影响角度，流动性是指在使价格没有明显波动的情况下，一种吸收市场买卖订单的能力。从交易成本角度，流动性是指在一定时间内完成交易所需的成本，或寻找一种理想的价格所需要的时间。

地方政府债券在持有到期之前不能通过地方政府获得现实购买力，只能通过在证券交易市场进行流通买卖来变现。地方债的流动性指地方债持有者根据自身需要和市场状况，转出债券收回本息的灵活性。地方债的流动性在一定程度上反映了地方债整体的管理风险、管理效率和地方政府的融资成本。

国内常用四个维度分析债券流动性：宽度、紧度、弹性和深度。而目前具有代表性的流动性衡量方法主要分为两类：（1）与价格相关的流动性衡量方法，主要包括与价差相关的衡量方法、与流动比率相关的衡量方法和与交易对价格影响相关的衡量方法；（2）与时间相关的流动性衡量方法，主要包括委托存续时间衡量、交易间隔时间或交易发生频率衡量。流动性分析又分为单维度衡量和多维度衡量，单维度指使用单个代理指标来进行分析，多维度指结合几个单维度指标来进行分析。

3.3　我国地方债的发展历程

1995 年 1 月 1 日起，受《预算法》所限，地方政府不得发行地方政府债券。但是，在 1998 年亚洲金融危机爆发时，中央政府为缓解全国范围内的通货紧缩问题，经国务院批准，以国债转贷给地方政府，并以地方政府的综合财力资金还本付息。这些转贷资金一定程度上缓解了地方政府的财政压力，但是由于国债转贷资金不纳入任何一级的政府预算，缺少监管，同时，国债转贷资金的借债主体与使用主体是不匹配的，因此具有很大的偿还风险。

3.3.1　"代发代还"时期

2008 年世界金融危机爆发，我国大规模增加政府投资，实施总额 4 万亿元的两年投资计划，其中 2.82 万亿元都由地方财政承担。但是，地方政府无法自主发行债券，财政部开始探索发行地方政府债券的可能。2009 年财政部代发 2 000 亿元地方政府债券，采用了财政部代理地方政府发行并代办还本付息和支付发行费的模式，明确了"地方政府债券"的发行主体和偿还主体。不同于国债转贷资金，中央代发地方债匹配了借债主体和使用主体，并且引用了一定的管理监督机制，将其列入了省级财政预算管理。虽然此时相较于完全开放地方自主发债还有相当长一段距离，但是中央代发地方债是之后地方自主发债的必经之路。

3.3.2　"自发代还"时期

2011 年，中央正式颁布了《2011 年地方政府自行发债试点办法》，批准在上海市、浙江省、广东省、深圳市开展地方政府自行发债试点。这标志着地方政府债券进入"自发代还"时期。此次试点办法规定广东、浙江、上海、深圳四地发债总规模限额为 229 亿元。经财政部核定，在此次2011 年地方债试点中，深圳市地方政府自主发行地方债 22 亿元，浙江省为 67 亿元，广东省为 69 亿元，上海市为 71 亿元，总计 229 亿元，债券期限分 3 年期与 5 年期。2013 年，试点范围增加了山东省和江苏省，并且允许试点的六省（市）在批准的发债限额内自主决定其定价机制，但是仍由财政部代办还本付息。2013 年六省（市）发行地方政府债券规模达 700 亿元，债券期限分 3 年期、5 年期和 7 年期。

3.3.3 "自发自还"时期

2014 年，财政部下发《2014 年地方政府自发自还试点办法》，将地方政府债券试点扩大到北京市、青岛市、宁夏回族自治区、江西省，并且允许试点的十省（区、市）在批准的发债限额内，自主开展本级政府债券的定价、承销等发行工作和建立偿债保障机制工作，由本级政府还本付息。2014 年十省（市）发行地方政府债券规模达 1 092 亿元，债券期限分 5 年期、7 年期和 10 年期。2014 年修订的《预算法》允许经国务院批准的省、自治区、直辖市的预算中心，可以在国务院确定的限额内，通过发行地方政府债券举借债务的方式筹措必需的建设投资的部分资金。2014 年修订的《预算法》自 2015 年 1 月 1 日正式生效，这代表了自发自还的地方政府债券正式在全国省级政府发行。图 3-1 展示了 2012~2020 年前四大债券品种的历史存量情况。从中可以看出，地方政府债券在 2014 年后快速腾飞，并在 2017 年一举超过国债、政策银行债和同业存单。

图 3-1　2012~2020 年前四大债券品种历史存量

资料来源：Wind 数据库。

城投债正式诞生于 2009 年。2009 年中国人民银行、中国银行业监督管理委员会发布了《关于进一步加强信贷结构调整 促进国民经济平稳较快发展的指导意见》，明确指出"支持有条件的地方政府组建投融资平台，发行企业债、运用中期票据等融资工具，拓宽中央政府投资项目的配套资金融资渠道"。

但是，刚刚诞生的城投债缺乏管理制度，市场存在乱象。于是，2010 年国务院发布了《关于加强地方政府融资平台公司管理有关问题的通知》，完善城投债的管理制度，也在一定程度上使得城投债市场"冷静"下来。

随着管理制度的收紧和财政收支矛盾的激化，2012 年国家发展改革委和中国银行间市场交易商协会（以下简称"交易商协会"）明确或放松了城投债发债条件。2015 年，国家发展改革委下发《国家发展改革委办公厅关于充分发挥企业债券融资功能支持重点项目建设促进经济平稳较快发展的通知》和《关于简化企业债券审报程序加强风险防范和改革监管方式的意见》，放宽了城投债发行条件，包括担保措施、资产负债率、净利润、政府性债务、发债数量指标和资金使用方向等方面。同年，交易商协会向主承销商释放了放宽城投企业债务融资工具发行口径的信号。

3.4 我国地方债的现状分析

3.4.1 我国地方政府债券的现状分析

如表 3 - 1 所示，2020 年我国地方政府发行地方政府债券共 1 848 只，总计约 64 438.13 亿元。按发行债券类型划分，一般债券约 23 033.66 亿元，占比约 35.75%；专项债券约 41 404.47 亿元，占比约 64.25%。与 2019 年 39 444.61 亿元的发债规模对比，2020 年地方政府债券的发行规模扩大了 63.36%。按发行地区划分，31 个省级政府、5 个计划单列市和 1 个计划单列的特殊社会组织均发行了地方政府债券。其中，2020 年累计发行总额排名前十位的地区分别为江苏省、山东省、广东省、四川省、河北省、湖北省、浙江省、河南省、湖南省、贵州省，发行总额均超过 2 500 亿元。2020 年累计发行总额较少的地区为西藏自治区和新疆生产建设兵团，发行总额均未超过 200 亿元。

表 3 - 1　　　　　　2020 年地方政府债券发行规模　　　　　　单位：亿元

发行人	一般债券	专项债券	总计
安徽省人民政府	650.79	1 678.19	2 328.981
北京市人民政府	416.48	1 259.79	1 676.27
大连市人民政府	151.61	161.69	313.30
福建省人民政府	374.78	1 218.15	1 592.93
甘肃省人民政府	431.01	692.39	1 123.40
广东省人民政府	876.58	2 762.64	3 639.21
广西壮族自治区人民政府	816.73	1 023.35	1 840.08
贵州省人民政府	987.28	1 535.29	2 522.57
海南省人民政府	268.73	297.67	566.40
河北省人民政府	1 155.53	1 844.10	2 999.63
河南省人民政府	951.61	1 776.78	2 728.39
黑龙江省人民政府	815.46	535.41	1 350.88
湖北省人民政府	1 145.14	1 754.66	2 899.80
湖南省人民政府	1 016.48	1 533.72	2 550.20
吉林省人民政府	679.45	704.47	1 383.92
江苏省人民政府	1 222.73	2 958.47	4 181.20
江西省人民政府	681.54	1 606.08	2 287.61
辽宁省人民政府	846.25	392.77	1 239.01
内蒙古自治区人民政府	1 093.29	754.01	1 847.30
宁波市人民政府	183.44	303.29	486.73
宁夏回族自治区人民政府	248.00	67.58	315.58
青岛市人民政府	163.08	404.89	567.97
青海省人民政府	369.41	142.18	511.59
厦门市人民政府	48.64	323.36	372.00
山东省人民政府	1 044.53	2 887.70	3 932.23
山西省人民政府	583.22	825.40	1 408.62
陕西省人民政府	715.34	817.44	1 532.78

债券市场质量：评价体系、影响因素与优化设计

续表

发行人	一般债券	专项债券	总计
上海市人民政府	540.40	1 214.40	1 754.80
深圳市人民政府	22.00	460.00	482.00
四川省人民政府	1 286.96	2 256.30	3 543.26
天津市人民政府	404.55	1 400.60	1 805.15
西藏自治区人民政府	81.00	59.00	140.00
新疆生产建设兵团	88.83	92.15	180.98
新疆维吾尔自治区人民政府	650.40	810.90	1 461.30
云南省人民政府	638.35	1 654.90	2 293.25
浙江省人民政府	950.05	1 932.80	2 882.85
重庆市人民政府	434.00	1 261.96	1 695.96
总计	23 033.66	41 404.47	64 438.13

资料来源：Wind 数据库。

如表 3-2 所示，按期限结构划分，2020 年发行的地方政府债券分为 2 年、3 年、5 年、7 年、10 年、15 年、20 年和 30 年期 8 类，其中发行最多的为 10 年期地方政府债券，发行最少的为 2 年期地方政府债券。2020 年共发行了 1 848 只地方政府债券，其中 10 年期债券共发行 530 只，占发行总量的 28.68%，3 年、5 年、7 年、15 年、20 年、30 年期债券分别发行了 37 只、174 只、203 只、356 只、282 只、265 只，分别占发行总量的 2.00%、9.42%、10.98%、19.26%、15.26%、14.34%，2 年期债券全年仅发行 1 只。

表 3-2　　　　　　　　2020 年地方政府债券利率期限结构

期限（年）	平均发行票面利率（%）	债券数量（只）	占比（%）
2	3.15	1	0.05
3	2.83	37	2.00
5	2.97	174	9.42
7	3.21	203	10.98
10	3.18	530	28.68
15	3.60	356	19.26
20	3.72	282	15.26
30	3.88	265	14.34

资料来源：Wind 数据库。

按付息方式划分，目前我国地方政府债券主要品种为付息式固定利率债券，以 2020 年为例，全年共发行的 1 848 只地方政府债券全部为付息式固定利率债券。其中，156 只地方政府债券内含特殊条款，包括赎回 5 只和债券提前偿还 151 只。

地方政府债券的发行票面利率主要受到期限和发行政府的影响。一般而言，期限越长的地方政府债券的发行票面利率越高，发行政府的财政收入越多的发行票面利率越低。以 2020 年为例，5 年期债券的平均发行票面利率为 2.97%，7 年期债券的平均发行票面利率为 3.21%，15 年期债券的平均发行票面利率为 3.6%。发行票面利率较低的为北京、深圳、厦门等经济相对发达地区，而发行票面利率较高的为新疆、宁夏、广西等经济相对欠发达地区。

相对而言，地方政府债券的发行票面利率受债券类型的影响极小，同期限一般债券和专项债券发行票面利率差别不大。

3.4.2　我国城投债的现状分析

根据 Wind 数据库口径，城投债的规模一直在增加，数量从 2012 年的 1 489 只发展到 2020 年的 13 172 只，增加 7 倍多；城投债余额从 2012 年的 18 968.07 亿元扩大到了 2020 年的 107 869.36 亿元，增加 4 倍多（见图 3－2）。通过这些数据可以发现，我国经济高速发展的进程中，地方政府为了支持经济建设和城镇化建设，大力推进城投债发行工作以获得足够的资金。可见，加大城投债发行规模是城镇化进程中必不可少的一步，同时，城镇化发展又会引起城投债发行规模新的扩张。

城投债的品种众多，包括中期票据、定向工具、短期融资券、企业债、公司债、项目收益票据、资产支持证券、金融债、可分离转债存债和可交换债。其中，城投债以中期票据、定向工具、短期融资券、企业债和公司债为主。以 2020 年为例，城投债余额排名前五的分别为公司债、中期票据、企业债、定向工具、短期融资券，分别占总余额的 33.36%、28.51%、16.36%、14.94%、6.76%。这五种城投债的发行额占总余额的99.92%。虽然资产支持证券、可分离转债存债等相对新型债券也有所发展，但仍然是城投债中的小众品种。

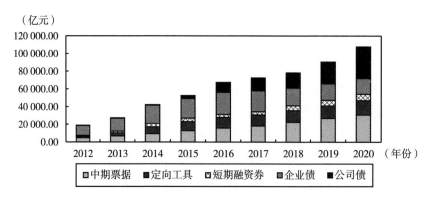

（亿元）

图 3 - 2　2012 ~ 2020 年城投债品种结构

资料来源：Wind 数据库。

按期限结构划分，城投债的期限范围涵盖了 1 年内至 10 年以上。其中，城投债主要为 3 ~ 7 年期债券，1 年内和 10 年以上的债券较少。以 2020 年为例，期限为 3 ~ 5 年的债券有 3 103 只，期限为 5 ~ 7 年的债券有 5 946 只；而期限为 1 年内的债券只有 788 只，期限为 10 年以上的债券只有 513 只。

2020 年发行的城投债总共 5 885 只，期限为 1 年以下的有 1 425 只，而期限为 10 年以上的仅有 86 只，具体情况见表 3 - 3。总体而言，城投债的发行票面利率高于地方政府债券的发行票面利率。这是由于城投债的风险较高，高出的部分为风险溢价。2020 年发行的城投债的平均发行票面利率与期限的关系也比较复杂。不同于地方政府债券，城投债的发行票面利率与期限的关系呈现出一个倒 "U" 型。1 年期以下城投债的平均发行票面利率为 2.80%，1 ~ 3 年期城投债的平均发行票面利率为 5.07%，3 ~ 5 年期城投债的平均发行票面利率为 5.70%，而 10 年以上期的城投债的平均发行票面利率为 4.10%。这可能是由于市场对不同期限债券的偏好不同造成的。

表 3 - 3　　　　　　　　2020 年发行的城投债利率期限结构

期限	平均发行票面利率（%）	债券数量（只）
1 年以下	2.80	1 425
1 ~ 3 年（包括 1 年）	5.07	568

续表

期限	平均发行票面利率（%）	债券数量（只）
3～5 年（包括 3 年）	5.70	1 351
5～7 年（包括 5 年）	4.73	2 090
7～10 年（包括 7 年）	4.98	335
10 年以上（包括 10 年）	4.10	86

资料来源：Wind 数据库。

3.5 我国地方债流动性的实证分析

3.5.1 数据

本章采用多种测算方法来纵向比较地方债市场的流动性变化。但是，在数据选取上却遇到了以下几个问题：（1）地方债交易数据零散分布，且场外数据难以获得；（2）相当一部分地方债交易次数少，难以用流动性指标进行衡量。

考虑到上述问题，本章在数据样本的选取上多番考究。（1）为统一口径，本章所有数据来自 Wind 数据库债券二级市场的历史交易统计数据，包括收盘市价、成交金额、最高价、最低价、均价、收益率。（2）由于数据可获得性的限制，本章选取 2015 年 1 月 1 日至 2019 年 12 月 31 日地方政府债券的每日行情数据和城投债的每月行情。（3）为保持数据的完整性和统一性，本章把获取的数据中含有缺失值的数据剔除。因为流动性指标需要至少两次交易数据，所以本章将在样本区间内只交易一次的债券的数据剔除。（4）本章根据 2 891 只地方政府债券的 41 252 条每日行情数据和 4 679 只城投债的 54 990 条每月行情数据进行流动性分析。虽然这种方法会高估地方政府债券和城投债市场的总体流动性，但是并不影响对地方政府债券和城投债市场流动性的评估结果。

3.5.2　指标选取

本章选择了三个归类为交易成本度量的流动性指标和一个归类为价格影响度量的流动性指标来分析地方政府债券每日行情数据。（1）查克拉瓦蒂和萨卡尔（Chakravarty & Sarkar, 2003）认为债券日内价格波动有一部分是由买卖报价价差造成的，所以他们采用每日平均买方价格和平均卖方价格的价差作为买卖报价价差的间接估计，本章基于此，采用日内价格的最高值和最低值的差异作为买卖价差（L_HZ）的间接估计。（2）科温和舒尔茨（Corwin & Schultz, 2012）采用高低价差指标来测量债券的流动性。他们的主要思想是从每日最高价和最低价中过滤出买卖报价价差，每日最高价和最低价的比率不仅反映出债券的方差，还反映出买卖报价价差，长期来看，方差的影响会增加，而买卖报价价差保持不变，本章也采用高低价差指标（$L\_HIGHLOW$）来衡量地方政府债券的流动性。（3）本章还采用零交易比例（L_ZERO）来衡量流动性，该指标并不直接衡量债券交易成本，但在一定程度上体现出债券的时间成本。（4）本章采用每日收益率与成交量比例的价格响应指标（L_AMIHUD）作为衡量流动性的度量指标。

3.5.3　实证分析

表3-4显示了地方政府债券和城投债四个流动性指标的描述性汇总统计。对于地方政府债券，本章给出的买卖价差（L_HZ）的估计值为0.06%，即每10万元的往返交易平均导致的交易成本为59.8元，但是对于城投债，每10万元的往返交易平均导致的交易成本为572.4元。高低价差指标（$L\_HIGHLOW$）相对于买卖价差指标在一定程度上高估了实际买卖价差。但是，买卖价差指标偏低也可能是因为地方政府债券和城投债市场的日内价格波动过小（或几乎没有）。价格响应指标（L_AMIHUD）和零交易比例指标（L_ZERO）仅能度量流动性的强弱，而不能给出交易成本和价差。总体而言，城投债的交易成本略高于地方政府债券，换言之，城投债的流动性低于地方政府债券。

表 3－4 流动性指标的描述性统计

债券	指标	平均值（%）	标准差（%）	$Q_{0.05}$	$Q_{0.25}$	中位数	$Q_{0.75}$	$Q_{0.95}$	N（只）
地方政府债券	L_HZ	0.06	0.29	0.00	0.00	0.00	0.01	0.31	41 307
	L_HIGHLOW	2.08	1.42	0.21	0.89	1.88	3.04	4.68	41 913
	L_ZERO	0.88	0.16	0.57	0.87	0.94	0.95	0.96	16 075
	L_AMIHUD	1.24	22.41	0.00	0.00	0.00	0.00	0.00	16 076
城投债	L_HZ	0.57	2.02	0.00	0.00	0.03	0.53	2.60	54 990
	L_HIGHLOW	0.94	2.60	-0.03	0.01	0.28	1.26	3.93	50 312
	L_ZERO	0.88	0.12	0.68	0.86	0.91	0.95	0.95	54 990
	L_AMIHUD	0.40	1.42	0.00	0.00	0.02	0.32	1.83	54 990

图 3－3 和图 3－4 分别展示了地方政府债券和城投债流动性指标的时间序列。对于地方政府债券和城投债市场，买卖价差指标（L_HZ）、价格响应指标（L_AMIHUD）和高低价差指标（L_HIGHLOW）的整体趋势相同，而零交易比例指标（L_ZERO）与其他三个指标的相关性不高，对于地方政府债券市场而言，零交易比例指标（L_ZERO）在有些时段内与其他三个指标的变动趋势相同，而有些时段内又与其他三个指标的变动趋势相反。这说明零交易比例指标（L_ZERO）对中国地方政府债券和城投债市场流动性的度量并不稳健。

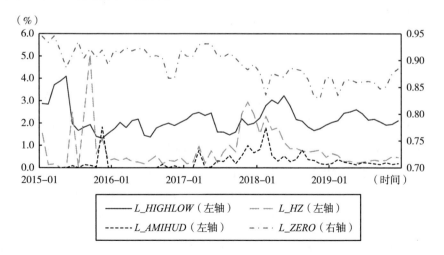

图 3－3 2015～2019 年地方政府债券流动性趋势

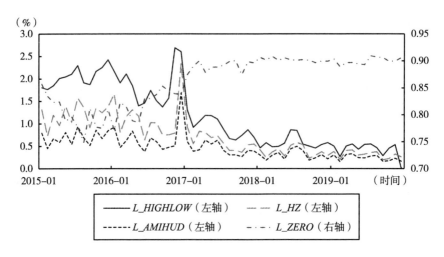

图 3 - 4   2015 ~ 2019 年城投债流动性趋势

由图 3 - 3 可知，2015 ~ 2019 年，地方政府债券市场的流动性是波动的，体现为 2015 ~ 2016 年流动性较差，而 2016 ~ 2017 年流动性转好，再到 2018 年流动性又变差，最后在 2019 年市场流动性又转好。这深刻反映出地方政府债券"政策债"的特点。2016 年，地方政府债券受到较为宽松的货币政策影响，流动性较好。但 2017 年金融监管收紧，而 2018 年监管的严格标准更上一层台阶，地方政府债券市场受金融监管政策影响，流动性减少。

由图 3 - 4 可知，2015 ~ 2019 年，城投债市场的流动性虽然中间有些波澜，但整体趋势是趋向流动性富裕的。这集中体现在 2016 ~ 2017 年，城投债市场流动性形势急转直下，这是因为在 2015 年以后，地方政府能够自主发行地方政府债券，地方政府债券逐渐取代了城投债的主导地位，也自然造成了城投债流动性减少的局面。同时 2017 年金融监管收紧，加重了城投债流动性匮乏的状态。2018 ~ 2019 年，城投债市场流动性形势一片大好，这主要是因为相比于地方政府债券，城投债在 1 年以内期限的短期债券的数量和品类更多，而短期债券的增加能够使得流动性增加。

综上所述，地方政府债券和城投债市场流动性受到国家相关政策、品种结构和其他债券的影响。并且，地方政府债券和城投债在货币政策宽松、品种丰富的情况下流动性向好发展，在金融监管收紧、金融市场波动的情况下流动性向坏发展。同时地方政府债券和城投债属于替代关系，两者的流动性相互影响。地方政府债券在 2017～2018 年表现出交易成本增加、流动性减少的现象，说明金融监管收紧政策大大影响了地方政府债券市场的流动性。城投债市场在 2015～2016 年表现出交易成本较高、流动性不足的特点，很大原因是受到地方政府债券大量发行的影响，在地方政府债券无法由地方政府自主发行时期，地方政府融资更加依赖于城投债市场，所以一旦地方政府债券发行放开，城投债市场的流动性必然受到影响。同样受金融监管收紧政策的影响，城投债市场流动性在 2017 年出现了一个小低谷。但是，2018～2019 年城投债市场上 1 年期以内的债券开始增加，这些短期债券的流动性更强，极大激活了城投债市场。所以，城投债市场在这两年表现出流动性充裕的特点。提高地方政府债券市场流动性可以借鉴城投债市场丰富债券期限品种结构的做法，提供更多不同期限的债券以满足不同投资者对地方政府债券的偏好和需求。同时，金融市场稳定发展和金融政策宽松，是使地方政府债券和城投债市场流动性增加的有效方法。

3.6　我国地方债市场细分现象实证分析

3.6.1　市场细分理论

市场细分理论认为，由于不同投资者对债券期限长短的偏好程度不同，资本市场形成不同的子市场。短期债券的利率由短期资金市场的供求关系决定，中长期证券的利率由中长期资金市场的供求关系决定，这样整个债券市场就被不同期限的债券所分割开来，而且不同期限的债券之间不能完全替代。周新苗、唐绍祥和刘慧宏（2020）通过事实数据验证了中国绿色债券市场存在非理性市场细分现象。

3.6.2　实证分析

本章研究的数据来自中债估值中心提供的中国地方政府债券（AAA）

平均到期收益率和中国城投债（AAA）平均到期收益率，数据期限为 2015 年 1 月 4 日至 2019 年 12 月 31 日，共 1 253 条日数据。这部分数据期限结构包括 1 年以下、1 ~ 3 年期（含 1 年期）、3 ~ 5 年期（含 3 年期）、5 ~ 7 年期（含 5 年期）、7 ~ 10 年期（含 7 年期）、10 年以上（含 10 年期）分段数据。

理论上，债券的期限越长，收益率越高。如果地方政府债券和城投债具备这样的特征，则地方政府债券和城投债市场存在非理性市场细分现象的可能性就较小。图 3 - 5 和图 3 - 6 展示了 2015 年 1 月 4 日至 2019 年 12 月 31 日共 1 253 组不同期限结构的收益率曲线。按前述理论来说，10 年期以上的地方政府债券和城投债的收益率应在最上方，而 1 年期以下的地方政府债券和城投债的收益率在最下方。从图 3 - 5 可以看出，在 2016 年 12 月至 2018 年 12 月存在全部或部分期限结构的收益率曲线相互交错的现象，说明在这期间存在较为复杂的地方政府债券市场现象，可能说明这一段时间内存在一定的非理性市场细分现象。但是整体而言，尤其是在 2019 年，我国地方政府债券各个期限结构的收益率曲线"井然有序"，反映出我国地方政府债券和城投债市场处于正常增长态势。

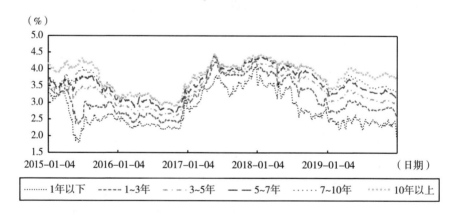

图 3 - 5　2015 ~ 2019 年不同期限结构地方政府债券收益率曲线

本章通过主成分分析法提取因子，构建因子模型来分析我国地方政府债券利率期限结构。如果地方政府债券市场细分现象存在（或严重），则理论上，通过模型剥离出来的水平、斜率、曲率三个因子拟合真正的市场状况的效果十分差，反之不然。

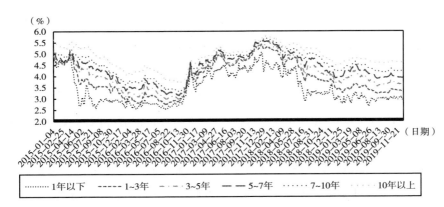

图 3 - 6 2015 ~ 2019 年不同期限结构城投债收益率曲线

理论上说，利用主成分分析法提取因子时，第一个因子往往是平滑而缺少波动的，第二个因子在收益率曲线两端的作用相反，第三个因子在两端相同但中间相反。从表 3 - 5 可以看出，因子载荷矩阵中地方政府债券和城投债的三个因子都很好地表现出了这些特征。从贡献率可以看出，地方政府债券的三个因子可以解释 99.49% 收益率曲线的变动。其中，水平因子是三个因子中最重要的，解释收益率曲线变动程度高达 90.66%；其次是斜率因子，贡献率为 7.69%；最后是曲率因子，贡献率仅为 1.14%。而城投债的三个因子可以解释 99.77% 收益率曲线的变动，其中，水平因子是最重要的，贡献率高达 93.79%；其次是斜率因子，贡献率为 5.38%；最后是曲率因子，贡献率仅为 0.60%。

表 3 - 5　　　　　　利率期限结构主成分分析——因子载荷矩阵

项目	地方政府债券			城投债		
	水平因子	斜率因子	曲率因子	水平因子	斜率因子	曲率因子
<1 年	0.3774	− 0.6757	− 0.3676	0.3806	− 0.7396	− 0.4518
1~3 年	0.4121	− 0.3699	0.0186	0.4138	− 0.2983	0.3018
3~5 年	0.4263	0.0058	0.3190	0.4199	0.0068	0.4110
5~7 年	0.4236	0.1791	0.3080	0.4182	0.1799	0.3234
7~10 年	0.4180	0.2798	0.3601	0.4132	0.3340	0.0088
>10 年	0.3897	0.5443	− 0.7336	0.4026	0.4691	− 0.6567
特征根	5.4397	0.4611	0.0687	5.6273	0.3229	0.0362
贡献率（%）	90.66	7.69	1.14	93.79	5.38	0.60
累计贡献率（%）	90.66	98.35	99.49	93.79	99.17	99.77

　　本章选取 1 年期以下债券收益率与 10 年期以上债券收益率的差值作为真实市场的斜率指标，选择 2 倍的 3～5 年期债券收益率与 1 年期以下债券收益率和 10 年期以上债券收益率之和的差值为真实市场的曲率指标。地方政府债券斜率因子、曲率因子与真实市场曲线走势比较见图 3 - 7。从图 3 - 7 可以观测到两组曲线总体上具有同步趋势，但有些时间段显示出较大的差距。曲率因子与真实市场指标的拟合效果十分好，斜率因子与真实市场指标平行变动。这说明不同时期的地方政府债券市场都有存在非理性市场细分现象的可能。这主要是因为地方政府债券不同期限结构债券差异不显著，尤其体现在中长期债券利率差异不大上。同时，受金融市场波动和金融监管收紧的影响，2017～2018 年中长期债券利率曲线交错，曲率因子拟合效果较差，说明相关政策会影响市场细分现象。

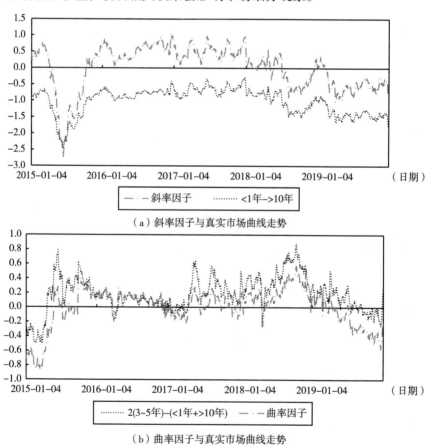

（a）斜率因子与真实市场曲线走势

（b）曲率因子与真实市场曲线走势

图 3 - 7　2015～2019 年地方政府债券斜率因子、曲率因子与真实市场曲线走势比较

城投债斜率因子、曲率因子与真实市场曲线走势比较见图 3-8。从图 3-8 可以观测到两组曲线总体上趋势相同，但有些部分差距很明显。与地方债券市场相同的是曲率因子拟合效果明显高于斜率因子。但是，2016~2017 年曲率因子和斜率因子的拟合效果都很差，说明在这段时间内存在较为复杂的债券市场情况，很大可能存在非理性的市场细分现象。而在这段时间内，城投债不同期限结构债券利率差异缩小，所以很有可能是由此引起的非理性市场细分现象。

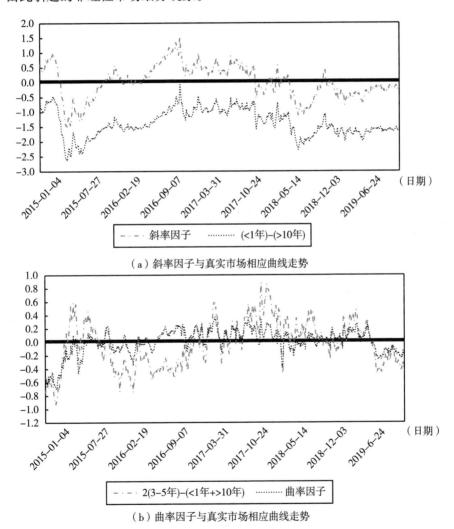

（a）斜率因子与真实市场相应曲线走势

（b）曲率因子与真实市场相应曲线走势

图 3-8　2015~2019 年城投债斜率因子、曲率因子与真实市场相应曲线走势比较

总体而言，城投债市场细分现象略好于地方政府债券。这是因为相比地方政府债券，城投债发行定价机制更加市场化。地方政府债券为了顺利发行，其收益率往往高于银行存款利率，其收益率是非市场化的。我们不难发现，地方政府债券和城投债市场细分现象更容易存在于市场流动性缺乏时期。这尤其体现在，2017～2018 年中国地方政府债券市场流动性最缺乏时期，其曲率因子的拟合效果是样本区间内最差的；而 2016～2017 年城投债市场流动性低谷期，其曲率因子拟合效果也是样本区间内最差的。说明在市场流动性缺乏时期，不同期限结构债券更容易分割成不同的市场，彼此之间的替代性减弱，短期债券利率由短期资金市场决定，中长期债券利率由中长期资金市场决定。

3.7　国际比较：美国市政债券市场细分现象

美国市政债券数据来自 Bloomberg 数据库中的美国市政债券收益率曲线（可赎回）指数［BVAL MUNICIPAL AAA YEILD CARVE（CALLABLE）］，起止期限为 2017 年 10 月 2 日至 2021 年 5 月 28 日。指数的期限结构包含：3 个月、6 个月、1 年、2 年、3～30 年每年的指数。为数据可比性，也将指数的期限结构分为：1 年以下、1～3 年（含 1 年）、3～5 年（含 3 年）、5～7 年（含 5 年）、7～10 年（含 7 年）、10 年以上（含 10 年）的分段子指数，并且使用不同期限美国市政债券的平均到期收益率进行分析。

2017 年 10 月 2 日至 2021 年 5 月 28 日共 914 组不同期限结构的美国市政债券收益率曲线见图 3-9。理论预期上，美国市政债券应表现为正向的收益率曲线，即投资期限越长，债券收益率越高。同时，这种性状也一定程度上反映了债券处于正常增长的状态，存在非预期或非理性市场细分现象的可能性较小。如果收益率与投资期限成正比，1 年期以下的收益率曲线在最下方，而 10 年期以上的收益率曲线在最上方。从图 3-9 可以看出，2019 年 6 月 2 日之后存在不同期限结构的收益率曲线彼此交错，尤其是 5～7 年期及以下的收益率曲线，反映了美国市政债券市场近年来非理性市场细分现象较为严重。

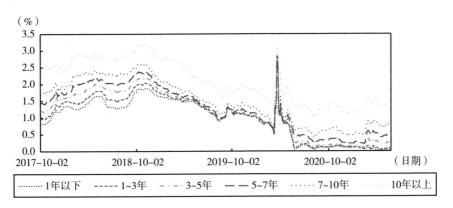

图3-9 2017~2020年不同期限结构美国市政债券收益率曲线

本章通过主成分分析法提取因子，构建因子模型来分析利率期限结构。如果通过因子模型剥离出来的水平、斜率和曲率因子能够很好地拟合动态市场，则表明市场细分现象不存在或不严重；反之，则不然。一般来说，在利用主成分分析法检验三因子模型时，会发现第一个因素通常是平坦的，第二个因素在收益率曲线两端的作用符号相反，第三个因素在收益率曲线两端的作用符号相同，但是中间部分作用方向相反。从表3-6可以看出，美国市政债券收益率曲线的因子载荷矩阵显然表现出上述特征。

表3-6 美国市政债券利率期限结构主成分分析——因子载荷矩阵

项目	水平	斜率	曲率
<1年	0.4020	0.6137	-0.2903
1~3年	0.4089	0.4010	-0.0291
3~5年	0.4133	0.0844	0.2975
5~7年	0.4124	-0.1798	0.3981
7~10年	0.4084	-0.4059	0.3453
>10年	0.4045	-0.5083	-0.7407
特征根	5.8394	0.1463	0.0122
贡献率（%）	97.32	2.44	0.20
累积贡献率（%）	97.32	99.76	99.96

2017~2020年美国市政债券斜率因子、曲率因子与真实市场曲线走势

比较见图 3-10。从图 3-10 可以观测到两组曲线同样具有同步趋势，特别是斜率因子曲线的拟合效果十分好。而曲率因子的拟合效果较差，曲率因子曲线和真实市场曲线在不同时期彼此交错，有较大差距。结合斜率和曲率因子曲线来看，2019 年初至 2021 年 5 月美国市政债券市场可能存在较为严重的市场细分现象。不同于中国地方政府债券市场中中长期债券差异不显著，美国市政债券中长期债券差异显著，反而美国市政债券短期债券差异不显著，从而导致了美国市政债券市场细分现象的产生。2020 年 4 月的金融波动加剧了这一时期美国市政债券的市场细分现象。

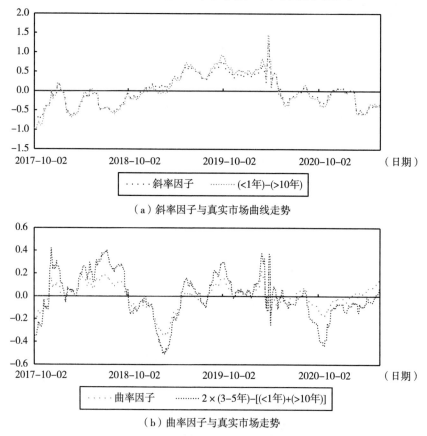

（a）斜率因子与真实市场曲线走势

（b）曲率因子与真实市场走势

图 3-10　2017~2020 年美国市政债券斜率因子、
曲率因子与真实市场曲线走势比较

在 2017 年 10 月至 2021 年 5 月这一时期内，中国地方政府债券市场和美国市政债券市场都存在有些时期内的市场细分现象，但中国地方政府债券市场较优于美国市政债券市场。引发或加剧市场细分现象的主要原因为金融冲击和市场细分程度不够。中国地方政府债券市场和美国市政债券市场在 2020 年 4 月存在的市场细分现象主要是由金融冲击引起的。而其他时间段中国地方政府债券市场和美国市政债券市场存在的市场细分现象大多是因为市场细分程度不够，但是两者市场细分程度不够的偏向又有所不同。中国地方政府债券市场中长期债券差异不够显著，尤其是 10 年期以上的长期债券没有发挥作用。而美国市政债券市场中短期债券差异不够显著，尤其是 1 年期以下的短期债券没有发挥作用。

国际比较研究结果显示，中国地方政府债券市场的市场细分现象较美国市政债券市场不严重。但是，中国地方政府债券市场和美国市政债券市场还需要加大市场细分程度，中国地方政府债券市场尤其要突出中长期债券的作用，而美国市政债券市场要突出短期债券的作用。这一结论是基于本部分的数据及分析得出的，更深层次的分析还需要更加全面的数据和进一步的研究。

3.8　总结

本章采用买卖价差指标（L_HZ）、高低价差指标（$L\_HIGHLOW$）、价格响应指标（$L\_AMIUHUD$）和零交易比例指标（L_ZERO）作为地方债市场流动性衡量指标，采用地方政府债券和城投债市场 2015～2019 年的数据，对比了地方政府债券市场和城投债市场的流动性，比较了 4 个指标对中国地方债市场流动性的度量效果，并且利用主成分分析法实证分析了中国地方债市场的市场细分现象，进而以债券流动性作为市场质量的代理变量，研究市场细分对债券市场质量的影响。

通过 4 个指标对中国地方政府债券和城投债流动性的测算，本章发现买卖价差指标（L_HZ）、高低价差指标（$L\_HIGHLOW$）、价格响应指标（$L\_AMIUHUD$）描述中国地方债市场流动性的结果是一致的，而零交易比例指标（L_ZERO）度量中国地方债市场流动性的效果不稳健。基于上述测算结果，本章认为，2015～2019 年地方政府债券市场的总体流动性高于城投债市场的流动性，但是地方政府债券市场的流动性波动大于城投债市场的流动性。在此基础上，地方政府债券和城投债市场在受到国家金融监管政策收紧的影响下都呈现出流动性减少的市场反应，而在受到货币政策宽松和品种结构丰富的影响下都呈现出流动性增加的市场反应。并且，城投债市场流动性受到地方政府债券市场的制约，在地方政府债券大量发行的初期，城投债市场明显表现出流动性的下降。

通过主成分分析法对中国地方政府债券和城投债市场的分析，本章发现，2015～2019年中国地方政府债券市场在不同时期都有存在非理性市场细分现象的可能；而中国城投债市场在2016～2017年存在非理性市场细分现象的可能极大。这说明中国地方政府债券和城投债不同期限结构债券的差异不显著，尤其体现了中长期债券在地方债市场上没有发挥作用或作用不显著。基于地方政府债券和城投债市场的对比，本章认为城投债市场的非理性市场细分情况轻于地方政府债券市场，这是因为城投债发行定价制度市场化程度高于地方政府债券。结合市场流动性分析和市场细分现象分析，本章发现市场流动性缺乏会导致市场细分现象，地方政府债券和城投债都在流动性缺乏时期存在非理性市场细分现象的可能更大。在一定程度上，提高地方债市场流动性有助于减轻地方债市场细分现象。

在上述基础上，本章认为实施宽松的相关政策、丰富债券品种结构有助于提高地方政府债券和城投债市场的流动性，结合发行定价市场化，能够减轻市场细分现象。

第 ④ 章

债券市场信用评级机制及有效性*

4.1 引言

在所有债项及发债公司信息中，信用评级是贯穿整个债券生命周期最综合、最全面、最简明、最直接的参考变量。信用评级的客观性、权威性，评级调整的及时性、准确性，会直接影响债券发行和交易各环节的价格发现质量，直接影响债市一级及二级市场参与者的投资决策质量。对投资者而言，评级机构的作用应当体现在：（1）在任何交易时点能够提供准确的信息；（2）在任何交易时点能够及时且恰当地提供评级变动调整的信息。因此，本章基于中国债券市场信用评级数据，旨在从不同市场、不同类型、不同行业、不同实控人属性等特征债券的评级出发，研究其静态评级及评级的动态调整是否根据不同特征而存在系统性差异，从而初步探明评级的影响因素及我国信用评级质量。

研究发现，从 2014~2019 年主要券种信用债的发行债项评级及主体评级数据来看，我国信用评级市场中存在较为明显的评级系统性高估现象，这一高估现象近年来有所加剧，且在公司债和中期票据中更为显著，而同一发债主体的主体评级在一年内的连续性下调对于违约的预测效果亦较差，表明信用评级有效性有待加强。但随着 2018 年信用债违约潮的来临，信用评级下调次数明显上升，上调次数亦有所回落，在一定程度上反映出

────────────

　＊ 本章作者：类承曜、王宏博、徐泽林。

评级有效性的提升。进一步研究发现，信用债打破"刚性兑付"以及信用债违约次数与金额的提升有助于通过放大评级的融资成本效应改善评级的有效性，且投资人付费的中债资信相比发行人付费的评级机构能够为发债主体及债项给出更为客观的评级结果。

4.2　我国信用评级的发展、流程及框架概述

4.2.1　信用评级的起源

信用评级是债券市场中最具代表性的债券及发债主体的信用风险评估指标。信用债具有一定的违约风险，即信用风险，意味着信用债存在到期时不能按期足额还本付息的风险。因此，投资者在决定投资信用债前，必须对发债主体和债券的信用风险进行详细评估，以获得单位风险下的最高回报。但随着信用债市场的发展，信用债发债主体不断增加，投资者逐一对不同发债主体进行信用甄别在实际操作上日益困难。

在此背景下，信用评级机构应运而生。信用评级机构，顾名思义，指对债券发行人和债券信用等级进行评定的组织。在信用债市场中，其所提供的信用评级兼具信息效应和认证效应。信息效应即信用评级能为投资者提供有关债券信用风险的增量信息，能够大幅降低信用债市场投资者的信息搜寻成本及信用甄别成本，显著缓解信用债市场中的信息不对称，促进价格发现，提高资源配置效率，而认证效应源于某些国家要求金融机构只能投资于投资级债券，与政府监管密切相关。

在信用债市场中，信用评级机构不仅对信用债的发债主体提供信用评级，也为发债主体发行的单只债券进行信用评级，这两种评级分别称为主体信用评级和债项信用评级。主体评级系反映发债主体偿债能力的一项综合性指标，与发债主体直接相关，而债项评级则是在主体评级基础上，参考个券的偿付顺序、抵押、质押等差异化情况后对其偿付能力进行的评价，与个券直接相关，更具针对性。

4.2.2 信用评级流程

根据中国人民银行2006年11月发布的《信贷市场和银行间债券市场信用评级规范》，信用评级一般包括评级准备、实地调查、初评阶段、等级评定、结果反馈与复评、评级发布、文件存档、跟踪评级8个步骤。

4.2.3 信用评级框架

以中诚信国际信用评级有限公司（以下简称"中诚信国际"）为例进行说明。中诚信国际建立健全了一套基于国际评级技术与方法体系、结合本土评级实际的信用评级框架（见图4-1）。

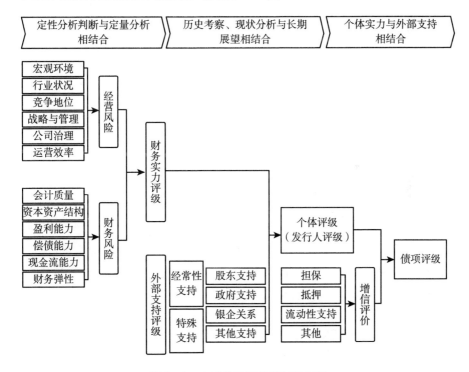

图4-1 中诚信国际信用评级框架

资料来源：根据中诚信国际网站公开内容整理而得。

中诚信国际的信用评级框架可从经营风险评级要素、财务风险评级要素及外部支持评级要素三方面展开分析。

1. 经营风险评级要素

具体包括：（1）宏观经济环境；（2）区域经济环境；（3）行业分析（包括产业政策、行业供求和产品价格变化趋势、行业在产业链中的地位以及行业内竞争）；（4）发债主体经营管理分析（规模和市场地位、技术水平和研发能力、采购渠道稳定性和议价能力、生产设备和产品结构以及销售渠道建设和稳定性）；（5）管理与战略（包括法人治理结构及组织结构、管理团队及人员素质、集团管控能力、管理制度建设和执行情况以及发展战略）。

2. 财务风险评级要素

具体包括：（1）财务报告质量；（2）资产质量；（3）资本结构；（4）盈利能力；（5）现金流；（6）偿债能力。

3. 外部支持评级要素

具体包括：（1）股东支持；（2）政府支持。

4.2.4　债项评级及主体评级等级

债项评级可分为短期债券信用评级和中长期债券信用评级两类，以债券期限是否超过1年为划分标准。表4－1和表4－2分别总结了银行间债券市场中长期债券及短期债券的信用评级等级，表4－3则总结了银行间债券市场中的主体信用评级等级。

表4－1　　银行间债券市场中长期债券信用评级含义对照（三级九等）

债项评级	含义
AAA	偿还债务的能力极强，基本不受不利经济环境的影响，违约风险极低
AA	偿还债务的能力很强，受不利经济环境的影响不大，违约风险很低
A	偿还债务能力较强，较易受不利经济环境的影响，违约风险较低

续表

债项评级	含义
BBB	偿还债务能力一般，受不利经济环境影响较大，违约风险一般
BB	偿还债务能力较弱，受不利经济环境影响很大，违约风险较高
B	偿还债务的能力较大地依赖于良好的经济环境，违约风险很高
CCC	偿还债务的能力极度依赖于良好的经济环境，违约风险极高
CC	在破产或重组时可获得保护较小，基本不能保证偿还债务
C	不能偿还债务

注：除 AAA 级、CCC 级及以下等级外，每一个信用等级可用"＋""－"符号进行微调，表示略高或略低于本等级。

资料来源：根据中国人民银行《信贷市场和银行间债券市场信用评级规范》整理而得。

表 4 - 2　　银行间债券市场短期债券信用评级含义对照（四级六等）

债项评级	含义
A - 1	还本付息能力最强，安全性最高
A - 2	还本付息能力较强，安全性较高
A - 3	还本付息能力一般，安全性易受不良环境变化的影响
B	还本付息能力较低，有一定的违约风险
C	还本付息能力很低，违约风险较高
D	不能按期还本付息

注：每一个信用等级均不进行微调。

资料来源：根据中国人民银行《信贷市场和银行间债券市场信用评级规范》整理而得。

表 4 - 3　　银行间债券市场主体信用评级含义对照（三级九等）

主体评级	含义
AAA	短期债务的支付能力和长期债务的偿还能力具有最大保障；经营处于良性循环状态，不确定因素对经营与发展的影响最小
AA	短期债务的支付能力和长期债务的偿还能力很强；经营处于良性循环状态，不确定因素对经营与发展的影响很小
A	短期债务的支付能力和长期债务的偿还能力较强；企业经营处于良性循环状态，未来经营与发展易受企业内外部不确定因素的影响，盈利能力和偿债能力会产生波动
BBB	短期债务的支付能力和长期债务偿还能力一般，目前对本息的保障尚属适当；企业经营处于良性循环状态，未来经营与发展受企业内外部不确定因素的影响，盈利能力和偿债能力会有较大波动，约定的条件可能不足以保障本息的安全

续表

主体评级	含义
BB	短期债务支付能力和长期债务偿还能力较弱；企业经营与发展状况不佳，支付能力不稳定，有一定风险
B	短期债务支付能力和长期债务偿还能力较差；受内外不确定因素的影响，企业经营较困难，支付能力具有较大的不确定性，风险较大
CCC	短期债务支付能力和长期债务偿还能力很差；受内外不确定因素的影响，企业经营困难，支付能力很困难，风险很大
CC	短期债务的支付能力和长期债务的偿还能力严重不足；经营状况差，促使企业经营及发展走向良性循环状态的内外部因素很少，风险极大
C	短期债务支付困难，长期债务偿还能力极差；企业经营状况一直不好，基本处于恶性循环状态，促使企业经营及发展走向良性循环状态的内外部因素极少，企业濒临破产

注：每一个信用等级可用"＋""－"符号进行微调，表示略高或略低于本等级，但不包括 AAA＋。

资料来源：根据中国人民银行《信贷市场和银行间债券市场信用评级规范》整理而得。

4.2.5 我国信用评级市场的发展历史、现状及问题

我国信用评级业务于 1987 年首次出现。早期，我国的信用评级机构由央行组建，隶属于央行的分支机构系统。1988 年，我国成立了首家独立于金融体系的信用评级机构——上海远东资信评估有限公司。1992 年，国务院发布《关于进一步加强证券市场宏观管理的通知》，明确了证券发行需经信用评级，信用评级成为证券发行过程中的必经程序，信用评级行业发展提速。在此背景下，我国信用评级机构数量井喷，一定程度上造成信用评级市场鱼龙混杂。为此，1997 年中国人民银行认定了 9 家评级机构具有在全国范围内进行企业债评级的资质，我国信用评级自此逐步规范化、制度化。但受制当时我国信用债市场产品结构单一、总体规模有限等客观事实，我国信用评级市场的发展仍明显受限。进入 21 世纪以来，随着我国信用产品不断丰富，次级金融债、短期融资券、资产支持证券、公司债、中期票据等券种相继推出，加之发行制度不断优化，客观上促使我国信用

评级市场不断扩容。

经过30多年的发展，以中诚信国际信用评级有限责任公司、联合资信评估股份有限公司、上海新世纪资信评估投资服务有限公司、东方金诚国际信用评估有限公司、中证鹏元资信评估股份有限公司、大公国际资信评估有限公司6家发行人付费模式评级机构和中债资信评估有限责任公司1家投资人付费模式评级机构为主体的信用评级行业已在我国发展成熟。随着监管准入政策的逐步放宽，标普、穆迪、惠誉等外资评级机构巨头也跃跃欲试，正积极谋求进入我国市场开展业务，分享我国信用评级行业快速扩容的成长红利。

但客观来看，我国信用评级市场目前仍存在若干突出问题。

（1）我国信用评级机构中仅中债资信是投资人付费模式，其余评级机构均为发行人付费模式，这一模式下信用评级机构和发债主体间严重的利益冲突问题易导致"评级虚高"及"评级选购"，致使信用评级公信力有待提高。

（2）我国信用评级市场呈现"多头监管"业态，即因信用债市场中的不同券种由不同监管机构主管，故信用评级机构为对不同券种进行评级，需获得证监会、交易商协会、发展改革委、银保监会等不同监管机构的授权，方可对相应券种开展评级业务，易滋生监管套利空间。

值得说明的是，央行等部门于2018年9月发布公告称，央行、证监会及交易商协会将协同债券市场评级机构业务资质的审核或注册程序，对于已经在银行间或交易所债券市场开展评级业务的评级机构，将设立绿色通道实现评级业务资质互认，这标志着我国债券市场互联互通迈出实质性步伐，有助于降低监管套利空间。此后，央行于2019年11月发布了《信用评级业管理暂行办法》，规定由央行对我国信用评级市场进行统一监管，强调全流程监管与市场充分竞争，强化信息披露要求，并与国际评级监管准则在加强外部监管、提高市场透明度、促进公平竞争、强化责任追究等方面紧密衔接，为促进我国信用评级市场平稳、规范、有序发展提供了强有力的制度保障。2021年8月，央行等五部门联合发布《关于促进债券市场信用评级行业健康发展的通知》，提出"加强监管部门间的联动机制，凝聚监管合力，逐步统一债券市场信用评级机构准入要求，联合制定统一的信用评级机构业务标准"，从统一监管的具体制度设计上进行了明确规定。

4.3 公司债、企业债和中期票据市场的发债主体、债项评级类型构成

本节逐年统计了 2014～2019 年公司债、企业债以及中期票据的每一次主体评级和债项评级所属信用等级的年度分布情况。

4.3.1 公司债市场的发债主体、债项评级类型构成

图 4-2 统计了 2014～2019 年公司债评级分布状况。从图 4-2 可见，AAA 级占比呈逐年上升趋势，AAA 债项评级从 2015 年的 28.7% 上升至 2019 年的 53.1%，AAA 主体评级从 2014 年的 33.6% 上升至 2019 年的 50.1%；无论是债项评级还是主体评级，AA-及以下等级的占比呈逐年上升趋势，2018 年和 2019 年 AA-级及以下债券比例高于 2014 年和 2015 年；2015 年以后，无论是债项评级还是主体评级，AA+级与 AA 级的债券占比逐年下降。

4.3.2 企业债市场的发债主体、债项评级类型构成

图 4-3 统计了 2014～2019 年企业债评级分布状况。从图 4-3 可见，AAA 级占比呈逐渐上升趋势。AAA 债项评级从 2014 年的 19.8% 上升至 2019 年的 38.1%，AAA 主体评级从 2014 年的 28.9% 上升至 2019 年的 30.0%；无论是债项评级还是主体评级，AA-级及以下等级的占比呈逐年上升趋势，2018 年和 2019 年 AA-级及以下债券比例高于 2014 年和 2015 年。

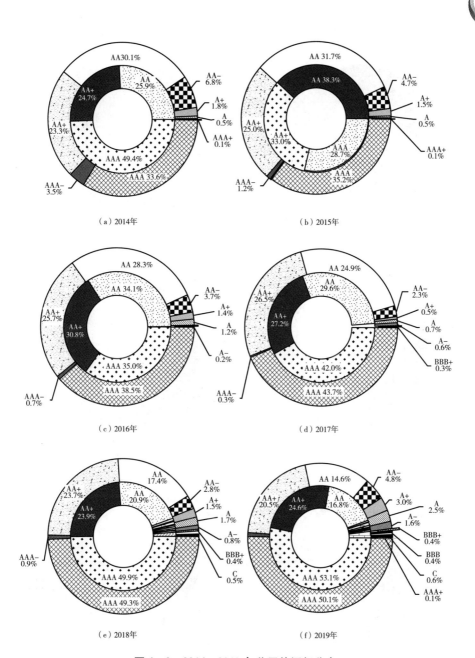

（a）2014年 （b）2015年

（c）2016年 （d）2017年

（e）2018年 （f）2019年

图4-2 2014~2019年公司债评级分布

注：内环是债项评级、外环是主体评级，占比在0.1%以下的等级分布未显示。

资料来源：Wind数据库。

债券市场质量：评价体系、影响因素与优化设计

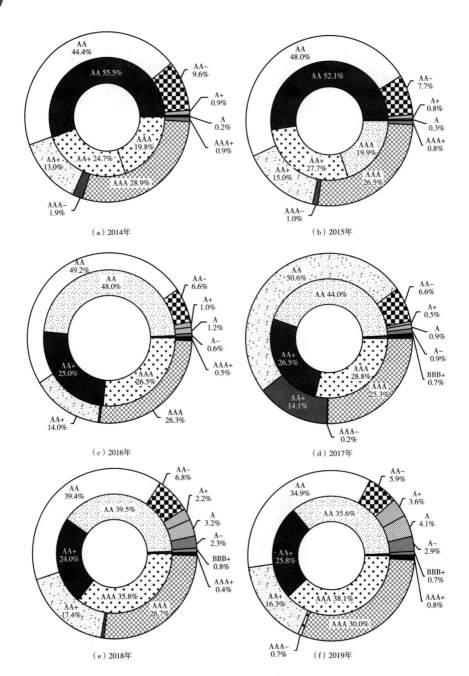

（a）2014年　　（b）2015年

（c）2016年　　（d）2017年

（e）2018年　　（f）2019年

图4－3　2014～2019年企业债评级分布

注：内环是债项评级、外环是主体评级，占比在0.1%以下的等级分布未显示。

资料来源：Wind 数据库。

4.3.3 中期票据市场的发债主体、债项评级类型构成

图4-4统计了2014~2019年中期票据评级分布状况。从图4-4可

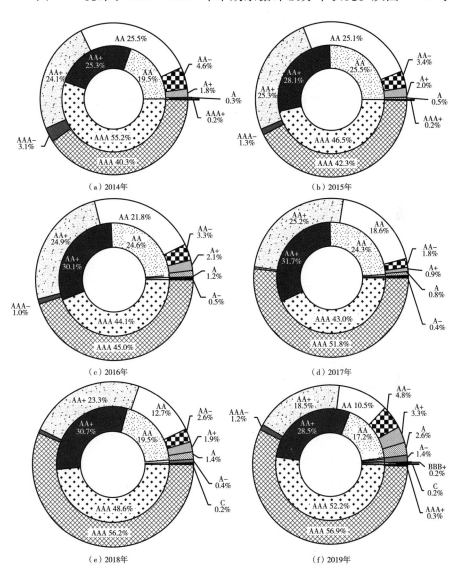

图4-4 2014~2019年中期票据评级分布

注：内环是债项评级、外环是主体评级，占比在0.1%以下的等级分布未显示。
资料来源：Wind数据库。

见，AAA 级占比呈逐年上升趋势主要反映在中期票据主体评级上。AAA 债项评级在 2015 ~ 2019 年间变化不明显，但 AAA 主体评级从 2014 年的 40.3% 上升至 2019 年的 56.9%；无论是债项评级还是主体评级，AA - 级及以下等级的占比呈逐年上升趋势，2018 年和 2019 年 AA - 级及以下债券比例高于 2014 年和 2015 年；2015 年后，主体评级在 AA + 级与 AA 级的债券占比逐年下降。

4.4　2019 年代表性评级机构评定的主体和债券评级类型构成

本节以 2019 年公司债、企业债以及中期票据上的 3 个代表性评级机构该年度针对该券种债券发布的全部主体和债项评级所属信用等级分布为例，进行描述性统计。

4.4.1　2019 年中诚信证券[①]公司债评级分布

统计 2019 年中诚信证券公司债评级分布信息（见图 4 - 5）。从图 4 - 5 可见，2019 年中诚信证券参与评级的公司债中，债项评级在 AAA 级的次数占该机构发布的所有债项评级次数的比重为 60.1%，主体评级在 AAA 级的次数占该机构发布的所有主体评级次数的比重为 74.1%；债项评级在 AA + 级的次数占该机构发布的所有债项评级次数的比重为 25.4%，主体评级在 AA + 级的次数占该机构发布的所有主体评级次数的比重为 17.6%；债项评级在 AA 级的次数占该机构发布的所有债项评级次数的比重为 12.7%，主体评级在 AA 级的次数占该机构发布的所有主体评级次数的比重为 7.7%。即 2019 年全年中诚信证券公司债评级分布中，债项评级在 AA 级及以上的次数占比为 97.6%，主体评级在 AA 级及以上

---

① 中诚信证券是中诚信国际的全资子公司，已于 2020 年 2 月 26 日起终止证券市场资讯评级业务，其评级业务均由母公司承继。

的次数占比为99.4%。

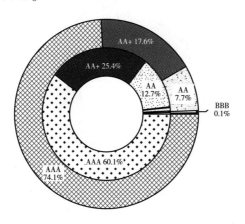

图4－5 2019年中诚信证券公司债评级分布

注：内环是债项评级、外环是主体评级，占比在0.1%以下的等级分布未显示。

资料来源：Wind数据库。

4.4.2 2019年中证鹏元企业债评级分布

统计2019年中证鹏元企业债评级分布信息（见图4－6）。从图4－6可见，2019年中证鹏元参与评级的企业债中，债项评级在AAA级的次数占该机构发布的所有债项评级次数的比重为22.7%，主体评级在AAA级的次数占该机构发布的所有主体评级次数的比重为1.2%；债项评级在AA＋级的次数占该机构发布的所有债项评级次数的比重为28.9%，主体评级在AA＋级的次数占该机构发布的所有主体评级次数的比重为13.5%；债项评级在AA级的次数占该机构发布的所有债项评级次数的比重为47.6%，主体评级在AA级的次数占该机构发布的所有主体评级次数的比重为73.7%。2019年全年中证鹏元企业债评级分布中，债项评级和主体评级处于AA级的债券占比均最大，主体信用评级主要集中于AA级，主体信用评级AA－级的占比为11.2%，超过了AAA级占比，但总体而言，债券评级低于AA－级的占比极低。

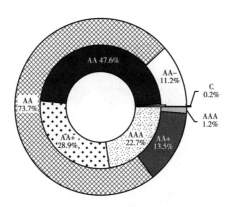

图 4 - 6   2019 年中证鹏元企业债评级分布

注：内环是债项评级、外环是主体评级，占比在 0.1% 以下的等级分布未显示。

资料来源：Wind 数据库。

4.4.3   2019 年中诚信国际中期票据评级分布

统计 2019 年中诚信国际中期票据评级分布信息（见图 4 - 7）。从图 4 - 7 可见，2019 年中诚信国际参与评级的中期票据中，债项评级在 AAA 级的次数占该机构发布的所有债项评级次数的比重为 66.2%，主体评级在 AAA 级的次数占该机构发布的所有主体评级次数的比重为 71.5%；债项评级在

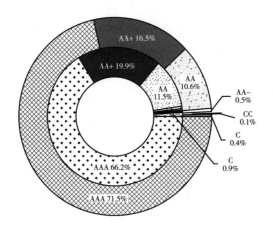

图 4 - 7   2019 年中诚信国际中期票据评级分布

注：内环是债项评级、外环是主体评级，占比在 0.1% 以下的等级分布未显示。

资料来源：Wind 数据库。

AA+级的次数占该机构发布的所有债项评级次数的比重为19.9%，主体评级在AA+级的次数占该机构发布的所有主体评级次数的比重为16.5%；债项评级在AA级的次数占该机构发布的所有债项评级次数的比重为11.5%，主体评级在AA级的次数占该机构发布的所有主体评级次数的比重为10.6%。即2019年全年中诚信国际中期票据评级分布中，债项评级在AA级及以上的次数占比为97.6%，主体评级在AA级及以上的次数占比为98.6%。

4.5 评级更新频率分析

本章将同一家信用评级机构对同一只债券的每一次评级更新的情形定义为一次评级调整事件，并逐年统计了2013~2019年公司债、企业债和中期票据债项评级及发债主体信用评级的更新状况。

4.5.1 公司债、企业债和中期票据债项评级更新频率的市场均值

图4-8中公司债、企业债和中期票据债项评级更新频率的市场均值统计结果显示，三大券种的个券债项评级每年至少发生1次更新，且多数债券债项评级年度更新频率为1~2次，不同年度分布稳定、变化幅度较小。本章认为，债项评级的更新主要出于评级信息更新披露合规的需要。

4.5.2 公司债、企业债和中期票据主体评级更新频率的市场均值

图4-9中公司债、企业债和中期票据主体评级更新频率的市场均值统计结果显示，主体信用评级更新频率更高且单只公司债、企业债和中期票据主体评级更新频率的市场均值呈逐年增长态势。其中，公司债年均主体评级更新频率的个券均值从2013年的2.64次/年逐年增加到2019年的

债券市场质量：评价体系、影响因素与优化设计

4.73 次/年，中期票据年均主体评级更新频率的个券均值从 2013 年的 3.03 次/年逐年增加到 2019 年的 5.94 次/年，企业债年均主体评级更新频率的个券均值从 2013 年的 2.25 次/年逐年增加到 2019 年的 3.24 次/年，公司债和中期票据主体评级更新频率年度涨幅高于企业债。

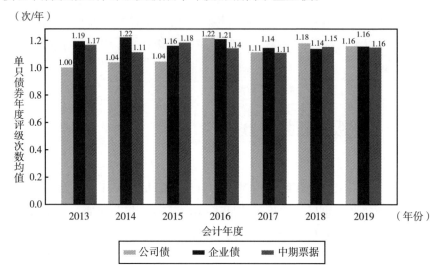

图 4 – 8　2013 ～ 2019 年债项评级更新频率的市场均值

资料来源：Wind 数据库。

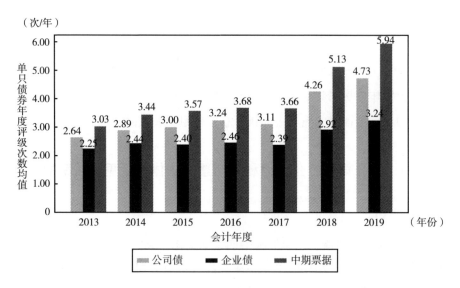

图 4 – 9　2013 ～ 2019 年主体评级更新频率的市场均值

资料来源：Wind 数据库。

时序层面的统计结果说明债券市场日渐重视对发债主体信用状况的监测，也说明发债主体基本面变化及信用问题是个券发生违约的更重要的潜在因素。

横截面的比较显示，公司债和中期票据主体评级更新频率年度涨幅高于企业债。受企业债发行审批规则更为严格、发债主体多为国有企业等客观因素的影响，相较于其他类型信用债，企业债发生违约的概率较低，主体信用评级更新的参考意义可能更小。

4.6 评级调整方向统计

本节将同一家信用评级机构对同一只债券的后一次评级低于前一次评级的情形定义为一次评级调减事件，相应亦定义了评级调增事件，并统计了 2013～2019 年公司债、企业债和中期票据发债主体的信用评级不变、评级调增和评级调减情况。

4.6.1 公司债评级调整方向

从图 4-10 公司债债项评级更新调整方向的逐年对比发现，公司债市场主要的评级更新方向为"维持"已有评级，2016 年以前很少有评级调减的现象。2016 年以后评级调减数量出现激增，2016 年仅为 9 例，2017 年上升到 26 例，2018 年为 198 例，2019 年为 261 例。公司债年度债项评级调减数量已经大大超出评级调增的数量。

从图 4-11 公司债主体评级更新调整方向的逐年对比发现，公司债市场主要的评级更新方向为"维持"已有评级，2016 年以前很少有评级调减的现象。2017 年以后评级调减数量出现激增，2017 年为 77 例，2018 年上升到 522 例，2019 年为 751 例。公司债年度债项评级调减数量整体上低于评级调增的数量，但 2019 年评级调减的数量为 751 例，首次超过评级调增的数量 698 例。

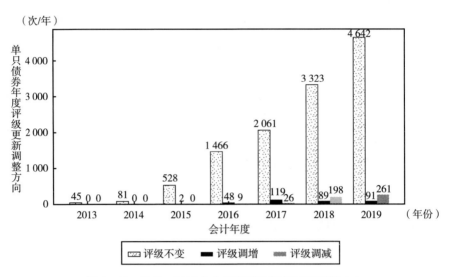

图 4 - 10　2013～2019 年公司债债项评级更新调整方向

资料来源：Wind 数据库。

图 4 - 11　2013～2019 年公司债主体评级更新调整方向

资料来源：Wind 数据库。

4.6.2　企业债评级调整方向

从图 4 - 12 企业债债项评级更新调整方向的逐年对比发现，企业债市场主要的评级更新方向为"维持"已有评级，2013～2019 年信用等级发生变动的债券占比较低，年度变化亦不明显。可能受企业债发行审批规则更为严格、发债主体多为国有企业等客观因素的影响，企业债发生违约的概率较低，信用评级变动的参考意义相比于其他类型信用债更小。

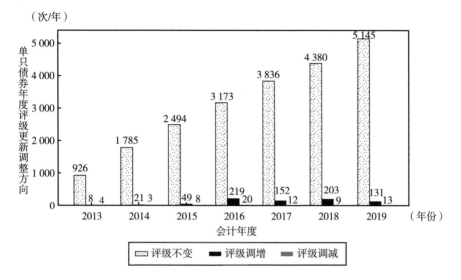

图 4 – 12　2013～2019 年企业债债项评级更新调整方向
资料来源：Wind 数据库。

从图 4 – 13 企业债主体评级更新调整方向的逐年对比发现，企业债市场主要的评级更新方向为"维持"已有评级，2013～2019 年信用等级发生变动的债券占比较低，年度变化亦不明显。可能受企业债发行审批规则更为严格、发债主体多为国有企业等客观因素的影响，企业债发生违约的概率较低，信用评级变动的参考意义相比于其他类型信用债更小。

4.6.3　中期票据评级调整方向

从图 4 – 14 中期票据债项评级更新调整方向的逐年对比发现，中期票据市场主要的评级更新方向为"维持"已有评级，2016 年以前很少发生评级调减的现象。2016 年以后评级调减数量出现逐年上升的趋势，2015 年仅为 1 例，2016 年上升到 17 例，2017 年为 15 例，2018 年为 33 例，2019 年为 107 例。

图 4 - 13　2013～2019 年企业债主体评级更新调整方向

资料来源：Wind 数据库。

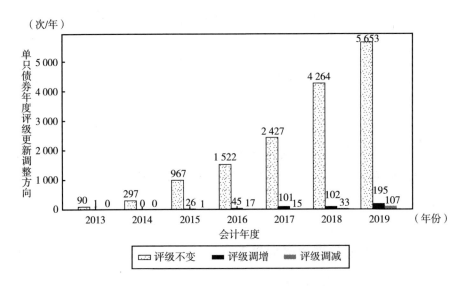

图 4 - 14　2013～2019 年中期票据债项评级更新调整方向

资料来源：Wind 数据库。

从图 4 - 15 中期票据主体评级更新调整方向的逐年对比发现，中期票据市场主要的评级更新方向为"维持"已有评级，2017 年以来市场评级调减的数量从 102 例增加到 2019 年的 334 例，而评级调增的数量基本维持在年均 600 例左右。

图 4 – 15　2013 ~ 2019 年中期票据主体评级更新调整方向

资料来源：Wind 数据库。

综上，本章认为：（1）信用债评级更新主要出于合规的需要；（2）发债主体有激励追求更高的更新后评级；（3）信用债违约潮客观上驱使评级调减数量迅速增加。

4.7　主体信用评级下调是判断公司债券即将违约的先行指标吗

本节明确违约指实质性违约，并非因资金拨付等因素导致的技术性违约。如果信用评级是有效的，至少有：（1）当违约事件发生时，发债主体信用评级已经下调到位，而不是先发生违约事件，其后才观测到下调评级；（2）违约事件发生前很长一段时间内，随着公司基本面或偿债能力逐渐恶化，发债主体信用评级逐渐下调，信用评级机构不是在违约事件发生前极短的时间内迅速下调发债主体评级的。

在进行债券违约的界定后，本章认为，如果信用评级是有效的，应不难看到：（1）典型违约事件发生的前一年，违约可能性变化已经通过所发行的相关债券的主体信用评级调减体现；（2）违约事件发生前一年内，随着公司基本面或偿债能力逐渐恶化，发债主体信用评级多次下调。

本节将同一家信用评级机构对同一只债券的后一次评级低于前一次评级的情形定义为一次评级调减事件，并逐年统计了 2015～2018 年公司债、企业债和中期票据发债主体信用评级调减情况。

4.7.1 2015～2018 年公司债主体评级下调次数最多的前五大公司

图 4-16 列示了 2015～2018 年公司债主体评级下调次数最多的前五大公司。

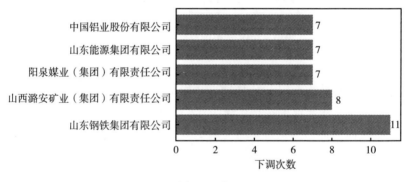

（a）2015 年

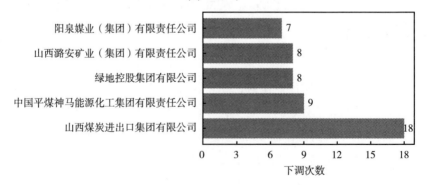

（b）2016 年

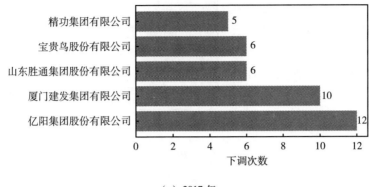

（c）2017年

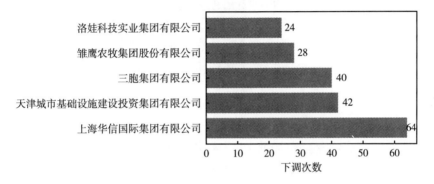

（d）2018年

图4-16　2015~2018年公司债主体评级下调次数最多的前五大公司
资料来源：Wind数据库。

从图4-16可见，2018年以前公司债信用评级调减并未对公司债券以后年度是否违约提供可靠的前瞻性指引，但2018年雏鹰农牧集团股份有限公司名列当年公司债主体评级下调次数最多的前五大公司，违约事件发生前一年内随着公司基本面或偿债能力逐渐恶化，发债主体信用评级多次下调，2019年14只雏鹰债发生违约，一定程度上说明债券市场评级机制有所改善。

4.7.2　2015~2018年企业债主体评级下调次数最多的前五大公司

图4-17列示了2015~2018年企业债主体评级下调次数最多的前五大公司。

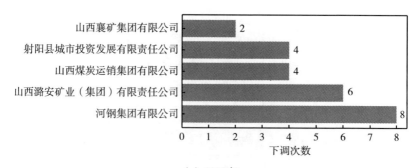

（a）2015 年

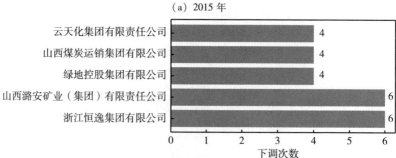

（b）2016 年

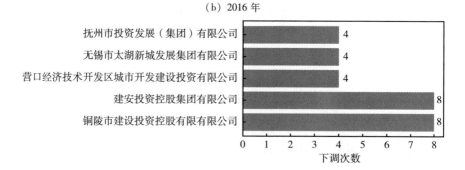

（c）2017 年

（d）2018 年

图 4 - 17　2015～2018 年企业债主体评级下调次数最多的前五大公司

资料来源：Wind 数据库。

综上，结合下一年度新增违约债券主体情况，企业债评级调减频率较公司债和中期票据更低，且其评级调减并不能作为发债主体是否可能发生债券违约良好的预警指标。

4.7.3 2015～2018年中期票据主体评级下调次数最多的前五大公司

图4-18列示了2015～2018年中期票据主体评级下调次数最多的前五大公司。

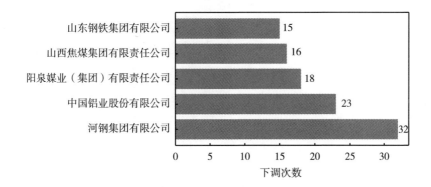

（a）2015年

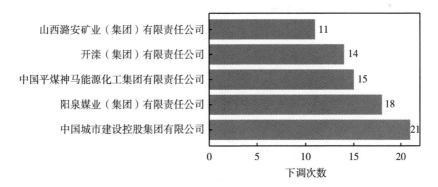

（b）2016年

债券市场质量：评价体系、影响因素与优化设计

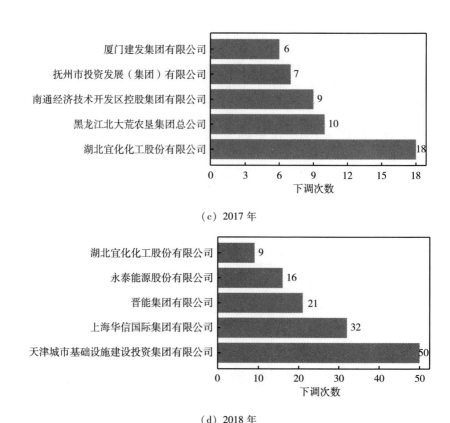

（c）2017年

（d）2018年

图4-18　2015～2018年中期票据主体评级下调次数最多的前五大公司
资料来源：Wind数据库。

综上，结合下一年度新增违约债券主体情况，中期票据评级调减频率最高，但依旧不能作为发债主体是否可能发生债券违约良好的预警指标。值得注意的是，虽然永泰能源股份有限公司于2018年、2019年发生大规模违约，涉及多只中期票据、公司债、定向工具及短期融资券，但其2019年违约的发生更可能是2018年已发生违约影响在发债主体层面的延续，评级调减当年发生的违约事件亦不足以说明评级信息的预见性和前瞻性。

4.8　实证分析：打破刚兑是否会放大信用评级的融资成本效应

信用评级最显著的特征在于其可以为投资者提供增量信息（沈红波和

廖冠民，2014）。在衡量评级质量时，评级的融资成本效应是关键因素之一。以往学者已充分证明信用评级与融资成本负相关（Kisgen，2006；Jiang，2008；何平和金梦，2010；Jiang et al.，2012；王雄元和张春强，2013；沈红波和廖冠民，2014；朱莹和王健，2018；Livingston et al.，2018；吴育辉等，2020），即信用评级的融资成本效应。我国打破信用债刚兑至今已 8 年有余，自 2018 年起更是爆发了历史上首次信用债违约潮，但鲜有学者将信用债违约与评级的融资成本效应相结合。因此，研究信用债违约对于信用评级效果的影响，具有重要的理论价值和实践意义。

4.8.1 研究假设

在我国信用债市场刚兑时，因投资信用债无违约之虞，投资者对信用风险的关注度较低，在择券时更多地考虑票面利率的高低。但当信用债市场刚兑被打破后，投资者开始面临本息违约的可能，因而在择券时很可能会更多地考虑债项及发债主体信用风险的高低。因此，投资者对信用债信用风险更高的重视程度将体现在反映信用风险的变量对融资成本边际影响的提升上。以往学者已证明，信用评级是反映信用债信用风险最具代表性和综合性的指标，对融资成本具有显著的负向影响（Kliger & Sarig，2000；Kisgen，2006；Jiang，2008；何平和金梦，2010；Jiang et al.，2012；王雄元和张春强，2013；沈红波和廖冠民，2014；朱莹和王健，2018；Livingston et al.，2018；吴育辉等，2020）。从此意义上而言，信用债打破刚兑很可能会加深投资者对信用风险的认知（Collin – Dufresne et al.，2002；Collin – Dufresne et al.，2010；彭叠峰和程晓园，2018），在对信用债进行发行定价时更多地考虑信用评级释放的信息（Kisgen，2006；王雄元和张春强，2013；沈红波和廖冠民，2014；林晚发和陈晓雨，2018；Livingston et al.，2018；王叙果等，2019），从而提高评级的融资成本效应，故本章提出如下假设：

H4 – 1：信用债打破刚兑会显著放大信用评级的融资成本效应。

在验证 H4 – 1 的基础上，一个自然猜想在于信用债前期违约强度很可能会正向作用于信用评级的融资成本效应。前期违约强度即信用债发行前一段时间内违约事件的次数或金额，代表信用债发行前一段时间内的信用债市场中违约事件爆发的密集程度。根据科林－迪弗雷纳等（Collin-Dufresne et al.，2002）的理论框架，信用债违约的影响并不会局限于相关的违约债券，而是会通过提高投资者对其他债券信用风险的感知以及更新投资者对会计信息质量的评价等渠道传导到其他未违约债券上，造成显著的传染效应。科林－迪弗雷纳等（2010）更指出市场投资者信念的脆弱性会放大单个公司信用债违约的传染效应。显然，信用债违约事件的爆发会导致投资者信念的脆弱化，导致投资者提高对信用债风险的感知并更新对会计信息质量的评价，进而扩大信用债违约的传染效应。因此，信用债违约将促使投资者在为新券发行定价时更重视信用风险，且前期信用债违约越多、频率越高，投资者对信用风险的认知会更深入（Collin-Dufresne et al.，2002，2010；彭叠峰和程晓园，2018），故前期违约强度作为投资者信念脆弱性的一个代理变量，可衡量投资者对信用风险的重视程度，很可能会显著地正向作用于信用风险对信用债融资成本的边际影响。信用评级正是能够反映信用风险的各类变量中最具代表性和综合性的指标，对融资成本具有显著负向影响（Ziebart & Reiter，1992，2000；Kisgen，2006；Jiang，2008；何平和金梦，2010；Jiang et al.，2012；王雄元和张春强，2013；沈红波和廖冠民，2014；朱莹和王健，2018；Livingston et al.，2018；吴育辉等，2020）。可见，前期违约强度很可能会正向影响评级的融资成本效应，故本章提出如下假设：

H4－2：信用评级的融资成本效应与前期违约强度显著正相关。

4.8.2 实证模型

为验证 H4－1，这里参考曼西等（Mansi et al.，2011）、邢天才等（2016）、白和周（Bai & Zhou，2018）、王叙果等（2019）和高等（Gao et al.，2019）的做法，在模型中引入信用评级与反映打破刚兑的虚拟变量的交互项，并将模型设定如下：

$$
\begin{aligned}
Creditspread_i = & \beta_0 + \beta_1 \times Dummy_i \times Issrat_i + \beta_2 \times Dummy_i + \beta_3 \times Issrat_i \\
& + \beta_4 \times Controls_i + \beta_5 \times Industry_i + \beta_6 \times Region_i + \beta_7 \\
& \times Year_i + \beta_8 \times Type_i + \varepsilon_i
\end{aligned} \tag{4.1}
$$

其中，$Creditspread_i$ 为被解释变量，该变量代表债券 i 的信用利差，系债券 i 的到期收益率与同期限国债收益率之差；$Dummy_i$ 是反映信用债市场是否打破刚兑的虚拟变量，若债券 i 发行公告日在 2014 年 3 月 4 日及以后，即取值为 1，否则 0。$Issrat_i$ 为债券 i 的发债主体评级，赋值思路如下：AAA 赋值 1，AA + 赋值 2，AA 赋值 3，AA - 赋值 4，A + 赋值 5，A 赋值 6，A - 赋值 7，BBB + 赋值 8，BBB 赋值 9，BBB - 赋值 10，BB + 及以下赋值 11；交互项 $Dummy_i \times Issrat_i$ 反映了打破刚兑与信用评级对融资成本的交互影响；$Controls_i$ 代表若干控制变量（见表 4 - 4）；$Industry_i$ 控制了债券 i 的发债主体所在行业的固定效应；$Region_i$ 控制了债券 i 的发债主体所在省份的固定效应；$Year_i$ 控制了债券 i 发行年度的固定效应；$Type_i$ 控制了债券 i 所属券种的固定效应；ε_i 是实证模型的残差项；β_0 为截距项。若交互项 $Dummy_i \times Issrat_i$ 的回归估计系数 β_1 大于 0 且在统计上显著，H4 - 1 得证。实证模型（4.1）采用 2010 ~ 2020 年第一季度发行的 22 154 只企业债、公司债、中期票据和短期融资券作为样本债券进行回归，参考沈红波和廖冠民（2014）的做法，在样本筛选过程中依次剔除了其中的金融业债券、城投债、浮动利率债券及各类变量缺失的债券。

为验证 H4 - 2，同样引入信用评级和违约强度变量的交互项，模型设定如下：

$$
\begin{aligned}
Creditspread_i = {} & \beta_0 + \beta_1 \times Def_i \times Issrat_i + \beta_2 \times Def_i + \beta_3 \times Issrat_i + \beta_4 \\
& \times Controls_i + \beta_5 \times Industry_i + \beta_6 \times Region_i + \beta_7 \times Year_i \\
& + \beta_8 \times Type_i + \varepsilon_i
\end{aligned} \tag{4.2}
$$

$$
\begin{aligned}
Creditspread_i = {} & \beta_0 + \beta_1 \times Defamount_i \times Issrat_i + \beta_2 \times Defamount_i + \beta_3 \times Issrat_i \\
& + \beta_4 \times Controls_i + \beta_5 \times Industry_i + \beta_6 \times Region_i + \beta_7 \times Year_i \\
& + \beta_8 \times Type_i + \varepsilon_i
\end{aligned} \tag{4.3}
$$

其中，Def_i 和 $Defamount_i$ 为违约强度变量，分别代表债券 i 发行公告日前 360 日内信用债市场爆发的违约事件的次数和所涉金额的累计值；$Def_i \times Issrat_i$ 和 $Defamount_i \times Issrat_i$ 为反映违约强度变量和信用评级交互影响的交互项。被解释变量和其余控制变量与实证模型（4.1）一致。实证模型（4.2）和实证模型（4.3）互为稳健性检验。若交互项的回归估计系数 β_1

大于 0 且在统计上显著，可证实 H4 - 2。实证模型（4.2）和实证模型（4.3）采用 2015 ~ 2020 年第一季度发行的 16 313 只样本信用债进行回归。

表 4 - 4　　　实证模型（4.1）至实证模型（4.3）变量信息

变量	变量类型	变量含义	单位
Creditspread	被解释变量	债券信用利差	%
Dummy	解释变量	债券发行前信用债市场是否已打破刚兑	—
Def		债券发行前 360 日内信用债违约的累计次数	次
Defamount		债券发行前 360 日内信用债违约所涉金额的累计值	亿元
Issrat	信用因素	债券发债主体评级的序数值	—
Guarantee		债券是否有担保	—
List		发债主体是否为上市公司	—
Soe		发债主体是否为国有企业	—
Roe		发债主体净资产报酬率	%
Leverage		发债主体违约距离	%
Revgr		发债主体营业收入增长率	%
Liqr		发债主体流动比率	—
Turnover		发债主体总资产周转率	—
lniss		发行规模的自然对数	ln 亿元
lnmat	期限因素	债券期限的自然对数	ln 年
Baoxiao	承销因素	债券承销方式是否为包销	—
Crossdef	特殊条款因素	债券是否约定交叉违约条款	—
Bigfour	中介机构声誉因素	债券会计师事务所是否属于"四大"会计师事务所	—
Topudw		债券主承销商是否排名前 10	—
Shibor007	宏观环境因素	7 日期上海银行间市场同业拆借利率（一周 Shibor）	%
Gdp		GDP 同比增速（季度值）	%
M2		M2 同比增速（月度值）	%
Cnyusd		美元兑人民币在岸汇率	人民币/美元
Industry	行业固定效应	反映发债主体所处 Wind 二级行业的虚拟变量	—

续表

变量	变量类型	变量含义	单位
Region	地区固定效应	反映发债主体所在省份的虚拟变量	—
Year	年度固定效应	反映债券发行年度的虚拟变量	—
Type	券种固定效应	反映债券所属一级券种[a]的虚拟变量	—

注：a 样本涉及四类一级券种：企业债、公司债（含一般公司债和私募债）、中期票据和短期融资券（含一般短期融资券和超短期融资券）。改用二级券种固定效应后结论与基准回归一致，囿于篇幅，这里未展示。

4.8.3　基准回归结果与分析

实证模型（4.1）至实证模型（4.3）的回归结果依次见表4-5第（1）列至第（3）列。

表4-5　　实证模型（4.1）至实证模型（4.3）基准回归结果

变量	(1)	(2)	(3)
	Creditspread	*Creditspread*	*Creditspread*
Dummy × Issrat	0. 2213 *** (11. 4129)		
Def × Issrat		0. 0031 *** (8. 2543)	
Defamount × Issrat			0. 0003 *** (8. 2118)
Dummy	− 0. 4465 *** (− 8. 6787)		
Def		− 0. 0031 *** (− 3. 9195)	
Defamount			− 0. 0004 *** (− 4. 3919)
Issrat	0. 3807 *** (25. 6442)	0. 4483 *** (17. 1714)	0. 4718 *** (18. 9416)
Guarantee	− 0. 0952 ** (− 2. 2537)	− 0. 2607 *** (− 5. 1485)	− 0. 2662 *** (− 5. 2268)

债券市场质量：评价体系、影响因素与优化设计

续表

变量	(1)	(2)	(3)
	Creditspread	Creditspread	Creditspread
lnmat	0. 2193 ***	− 0. 1011 ***	− 0. 1023 ***
	(20. 6230)	(− 4. 0673)	(− 4. 1401)
lniss	− 0. 0305 **	− 0. 0496 ***	− 0. 0489 ***
	(− 2. 1381)	(− 3. 1545)	(− 3. 1144)
Baoxiao	− 0. 5407 ***	− 0. 4383 ***	− 0. 4401 ***
	(− 8. 6184)	(− 7. 4933)	(− 7. 5156)
Crossdef	0. 3176 ***	0. 1674 ***	0. 1635 ***
	(6. 3934)	(3. 3795)	(3. 3287)
List	− 0. 0946 ***	− 0. 1367 ***	− 0. 1373 ***
	(− 2. 8444)	(− 3. 5920)	(− 3. 6109)
Soe	− 0. 7794 ***	− 0. 9171 ***	− 0. 9161 ***
	(− 18. 5902)	(− 18. 9134)	(− 18. 9349)
Bigfour	− 0. 1403 ***	− 0. 0936 **	− 0. 0907 **
	(− 3. 3688)	(− 2. 0806)	(− 2. 0148)
Topudw	− 0. 1987 ***	− 0. 1231 ***	− 0. 1233 ***
	(− 8. 9830)	(− 5. 6970)	(− 5. 7220)
Roe	− 0. 0146 ***	− 0. 0127 ***	− 0. 0126 ***
	(− 8. 7461)	(− 6. 7388)	(− 6. 7140)
Leverage	0. 0143 ***	0. 0149 ***	0. 0149 ***
	(11. 7762)	(10. 5790)	(10. 6080)
Revgr	0. 0013 ***	0. 0004	0. 0004
	(2. 8589)	(0. 7720)	(0. 8106)
Liqr	0. 1483 ***	0. 1260 ***	0. 1259 ***
	(7. 9365)	(6. 0703)	(6. 0578)
Turnover	− 0. 0302	− 0. 0164	− 0. 0181
	(− 1. 1103)	(− 0. 5002)	(− 0. 5538)
Shibor007	0. 1215 ***	0. 1215 ***	0. 1198 ***
	(11. 4062)	(7. 0306)	(6. 9445)
Gdp	0. 2599 ***	0. 6916 ***	0. 6409 ***
	(20. 8647)	(8. 4486)	(8. 2350)

续表

变量	(1)	(2)	(3)
	Creditspread	Creditspread	Creditspread
$M2$	$-0.1298\,^{***}$ (-21.9371)	$-0.0480\,^{***}$ (-5.6993)	$-0.0455\,^{***}$ (-5.3780)
$Cnyusd$	$-0.5055\,^{***}$ (-15.5570)	$-0.1562\,^{***}$ (-2.7138)	$-0.1615\,^{***}$ (-2.8334)
截距项	$4.1586\,^{***}$ (15.8575)	$-2.2524\,^{***}$ (-2.9198)	$-1.8931\,^{**}$ (-2.4656)
行业固定效应	是	是	是
地区固定效应	是	是	是
年度固定效应	是	是	是
券种固定效应	是	是	是
观测值	22 154	16 313	16 313
拟合优度	0.5952	0.6705	0.6716
调整后的拟合优度	0.595	0.669	0.670
F 统计量	459.2	135.9	138.5

注: $***$ 、 $**$ 和 $*$ 分别表示在 1% 、5% 和 10% 的水平上显著。

由表 4-5 可知，实证模型（4.1）至实证模型（4.3）的三个交互项均显著为正，表明信用债打破刚兑放大了信用评级的融资成本效应，且前期违约强度越大，信用评级的融资成本效应越显著，初步证实了 H4-1 和 H4-2。具体来看，由第（1）列可知，打破刚兑后，信用评级对信用利差的边际影响由 0.3807 提升至 0.602，表明在信用债打破刚兑前，主体评级每提高一级，信用利差可降低 38.07 个基点，而在刚兑打破后，主体评级每提高一级，信用利差可降低 60.2 个基点，可见打破刚兑能够放大评级的融资成本效应。由第（2）列和第（3）列可知，前期违约强度越大，主体评级的融资成本效应亦越显著，在最近 360 日内的违约事件次数和所涉金额各自的作用下，主体评级每提高一级，信用利差平均可分别降低 63.23 个和 63.72 个基点。[①]

---

① 令 Creditspread 对 Issrat 求偏导数后，可求得在均值大小的前期违约强度下，Def 和 Defamount 对 Creditspread 边际影响分别为：$0.4483 + 0.0031 \times 59.28 = 0.6323$，$0.4718 + 0.0003 \times 499.5 = 0.6372$。

4.8.4 稳健性检验

采用如下策略对实证模型（4.1）结论的稳健性进行检验：（1）将被解释变量替换为票面利率 *Couponrate*；（2）将发债主体评级 *Issrat* 替换为发行债项评级 *Bdrat*；（3）剔除 2018～2020 年第一季度的违约潮期样本或添加 2008 年和 2009 年的金融危机期间样本；（4）仅保留每一发债主体所发首只债券或发行规模最大的债券后重新回归。实证模型（4.1）稳健性检验结果见表 4-6。

表 4-6　　　　　　　　　　实证模型（4.1）稳健性检验结果

变量	(1) 被解释变量替换为票面利率 *Couponrate*	(2) 信用评级改用债项评级口径 *Creditspread*	(3) 剔除信用债违约潮期间样本 *Creditspread*	(4) 添加金融危机期间样本 *Creditspread*	(5) 保留发债主体首只债券 *Creditspread*	(6) 保留发债主体最大规模债券 *Creditspread*
Dummy × Issrat	0.2396 *** (11.6665)		0.1574 *** (7.9024)	0.2180 *** (11.4067)	0.1626 *** (3.4952)	0.1331 *** (3.3784)
Dummy × Bdrat		0.1932 *** (8.1994)				
Dummy	-0.2485 *** (-4.3380)	-0.2996 *** (-6.3503)	-0.2813 *** (-5.9329)	-0.5404 *** (-10.5254)	-0.3777 *** (-2.6192)	-0.3804 *** (-3.0030)
Issrat	0.3432 *** (20.7828)		0.4201 *** (28.1747)	0.3778 *** (27.8150)	0.4020 *** (17.2267)	0.4577 *** (16.1132)
Bdrat		0.3751 *** (18.6458)				
Guarantee	-0.0444 (-1.0058)	0.4120 *** (9.7870)	-0.0546 (-1.1650)	-0.0882 ** (-2.1482)	-0.1787 *** (-3.5295)	-0.1581 *** (-3.2539)
lnmat	0.4445 *** (39.1260)	-0.2261 *** (-9.8758)	0.1875 *** (16.8099)	0.2217 *** (20.9718)	0.2122 *** (9.1120)	0.1782 *** (8.7316)
lniss	-0.0291 * (-1.8856)	-0.2263 *** (-15.4947)	0.0014 (0.0920)	-0.0275 ** (-1.9818)	-0.0590 ** (-2.1539)	0.0089 (0.3027)
Baoxiao	-0.5678 *** (-9.2739)	-0.4674 *** (-7.5268)	-0.6296 *** (-8.5420)	-0.5385 *** (-8.7695)	-0.5749 *** (-6.0044)	-0.5286 *** (-6.3427)

续表

变量	(1) 被解释变量替换为票面利率 Couponrate	(2) 信用评级改用债项评级口径 Creditspread	(3) 剔除信用债违约潮期间样本 Creditspread	(4) 添加金融危机期间样本 Creditspread	(5) 保留发债主体首只债券 Creditspread	(6) 保留发债主体最大规模债券 Creditspread
Crossdef	0.4067 *** (8.1647)	0.2877 *** (5.0501)	0.1537 *** (2.7237)	0.3809 *** (7.8612)	0.1203 (1.0094)	0.2940 *** (3.1493)
List	−0.1131 *** (−3.2709)	−0.1066 *** (−3.2218)	−0.1024 *** (−3.1993)	−0.0911 *** (−2.7995)	−0.1825 *** (−4.9352)	−0.2075 *** (−5.4659)
Soe	−0.7813 *** (−18.3908)	−0.8730 *** (−23.3050)	−0.6622 *** (−16.7014)	−0.7573 *** (−18.4031)	−0.5032 *** (−12.1845)	−0.6116 *** (−15.0123)
Bigfour	−0.1610 *** (−3.6178)	−0.1861 *** (−3.9894)	−0.1037 ** (−2.5746)	−0.1292 *** (−3.1866)	−0.1386 ** (−2.3956)	−0.1560 *** (−2.7545)
Topudw	−0.1993 *** (−8.8383)	−0.2324 *** (−8.8498)	−0.1954 *** (−8.5365)	−0.1957 *** (−9.0756)	−0.1878 *** (−5.2410)	−0.2478 *** (−6.6446)
Roe	−0.0149 *** (−8.9471)	−0.0142 *** (−9.1570)	−0.0142 *** (−8.2018)	−0.0141 *** (−8.8069)	−0.0058 *** (−3.1008)	−0.0092 *** (−4.7171)
Leverage	0.0142 *** (11.6080)	0.0141 *** (12.3544)	0.0115 *** (9.7695)	0.0135 *** (11.5175)	0.0074 *** (5.8118)	0.0113 *** (8.4458)
Revgr	0.0016 *** (3.4784)	0.0014 *** (3.5859)	0.0011 ** (2.4765)	0.0018 *** (4.2193)	0.0012 ** (2.1753)	0.0006 (0.9693)
Liqr	0.1460 *** (7.7496)	0.1585 *** (8.5644)	0.0890 *** (4.4282)	0.1419 *** (7.6789)	0.1261 *** (5.8677)	0.1354 *** (6.5039)
Turnover	−0.0374 (−1.3445)	−0.0449 (−1.6343)	−0.0379 (−1.4571)	−0.0272 (−1.0267)	−0.0720 ** (−2.1902)	−0.0971 *** (−2.8769)
Shibor007	0.5167 *** (38.9568)	0.1304 *** (9.6581)	0.1304 *** (12.1190)	0.0888 *** (8.2417)	0.0667 *** (2.6410)	0.0815 *** (2.7297)
Gdp	0.4725 *** (34.4652)	0.2771 *** (21.3835)	0.2128 *** (15.8322)	0.1305 *** (14.6772)	0.2226 *** (8.8522)	0.2406 *** (8.7152)
M2	−0.2153 *** (−34.7156)	−0.1210 *** (−20.8563)	−0.1033 *** (−19.1283)	−0.0700 *** (−17.0204)	−0.1206 *** (−12.5478)	−0.1616 *** (−14.0897)
Cnyusd	−1.0484 *** (−29.7661)	−0.6279 *** (−15.3280)	−0.5730 *** (−13.3287)	−0.3105 *** (−9.6684)	−0.8313 *** (−9.2544)	−0.7880 *** (−9.6465)
截距项	8.7694 *** (29.5702)	5.7407 *** (18.3283)	4.6507 *** (14.9453)	3.3367 *** (13.5923)	6.9410 *** (11.5082)	6.6578 *** (10.5968)

续表

变量	(1) 被解释变量替换为票面利率 Couponrate	(2) 信用评级改用债项评级口径 Creditspread	(3) 剔除信用债违约潮期间样本 Creditspread	(4) 添加金融危机期间样本 Creditspread	(5) 保留发债主体首只债券 Creditspread	(6) 保留发债主体最大规模债券 Creditspread
行业固定效应	是	是	是	是	是	是
地区固定效应	是	是	是	是	是	是
年度固定效应	是	是	是	是	是	是
券种固定效应	是	是	是	是	是	是
观测值	22 154	13 739	15 036	22 876	2 906	2 946
拟合优度	0.6550	0.5295	0.5883	0.5805	0.5233	0.5315
调整后的拟合优度	0.655	0.529	0.588	0.580	0.520	0.528
F统计量	799.7	309.9	363.5	414.5	131.5	145.3

注：***、**和*分别表示在1%、5%和10%的水平上显著。

由表4-6可知，实证模型（4.1）交互项的回归估计系数均始终在1%的显著性水平下为正，实证模型（4.1）结论稳健。

采用如下策略对实证模型（4.2）和实证模型（4.3）进行稳健性检验：（1）将时间窗口由360日调整为45日、90日和180日；（2）将被解释变量替换为票面利率 Couponrate；（3）将信用评级调整为发行债项评级 Bdrat 口径；（4）将样本期间修正为2010~2020年第一季度。实证模型（4.1）和实证模型（4.2）稳健性检验结果见表4-7和表4-8。

表4-7　　　实证模型（4.2）和实证模型（4.3）稳健性检验结果（1）

变量	(1) 时间窗口 改为45日 Creditspread	(2) 时间窗口 改为90日 Creditspread	(3) 时间窗口 改为180日 Creditspread	(4) 时间窗口 改为45日 Creditspread	(5) 时间窗口 改为90日 Creditspread	(6) 时间窗口 改为180日 Creditspread
$Def \times Issrat$	0.0108 *** (9.5908)	0.0185 *** (7.4570)	0.0060 *** (7.7047)			
Def	− 0.0052 ** (−2.4593)	− 0.0260 *** (−6.9378)	− 0.0064 *** (−4.8841)			
$Defamount \times Issrat$				0.0011 *** (9.2365)	0.0021 *** (10.4849)	0.0006 *** (8.7247)

续表

变量	(1) 时间窗口 改为45日 Creditspread	(2) 时间窗口 改为90日 Creditspread	(3) 时间窗口 改为180日 Creditspread	(4) 时间窗口 改为45日 Creditspread	(5) 时间窗口 改为90日 Creditspread	(6) 时间窗口 改为180日 Creditspread
Defamount				- 0.0004 (- 1.5989)	- 0.0029 *** (- 9.0785)	- 0.0007 *** (- 6.0906)
Issrat	0.3882 *** (11.0550)	0.4609 *** (18.1293)	0.4332 *** (16.4583)	0.4175 *** (12.2998)	0.4754 *** (19.2909)	0.4618 *** (18.7187)
Guarantee	0.3912 *** (7.7329)	- 0.2476 *** (- 4.8836)	- 0.2632 *** (- 5.1537)	0.3916 *** (7.7310)	- 0.2582 *** (- 5.1120)	- 0.2661 *** (- 5.2212)
lnmat	- 0.4413 *** (- 8.4333)	- 0.1015 *** (- 4.1452)	- 0.1019 *** (- 4.1468)	- 0.4415 *** (- 8.4234)	- 0.1027 *** (- 4.2213)	- 0.1029 *** (- 4.2111)
lniss	- 0.1728 *** (- 9.2631)	- 0.0484 *** (- 3.0801)	- 0.0495 *** (- 3.1506)	- 0.1722 *** (- 9.2138)	- 0.0478 *** (- 3.0600)	- 0.0489 *** (- 3.1161)
Baoxiao	- 0.4139 *** (- 6.9783)	- 0.4441 *** (- 7.4792)	- 0.4482 *** (- 7.6186)	- 0.4149 *** (- 6.9844)	- 0.4433 *** (- 7.5036)	- 0.4493 *** (- 7.6254)
Crossdef	0.1147 ** (2.0809)	0.1710 *** (3.4507)	0.1646 *** (3.3553)	0.1131 ** (2.0487)	0.1635 *** (3.3475)	0.1608 *** (3.3020)
List	- 0.1370 *** (- 3.2979)	- 0.1362 *** (- 3.5828)	- 0.1370 *** (- 3.6062)	- 0.1366 *** (- 3.2893)	- 0.1363 *** (- 3.5911)	- 0.1364 *** (- 3.5912)
Soe	- 1.0011 *** (- 21.3785)	- 0.9083 *** (- 18.7423)	- 0.9142 *** (- 18.9163)	- 1.0031 *** (- 21.4178)	- 0.9105 *** (- 18.8378)	- 0.9126 *** (- 18.8962)
Bigfour	- 0.1599 *** (- 2.7889)	- 0.0864 * (- 1.9150)	- 0.0880 * (- 1.9551)	- 0.1619 *** (- 2.8321)	- 0.0862 * (- 1.9191)	- 0.0860 * (- 1.9136)
Topudw	- 0.2075 *** (- 6.3569)	- 0.1244 *** (- 5.7444)	- 0.1228 *** (- 5.6894)	- 0.2083 *** (- 6.3773)	- 0.1223 *** (- 5.6739)	- 0.1225 *** (- 5.6762)
Roe	- 0.0142 *** (- 6.6857)	- 0.0128 *** (- 6.7368)	- 0.0126 *** (- 6.6926)	- 0.0142 *** (- 6.6648)	- 0.0128 *** (- 6.7367)	- 0.0126 *** (- 6.6947)
Leverage	0.0169 *** (11.7565)	0.0150 *** (10.6656)	0.0149 *** (10.6119)	0.0170 *** (11.8167)	0.0150 *** (10.6991)	0.0149 *** (10.6830)
Revgr	0.0005 (1.0214)	0.0004 (0.8793)	0.0004 (0.8844)	0.0005 (1.0052)	0.0004 (0.9063)	0.0004 (0.8979)

续表

变量	(1) 时间窗口改为45日 Creditspread	(2) 时间窗口改为90日 Creditspread	(3) 时间窗口改为180日 Creditspread	(4) 时间窗口改为45日 Creditspread	(5) 时间窗口改为90日 Creditspread	(6) 时间窗口改为180日 Creditspread
Liqr	0.1775*** (8.0769)	0.1296*** (6.2128)	0.1274*** (6.0982)	0.1767*** (8.0126)	0.1268*** (6.1003)	0.1274*** (6.1172)
Turnover	−0.0138 (−0.3734)	−0.0222 (−0.6837)	−0.0182 (−0.5597)	−0.0146 (−0.3944)	−0.0228 (−0.7049)	−0.0201 (−0.6184)
Shibor007	0.1785*** (6.0038)	0.1270*** (7.3699)	0.1467*** (8.4787)	0.1674*** (5.6710)	0.1259*** (7.2859)	0.1310*** (7.5814)
Gdp	0.5013*** (4.8216)	0.5970*** (7.6066)	0.5559*** (7.2918)	0.6320*** (6.2195)	0.6417*** (8.0354)	0.5964*** (7.8198)
M2	−0.0439*** (−3.6350)	−0.0554*** (−6.5623)	−0.0467*** (−5.5563)	−0.0420*** (−3.4706)	−0.0565*** (−6.7085)	−0.0477*** (−5.6531)
Cnyusd	−0.3937*** (−4.6030)	−0.1116** (−2.1416)	−0.2105*** (−3.8648)	−0.4755*** (−5.0065)	−0.1328** (−2.4276)	−0.1876*** (−3.5319)
截距项	0.9892 (0.8995)	−1.8121** (−2.3545)	−0.9970 (−1.2958)	0.5684 (0.5225)	−1.9873*** (−2.6128)	−1.3962* (−1.8460)
行业固定效应	是	是	是	是	是	是
地区固定效应	是	是	是	是	是	是
年度固定效应	是	是	是	是	是	是
券种固定效应	是	是	是	是	是	是
观测值	8 574	16 313	16 313	8 574	16 313	16 313
拟合优度	0.6192	0.6710	0.6731	0.6191	0.6725	0.6735
调整后的拟合优度	0.616	0.669	0.672	0.615	0.671	0.672
F统计量	98.95	137.3	137.6	99.18	137.9	140.6

注：***、**和*分别表示在1%、5%和10%的水平上显著。

表 4-8　　　　实证模型（4.2）和实证模型（4.3）稳健性检验结果（2）

变量	(1) 票面利率 口径 Couponrate	(2) 票面利率 口径 Couponrate	(3) 改用债项 评级口径 Creditspread	(4) 改用债项 评级口径 Creditspread	(5) 延长样本 期间 Creditspread	(6) 延长样本 期间 Creditspread
$Def \times Issrat$	0.0032 *** (8.4105)				0.0036 *** (10.9136)	
$Def \times Bdrat$			0.0036 *** (9.9020)			
Def	-0.0059 *** (-7.2385)		-0.0018 * (-1.6525)		-0.0041 *** (-5.5448)	
$Defamount \times Issrat$		0.0003 *** (8.4047)				0.0004 *** (10.3821)
$Defamount \times Bdrat$				0.0004 *** (9.8943)		
$Defamount$		-0.0006 *** (-7.7427)		-0.0002 * (-1.9093)		-0.0004 *** (-4.6656)
$Issrat$	0.4358 *** (16.5836)	0.4593 *** (18.3254)			0.4091 *** (25.5226)	0.4229 *** (26.3433)
$Bdrat$			0.3637 *** (9.9925)	0.3974 *** (11.4391)		
$Guarantee$	-0.2459 *** (-4.8584)	-0.2517 *** (-4.9463)	0.3889 *** (7.6893)	0.3900 *** (7.7041)	-0.2596 *** (-6.5346)	-0.2605 *** (-6.5141)
$lnmat$	0.0756 *** (2.9995)	0.0741 *** (2.9702)	-0.4548 *** (-8.5918)	-0.4541 *** (-8.5893)	-0.0756 *** (-3.5477)	-0.0757 *** (-3.5612)
$lniss$	-0.0441 *** (-2.7426)	-0.0433 *** (-2.6920)	-0.1733 *** (-9.2473)	-0.1720 *** (-9.1892)	-0.0489 *** (-3.7455)	-0.0479 *** (-3.6678)
$Baoxiao$	-0.4195 *** (-7.0915)	-0.4217 *** (-7.1202)	-0.4026 *** (-6.8637)	-0.4046 *** (-6.8584)	-0.4696 *** (-8.1478)	-0.4778 *** (-8.2822)
$Crossdef$	0.2088 *** (4.2143)	0.2046 *** (4.1697)	0.1165 ** (2.1217)	0.1146 ** (2.0901)	0.2208 *** (4.6528)	0.2182 *** (4.6288)
$List$	-0.1453 *** (-3.7989)	-0.1460 *** (-3.8177)	-0.1351 *** (-3.2534)	-0.1357 *** (-3.2659)	-0.1089 *** (-3.5938)	-0.1090 *** (-3.5905)
Soe	-0.9014 *** (-18.5338)	-0.9008 *** (-18.5504)	-1.0073 *** (-21.4497)	-1.0061 *** (-21.4360)	-0.8153 *** (-20.3159)	-0.8154 *** (-20.3197)
$Bigfour$	-0.1058 ** (-2.3135)	-0.1017 ** (-2.2195)	-0.1635 *** (-2.8293)	-0.1630 *** (-2.8220)	-0.0882 ** (-2.4574)	-0.0874 ** (-2.4295)

续表

变量	(1) 票面利率 口径 *Couponrate*	(2) 票面利率 口径 *Couponrate*	(3) 改用债项 评级口径 *Creditspread*	(4) 改用债项 评级口径 *Creditspread*	(5) 延长样本 期间 *Creditspread*	(6) 延长样本 期间 *Creditspread*
Topudw	− 0. 1190 *** （− 5. 4288）	− 0. 1191 *** （− 5. 4446）	− 0. 2077 *** （− 6. 3477）	− 0. 2084 *** （− 6. 3827）	− 0. 1057 *** （− 5. 7687）	− 0. 1054 *** （− 5. 7537）
Roe	− 0. 0126 *** （− 6. 6752）	− 0. 0125 *** （− 6. 6427）	− 0. 0141 *** （− 6. 6035）	− 0. 0140 *** （− 6. 5955）	− 0. 0119 *** （− 8. 5850）	− 0. 0119 *** （− 8. 5924）
Leverage	0. 0147 *** （10. 5056）	0. 0147 *** （10. 5343）	0. 0168 *** （11. 6311）	0. 0168 *** （11. 6612）	0. 0121 *** （11. 5992）	0. 0121 *** （11. 6173）
Revgr	0. 0004 （0. 8667）	0. 0004 （0. 9113）	0. 0005 （0. 9520）	0. 0005 （0. 9783）	0. 0004 （1. 0660）	0. 0005 （1. 1669）
Liqr	0. 1280 *** （6. 0507）	0. 1276 *** （6. 0248）	0. 1749 *** （7. 9692）	0. 1747 *** （7. 9573）	0. 1108 *** （6. 0224）	0. 1124 *** （6. 1051）
Turnover	− 0. 0184 （− 0. 5569）	− 0. 0200 （− 0. 6053）	− 0. 0084 （− 0. 2280）	− 0. 0104 （− 0. 2823）	− 0. 0380 （− 1. 5687）	− 0. 0390 （− 1. 6106）
Shibor007	0. 5122 *** （28. 2001）	0. 5053 *** （27. 9794）	0. 1497 *** （5. 0757）	0. 1517 *** （5. 1228）	0. 1215 *** （11. 6116）	0. 1194 *** （11. 3849）
Gdp	0. 1848 ** （2. 2206）	0. 2196 *** （2. 7805）	0. 7444 *** （7. 2106）	0. 6594 *** （6. 4431）	0. 3037 *** （12. 4221）	0. 2952 *** （12. 2297）
M2	− 0. 0573 *** （− 6. 9940）	− 0. 0577 *** （− 6. 9977）	− 0. 0350 *** （− 2. 8816）	− 0. 0311 ** （− 2. 5637）	− 0. 0877 *** （− 14. 1630）	− 0. 0848 *** （− 13. 6687）
Cnyusd	− 0. 6431 *** （− 10. 8104）	− 0. 6242 *** （− 10. 4797）	− 0. 2100 ** （− 2. 4743）	− 0. 2243 ** （− 2. 5725）	− 0. 3623 *** （− 6. 7543）	− 0. 4159 *** （− 7. 9208）
截距项	6. 2070 *** （7. 8646）	5. 8272 *** （7. 3861）	− 1. 8643 * （− 1. 8398）	− 1. 2334 （− 1. 1562）	1. 9067 *** （4. 0975）	2. 2781 *** （4. 9461）
行业固定效应	是	是	是	是	是	是
地区固定效应	是	是	是	是	是	是
年度固定效应	是	是	是	是	是	是
券种固定效应	是	是	是	是	是	是
观测值	16 313	16 313	8 574	8 574	22 154	22 154
拟合优度	0. 7395	0. 7405	0. 6178	0. 6181	0. 6553	0. 6559
调整后的拟合优度	0. 738	0. 739	0. 614	0. 614	0. 654	0. 655
F 统计量	253. 0	254. 6	96. 30	97. 04	158. 9	160. 6

注：***、** 和 * 分别表示在 1%、5% 和 10% 的水平上显著。

由表4-7和表4-8可知，实证模型（4.2）和实证模型（4.3）交互项的回归估计系数均在1%的显著性水平下为正，实证结论稳健。

4.9 中债资信与发行人付费评级机构的评级差异[*]

以往研究和经验证据表明，一方面，与发行人付费评级相比，采用投资人付费模式的中债资信所作评级显著更低，且当采用投资人付费模式的中债资信所作评级越低时，发行人未来盈利能力越差、预期违约风险越高，投资者要求的风险补偿也越高，表明投资人付费模式下的信用评级质量更高。此外，发行人付费模式的评级结果可在一定程度上反映公司的内部私有信息，但由于独立性缺失，发行人付费模式的评级质量仍低于投资人付费模式。另一方面，有学者在我国信用评级市场中发现，面对中债资信的低评级，发行人付费评级机构会调高拟发债企业的主体评级进行对冲（寇宗来等，2020）。以下数据统计分析从侧面同时印证了上述两点。

从同一家评级机构对同一家发债主体的评级情况来看，中债资信下调概率略高于上调，非中债资信上调概率远高于下调（见表4-9）。

表4-9　　　同一家评级机构对同一家发债主体的评级情况

类别	非中债资信		中债资信		中债资信—非中债资信	
	均值	观测值	均值	观测值	均值差异	显著性指标
评级等级	5.497	460 078	3.332	49 037	-2.165 ***	-278.729
评级上调	0.005	452 027	0.005	46 929	0.000	0.808
评级下调	0.001	452 027	0.006	46 929	0.004 ***	22.230

注：*** 表示在1%的水平上显著。

若只考虑同一家发债主体的评级序列，中债资信给出的评级中，有12%左右是较之前的评级（不论是否中债资信给出）下调，是上调比例的100多倍；而非中债资信给出的评级中，仅有2%是较之前的评级上调，是

---

[*] 本节由徐泽林独立撰写。

下调比例的 50 倍，可见两者差异明显（见表 4 - 10）。

表 4 - 10　　　（非）中债资信对同一家发债主体的评级序列比较

类别	非中债资信		中债资信		中债资信—非中债资信	
	均值	观测值	均值	观测值	均值差异	显著性指标
评级上调	0.020	455 660	0.001	49 033	− 0.019 ***	− 29.821
评级下调	0.004	455 660	0.123	49 033	0.119 ***	212.001

注：*** 表示在 1% 的水平上显著。

若只考虑同一家发债主体的评级序列，下调中，有 77% 左右是中债资信做出的，但是上调中，中债资信做出的只有不到 1%（见表 4 - 11）。

表 4 - 11　　　　　　　　发债主体的评级序列调整变化

发债主体	评级上调		评级下调	
	观测值	占比（%）	观测值	占比（%）
东方金诚	670	7.2	84	1.1
中债资信	62	0.7	6 023	77.4
中诚信国际	2 241	24	314	4
中诚信证券	710	7.6	39	0.5
大公	1 253	13.4	434	5.6
新世纪	1 201	12.9	247	3.2
联合信用[a]	663	7.1	112	1.4
联合资信	1 651	17.7	321	4.1
鹏元	879	9.4	209	2.7
合计	9 330	100	7 783	100

注：a 联合信用是联合资信的子公司，其证券市场信用评级业务已于 2020 年 10 月 26 日起由母公司承继。

若只考虑某只债券的主体评级序列，中债资信给出的评级中，有约 82% 是较之前其给出的评级下调，是上调比例的 30 多倍；而非中债资信给出的评级中，有近 14% 是较之前其给出的评级上调，是下调比例的 60 倍，可见两者差异明显（见表 4 - 12）。

表 4 - 12　　（非）中债资信对同一债券对应发债主体的评级序列比较

类别	非中债资信		中债资信		中债资信—非中债资信	
	均值	观测值	均值	观测值	均值差异	显著性指标
评级上调	0.137	437 135	0.024	49 016	− 0.113 ***	− 71.645
评级下调	0.023	437 135	0.820	49 016	0.798 ***	897.368

注：*** 表示在 1% 的水平上显著。

若只考虑某只债券的主体评级序列，一共 6 万余次上调中，仅约 2% 是中债资信给出的；但一共 5 万余次下调中，有约 80% 是中债资信给出的（见表 4 - 13）。

表 4 - 13　　　　　　　　发债主体的评级序列调整变化

发债主体	评级上调		评级下调	
	观测值	占比（%）	观测值	占比（%）
东方金诚	3 923	6.4	357	0.7
中债资信	1 199	2.0	40 208	80.2
中诚信国际	15 326	25.1	2 107	4.2
中诚信证券	4 795	7.9	222	0.4
大公	8 962	14.7	2 638	5.3
新世纪	6 380	10.4	1 291	2.6
联合信用[a]	3 758	6.2	464	0.9
联合资信	12 636	20.7	1 914	3.8
鹏元	4 097	6.7	934	1.9
合计	61 076	100	50 135	100

注：a 联合信用是联合资信的子公司，其证券市场信用评级业务已于 2020 年 10 月 26 日起由母公司承继。

综上，统计结果显示：一方面，与发行人付费评级相比，采用投资人付费模式的中债资信所作评级显著更低；另一方面，由于监管部门限制主体评级很低的企业发债，相应地，市场投资机构也通常都限制投资于低评级企业发行的债券。因此，一旦中债资信对拟发债企业给出很低的主体评级，拟发债企业就可能为了成功发债而寻求发行人付费评级机构给出更高评级，以便对冲来自中债资信的负面冲击，使其他评级机构可能会采取与中债资信反方向的评级调整，反而加剧了市场整体信用评级的失真程度。

4.10　总结

4.10.1　研究结论

（1）我国信用评级市场已初步形成以发行人付费评级为主的评级模式，亦已产生了中债资信这一国内唯一的投资人付费评级机构，评级市场稳健发展，成为债券市场重要的基础设施，但目前我国评级市场仍存在"评级虚高"现象。可喜的是，近年来，央行、证监会等部门已在不断规范信用评级业务。

（2）大多数公司债、企业债和中期票据的长期债券评级和主体评级均位于 AA 级及以上，且无论是债项评级还是主体评级，AAA 级和 AA－级及以下等级的占比呈逐年上升趋势，但 AA＋级与 AA 级的债券占比逐年下降。此外，各债券评级机构之间广泛存在畸形的评级竞争现象，主要体现于公司债和中期票据的主体和债项评级主要集中在 AAA 级，但企业债的主体评级主要集中于 AA 级，这是因为评级机构为了抢占市场份额，倾向于给出高估的评级结果，系统性地推升了评级水平。

（3）从信用评级的更新频率来看，债项评级的更新主要出于评级信息更新披露合规的需要，主体信用评级更新频率更高且单只公司债、企业债和中期票据主体评级更新频率的市场均值呈逐年增长态势，表明评级机构日渐重视对发债主体信用状况的监测。从信用评级的调整方向来看，绝大多数调整后的评级均维持之前的评级水平，总体上评级上调的可能性高于评级调减的可能性，但各市场评级调减的数量年度增速最快，意味着信用债评级更新主要出于合规的需要，且发债主体有激励追求更高的更新后评级，同时信用债违约潮的到来客观上驱使评级调减数量迅速增加。

（4）当期评级调减并不能作为发债主体以后年度是否发生债券违约的恰当预警指标，在一定程度上表明信用评级质量仍有待提高。

（5）打破刚兑后，信用评级的融资成本效应能够进一步发挥，且前期违约强度亦与信用评级的融资成本效应显著正相关，表明近期债券市场的违约次数与金额会放大评级的融资成本效应。可见，虽然我国信用评级质量仍有待提高，但近年来信用评级质量已有所好转。

（6）从不同评级付费模式下的评级结果对比来看，一方面，与发行人付费评级相比，采用投资人付费模式的中债资信所作评级显著更低；另一方面，由于监管部门限制主体评级很低的企业发债，投资机构也通常限制投资于低评级债券，一旦中债资信对拟发债企业给出很低的主体评级，拟发债企业就可能为了成功发债而寻求发行人付费评级机构给出更高评级，以便对冲来自中债资信的负面冲击，使其他评级机构可能会采取与中债资信反方向的评级调整，反而加剧了市场整体信用评级的失真程度。

4.10.2　政策建议*

（1）监管部门应切实督促信用评级机构审慎开展评级业务，缓解"评级虚高"。本章发现，2014年以来，大多数公司债、企业债和中期票据的长期债券评级和主体评级均位于AA级及以上，且无论是债项评级还是主体评级，AAA级和AA-级及以下等级的占比呈逐年上升趋势，这显然反映出我国信用评级市场评级质量有限、信用评级的信息价值有待提高的现象，值得各方高度警惕。从本质上来看，我国"评级虚高"现象系发行人付费评级模式下不可避免的利益冲突问题所致。此外，现有文献表明，信用评级的强制要求亦是造成评级膨胀的一大推手。因此，逐步取消信用评级的强制要求亦是缓解"评级虚高"的应有之义。

监管部门应从评级付费模式、评级机构行为、发债主体行为等多方面进一步规范信用评级业务，如可加大对未尽职履责评级机构的惩戒力度、强制要求发债主体披露备选评级、逐步取消信用评级的强制要求等，从而促进信用评级机构审慎开展评级业务，缓解"评级虚高"现象。可喜的是，2021年1月，中国银行间市场交易商协会发布《关于发布〈非金融企业债务融资工具公开发行注册文件表格体系（2020年版）〉有关事项的补充通知》，明确了在短期融资券和中期票据等非金融企业债务融资工具的

---

* 本节由王宏博独立撰写。

申报阶段，不再强制要求发债主体提供信用评级报告及跟踪评级安排。这并非否定信用评级的重要意义，而是通过取消信用评级的强制要求，将评级决定权交予市场，既有助于投资者更好地感知、研判个券及发债主体的信用风险，更是一次从制度上规避监管要求导致评级膨胀的有益尝试。此后，央行等五部门于 2021 年 8 月发布了《关于促进债券市场信用评级行业健康发展的通知》，明确鼓励信用评级机构开展主动评级、投资者付费评级并披露评级结果，发挥双评级、多评级以及不同模式评级的交叉验证作用，表明监管部门正在持续规范信用评级行业。

（2）应持续有序打破刚兑，促进信用评级进一步揭示信用风险。本章发现，打破刚兑后，信用评级的融资成本效应能够得以进一步发挥，且前期违约强度亦与信用评级的融资成本效应显著正相关，表明近期债券市场的违约次数与金额会放大评级的融资成本效应。可见，我国近年来评级质量已有所好转。我国打破刚兑已 8 年有余，但目前仅是结构性打破，城投债尚未出现实质性违约事件，国有企业债券也一定程度存在隐性担保，易无序抬升无风险利率，不利于小微企业、民营企业降低综合融资成本，不利于"房住不炒"政策的落实，亦不利于"六稳""六保"工作的深入推进，故持续打破刚兑势在必行。值得说明的是，在当前"永煤债""华晨债"等接连违约导致信用债市场波动加剧的背景下，监管部门亦应压实监管责任，防止发债主体恶意逃废债，完善债券违约处置机制，以充分保护投资者权益，切实加强债券市场制度建设，有效维护债券市场信用基础，故持续打破刚兑亦应在有序前提下逐步完成，宜循序渐进，不宜运动式治理。

第 ⑤ 章

债券违约处置机制
与债券市场风险化解*

5.1 引言

自 2014 年 3 月超日债违约事件发生以来，我国信用债市场陆续爆发债券违约事件，正式打破了我国债市投资者长期以来存在的刚性兑付信仰。自 2018 年以来，随着经济增速的逐步下行叠加金融"去杠杆"政策的持续推进，我国爆发了历史上首次信用债违约潮，违约债券只数和违约债券所涉及债券金额明显提升，大量各类公司所发行的各类债券陆续出现违约情形，其中民营企业所发行债券尤为明显，信用债违约问题自此开始受到学术界和业界的持续关注。目前，信用债违约潮尚未得到有效缓解，2018 ~ 2020 年，我国债券违约金额均突破千亿元大关，信用债市场违约事件日益表现出常态化和结构性特征，并预计将持续发生。

梳理我国债券市场截至 2020 年 12 月 31 日爆发的全部违约事件后，本章将债券违约界定为：（1）在债券发行文件中约定的到期兑付日，债券本金或利息未能得到按时足额偿付；（2）因破产等法定或约定原因导致债券提前到期，且债券本金或利息未能得到按时足额偿付。同时，我国信用债违约事件呈现出若干结构性特征，值得充分关注及警醒。为此，本章分别

---

* 本章作者：类承曜、梅博韬、何林、冯桂芳、但雨洁。

从违约债券的地域分布、行业分布、评级分布等方面汇总我国信用债违约事件的结构性特征。[①]

5.2 违约债券结构性特征

5.2.1 地域分布

1. 分省份违约债券余额违约率

首先从违约债券的地域分布来看，[②] 我国违约债券的地域分布具有十分明显的区域特征。总体来看，我国中部地区、西北地区及东北地区的债券余额地域违约率明显高于西南地区及东部地区，这大致与经济发展程度负相关，即经济越发达的地区，当地的债券余额违约率越低。

在所有省级行政区中，海南省的债券余额违约率最高，达到 11.81%，主要由海航系企业破产重整所致；而处于东北地区及西北地区的辽宁省、青海省、宁夏回族自治区及黑龙江省的债券余额违约率均超过 5%，在债券余额地域违约率中处于第一梯队，积累了较高的区域债券违约风险。此外，处于中部地区及西北地区的内蒙古自治区、山西省、安徽省的违约率较高。但是，个别东部地区省份的违约率也处于较高水平，如河北省的债券余额违约率达到了 4.81%，这与钢铁等产能过剩行业在河北省产值占比较高相关。截至 2020 年 12 月 31 日，其余省（区、市）的债券余额违约率都在 2% 以下的健康水平，如东部地区的北京市、天津市、山东省、江苏省、上海市、浙江省、福建省及广东省 8 个经济大省（市）的违约率均较为合理，违约率能够与当地较高质量的经济发展水平相适应。

2. 分省份债券发行主体违约率

相比债券余额违约率口径，发行主体违约率口径[③]能够规避债券余额

---

① 不含触发交叉违约的债券。
② 采取省级行政区（省、自治区、直辖市）的口径区分违约债券所在地域。
③ 即计算当地所有债券发行主体中发生债券违约的发行主体数量占比。

违约率口径下某只违约债券余额较高等情形对违约率计算产生的显著影响，故也被广泛使用。

总体来看，发行主体违约率与债券余额违约率高度正相关，且发行主体违约率普遍明显高于债券余额违约率，这主要是因为发行金额较大的债券更不易爆发违约事件，从而导致违约债券大多余额偏低，拉低了债券余额违约率。与债券余额违约率口径下的结论类似，海南省、西北地区及东北地区的发行主体违约率处于第一梯队。但是，债券余额违约率分别为 1.74% 和 0.61% 的河南省和天津市在发行主体口径下的违约率分别高达 5.77% 和 5.26%，表明从违约主体占比的角度看，其信用债的信用风险值得充分关注。另外，上述东部地区 8 个经济大省（市）的发行主体违约率相对较低，区域信用风险整体可控。

3. 分省份债券违约情况统计

图 5-1 统计了分省份的违约债券只数、违约发行主体个数及违约债券余额数据。从中可以看出，违约发行主体个数明显小于违约债券只数，表明各省份的违约债券都集中于若干发行主体上。例如，山西省存在明显的违约债券集中分布特征，一家违约发行主体下平均有 9.5 只违约债券，表明发行主体一旦出现首次违约事件，很可能爆发后续违约。

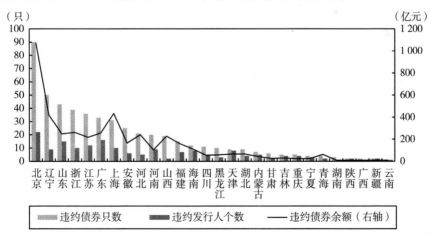

图 5-1 分省份债券违约情况统计

资料来源：Wind 数据库。

5.2.2 行业分布

目前，在我国28个申万一级行业中，已有26个行业发生过违约事件，表明违约债券行业分布广泛。但是，违约债券的行业分布也存在明显的结构特征。由图5-2和图5-3可知，违约率在各不同行业[①]间分化明显。

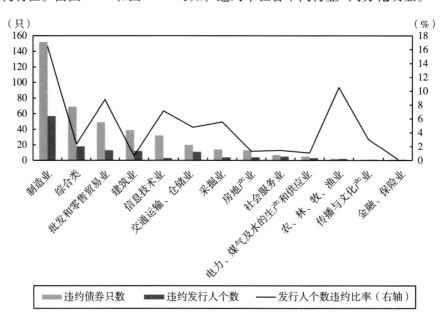

图5-2　分行业债券违约数量情况统计

资料来源：Wind 数据库。

在债券余额违约率口径下，信息技术业的违约率显著高于其他行业，主要由方正集团大规模集中违约所致。批发和零售贸易业及制造业的违约率也明显高于其他行业。其中，批发和零售贸易业一般公司体量大，发债金额高，故债券余额违约率易偏高；制造业范围广泛，"两高一剩"行业在金融"去杠杆"和实体经济去产能、去库存的过程中易爆发现金流危机，进而导致债券违约，引发行业较高的违约率。在发行主体违约率口径下，制造业，农、林、牧、渔业及批发和零售贸易业违约率分列前3名。

---

① 证监会行业口径。

制造业的发行主体违约率在全部行业中最高，其信用风险不可忽视。由于行业划分较细，除制造业外其他行业的违约债券只数均较低，在此不过度进行违约债券集中度的行业比较。

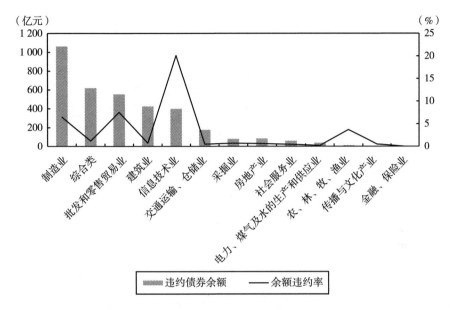

图 5 - 3 分行业债券违约余额情况统计

资料来源：Wind 数据库。

5.2.3 按发行时主体评级分组违约情况统计

债券发行时信用评级公司给出的主体评级为不同发行主体的信用风险提供了较全面、可比的度量方式。从图 5 - 4 可见，在全部违约债券中，发行时主体评级为 BBB 级的债券违约比例最高，达 3.70%，而最高主体评级的 AAA 级债券仅有 0.28% 出现违约；发行时主体评级为 AA 级和 A - 级的债券违约比例均超过 1%；而其余主体评级的违约比例均低于 1%。但同时，发行时主体评级在 A - 级以上并不能保证债券不发生违约事件。总的来看，发行时主体评级越高，违约债券所占比例越低，发行时主体评级能较好地反映发行主体的信用风险。但也可能存在"评级高估"之嫌，评级不达标的债券将无法发行。因此，必须客观看待主体评级。

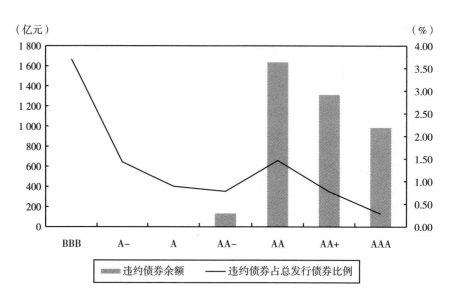

图 5 – 4　按发行时主体评级分组违约情况统计

资料来源：Wind 数据库。

5.2.4　按发行时票面利率违约情况统计

相比债券发行时的主体评级，票面利率作为一种更为市场化的债券风险度量手段，存在由投标竞价形成、可靠性更高等突出优势。从图 5 – 5 可

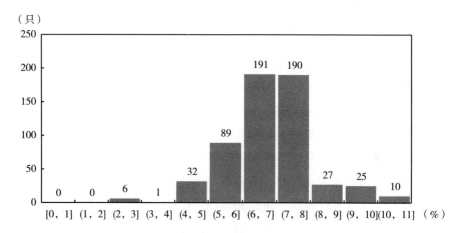

图 5 – 5　按发行时票面利率违约情况统计

资料来源：Wind 数据库。

見，违约债券在发行时票面利率中的分布较主体评级明显更为分散。具体来看，发行时票面利率在6%~7%的债券事后有191只发生违约，其次是发行时票面利率在7%~8%和5%~6%的债券。同时，仅有39只发债成本在5%以下的债券宣告违约，而发债成本8%以上的债券有62只爆发违约事件，表明票面利率能够较为良好地反映债券风险，并最终体现在债券是否违约上。

5.2.5 违约债券主承销商情况统计

1. 违约债券主承销商情况统计

图5-6统计了债券一级市场中主承销商所承销债券最终发生违约的只数，该统计量的分布在1~29只不等。

2. 主承销商违约债券数量最多的前十大中介机构情况统计

图5-7列示了违约债券数量最多的前十大主承销商，其中，中信建投证券所承销债券违约数量达29只，为全市场最高；海通证券、招商证券、国海证券、中国建设银行、兴业银行、上海浦东发展银行、中国光大银行、中信银行、招商银行所承销债券违约数量为19~26只不等。事实上，该排名与我国债券一级市场承销商竞争格局并不完全相符。以2020年数据进行说明，我国债券一级市场中承销市占率（只数口径）最高的10家承销商依次为中信证券、中国银行、中国建设银行、中信建投证券、中国工商银行、中国农业银行、中国交通银行、兴业银行、国泰君安证券及华泰证券。因此，以债券是否违约这一角度衡量债券承销质量，海通证券、招商证券、国海证券等承销商的债券承销质量在一定程度上较低。

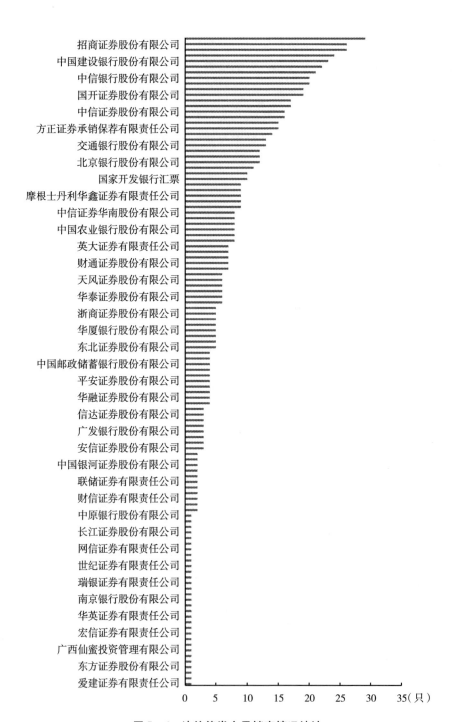

图 5-6　违约债券主承销商情况统计

资料来源：Wind 数据库。

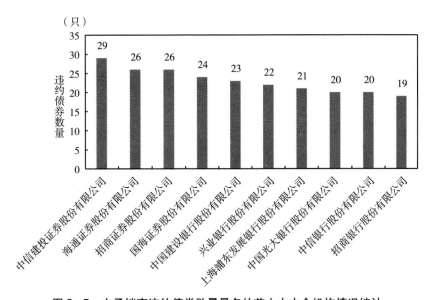

图 5-7 主承销商违约债券数量最多的前十大中介机构情况统计

资料来源：Wind 数据库。

5.2.6 违约债券发行主体属性统计

1. 违约债券发行主体是否为上市公司

从图 5-8 可见，从发行主体是否为上市公司来看，24.88% 的违约债券发行主体是上市公司。考虑到上市公司在全部发债公司中占比较低，从该角度来看，发行主体为上市公司的属性并不能降低其所发行债券最终违约的概率。

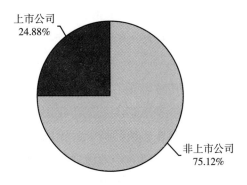

图 5-8 违约债券发行主体是否为上市公司

资料来源：Wind 数据库。

2. 违约债券发行主体是否为民营企业

从图5-9可见，从债券发行主体产权属性角度对违约债券进行分类，有高达67.46%的违约债券发行主体为民营企业。同时，仅21.53%的违约债券发行主体是国有企业，这与我国债券市场中的所有制格局相悖。国有企业所发行债券在我国债券市场中占大多数，民营企业债券违约概率远高于国有企业，一方面是因为民营企业存在与投资者间信息不对称程度高、内部管理制度混乱及在前期金融宽松期无序扩张等突出问题；另一方面是因为金融"去杠杆"政策下的表外回表趋势对民营企业赖以生存的表外融资造成显著冲击，从而导致民营企业现金流中断。

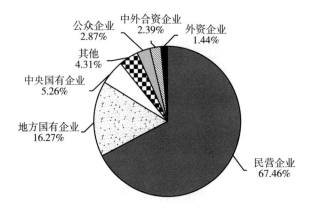

图5-9 违约债券发行主体产权属性

资料来源：Wind数据库。

5.2.7 违约债券券种分类

从图5-10可见，根据违约债券的券种划分类别，整体风险较高的私募债是违约债券中最主要的券种。事实上，在我国信用债市场中，私募债余额小于一般公司债，私募债在违约债券中占比最高则表明其违约概率高于风险更低的一般公司债。违约债券中占比较高的还有一般公司债、一般中期票据和短期融资券。相比之下，虽然一般企业债也是我国信用债市场中的一类主要券种，但由于其在审批制下上市审核较为严格，风险较低，故一般企业债宣告违约的概率在主要券种中最低。

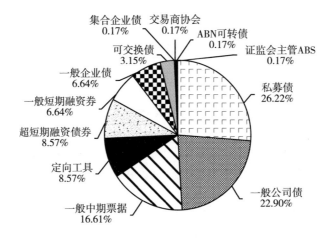

图 5 – 10   违约债券二级分类情况

资料来源：Wind 数据库。

5.3   影响信用债违约的因素分析

自 2014 年 3 月我国首只违约的信用债超日债爆发违约后，尤其是 2018 年我国信用债违约潮发生以来至今，何种因素易导致信用债发生违约的问题为学术界和业界所越发关注。总的来看，影响信用债违约的因素既有近年来宏观经济金融环境的不利变化，又有微观发行主体自身的异质性因素，如盈利能力低、过度负债、投资激进、信息不对称程度高及内控失序等。

5.3.1   宏观层面因素总结与分析

1. 宏观经济增速整体波动下行，发行主体盈利能力有所恶化

2014 年至今，受经济体量不断增长、适龄劳动力人数下行、"三去一补一降"及金融环境趋紧等宏观因素影响，我国宏观经济增速从整体来看处于波动中下行的走势，由图 5 – 11 可明显看出。2017 年，因房地产开发投资及净出口超预期，我国经济曾短暂回升，其后逐步回调。截至 2019 年

第四季度，我国 GDP 累计同比增速下滑至 6.00%。2020 年，受新冠肺炎疫情影响，我国 GDP 累计同比增速处于较低的水平。

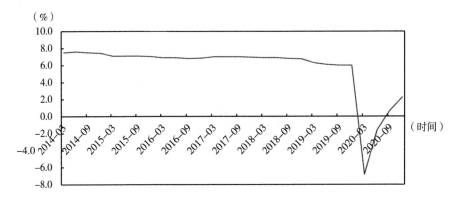

图 5 – 11　2014 ~ 2020 年我国 GDP 累计同比增速

资料来源：Wind 数据库。

在宏观经济整体波动下行的趋势下，我国债券市场中的发行主体分享经济增长红利愈发困难，难以集体表现出显著的净利润或现金流改善，因而难以以发展的方式摆脱其当前存在的财务困境，并最终表现为信用债违约事件。同时，在宏观经济增速下行期，部分债券发行主体所处行业受去产能、去库存等因素影响而表现出景气度持续走低、利润空间不断压缩、现金流显著恶化等情形，如煤炭、钢铁及玻璃等"两高一剩"行业均有类似表现，监管机构对此类行业发行主体通过银行信贷或发行债券融资持审慎态度，易发生违约。

以上市公司经营业绩为例对发行主体盈利能力走势进行说明，图 5 – 12 对比了沪深两市全部 A 股（非金融业）[①] 营业收入和归属于母公司的净利润在 2012 ~ 2020 年的同比增速情况。在 9 年间，有 5 年归母净利润增速明显低于营业收入增速，甚至有 4 年出现负增长。在发行主体中综合实力较强的上市公司盈利能力在波动中下行，可想而知其余发行主体盈利能力亦有类似的表现，这直接导致发行主体业绩改善乏力，最终爆发违约事件。尤其是 2018 年归母净利润增速在 2016 年和 2017 年均实现 20% 以上的高速增长后急

---

① 剔除金融业上市公司是因为该类公司在全部 A 股中营业收入、归母净利润中占比较高，而该行业目前仅 1 只债券发生过违约，违约率极低，为避免金融业上市公司对其他上市公司业绩数据的影响，故予以剔除。事实上，若不剔除其中的金融业上市公司，结论仍保持一致。

转直下，在此期间我国爆发了史上首次信用债违约潮，可见宏观经济增速、发行主体盈利能力与信用债是否违约三者间存在明显的因果关系。

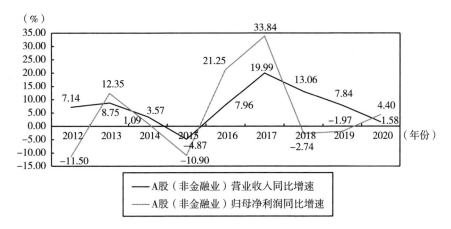

图 5 - 12　2012 ~ 2020 年我国全部 A 股（非金融业）
营业收入和归母净利润同比增速

资料来源：Wind 数据库。

2. 金融去杠杆政策导致信用分层，民营企业融资不畅

从金融因素角度来看，融资端趋紧致使信用债发行主体流动性明显恶化，也是驱动信用债违约不断发生的核心因素。在流动性较为宽松时期，众多信用债发行主体依靠发行新券所得归还旧券欠款，从而维持其顺利运转。但一旦金融体系进入"去杠杆"周期，发行主体发行新券的融资成本和难度陡升，作为信用债主要买方的金融机构风险偏好迅速回落，对信用债尤其是低等级信用债的认购意愿疲软，以上情形对发行主体的现金流量净额构成严重威胁，难以足额及时偿付到期旧券本息，最终不得不宣告债券违约。

观察图 5 - 13 可知，我国 M2 同比增速自 2014 年起明显回落，增速下降在 2017 年金融业在短时间内陆续推出"三三四十"① 大检查等一系列金

---

① "三三四十"是指在银行业全系统开展的"三违反、三套利、四不当、十乱象"大检查。其中，"三违反"指违反金融法律、违反监管规则、违反内部规章；"三套利"指监管套利、空转套利、关联套利；"四不当"指不当创新、不当交易、不当激励、不当收费；"十乱象"指股权和对外投资、机构及高管、规章制度、业务、产品、人员行为、行业廉洁风险、监管履职、内外勾结违法、涉及非法金融活动等十个方面市场乱象。

融"去杠杆"政策后尤为明显，金融"去杠杆"政策效果立竿见影。2020年受新冠肺炎疫情影响，货币政策短期内保持宽松，M2 同比增速连续 10个月保持双位数增长。同期，信用债信用利差迅速走阔，融资成本和难度明显提高，对信用债发行主体的流动性造成严峻挑战。发行主体的流动性管理稍有不慎，极易导致债券违约。

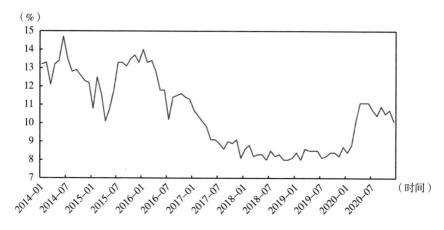

图 5 – 13　2014 ~ 2020 年我国 M2 同比增速
资料来源：Wind 数据库。

图 5 – 14 描述了 2014 ~ 2020 年 AA、AA + 和 AAA 级产业债①信用利差走势，可见其中相对低等级的 AA 及 AA + 级产业债信用利差走势与 M2 同比增速高度负相关，而 AAA 级产业债信用利差走势较平缓。具体而言，AA 及 AA + 级产业债信用利差在 2017 年上半年金融"去杠杆"政策密集出台后迅速拉升，而最高等级的 AAA 级产业债的信用利差在此背景下提升极为有限，反映出融资条件趋紧后等级利差显著走阔，市场资金更倾向于认购最高等级信用债。事实上，我国 AAA 级信用债多为国有企业所发，而 AA 及 AA + 级信用债的发行主体中民营企业占比较为可观。因此，从这一角度来看，金融"去杠杆"政策导致了信用分层，机构投资者风险偏好的降低显然利好信用风险较低、融资能力较强的国有企业。

需要说明的是，监管部门于 2018 年 10 月陆续推出了民营企业债券融资支持工具等一系列宽信用政策举措，并强调改善金融机构内部激励机

---

① 产业债即为城投债之外的信用债，违约债券基本都是产业债。

制，建立对民营企业的"能贷、敢贷、愿贷"机制，试图以"几家抬"方
式妥善解决民营企业面临的融资难问题，降低民营企业违约风险，为民营
企业纾困。图 5-14 表明，政策在一定程度上降低了等级利差，尤其是相
对低等级的 AA 级产业债信用利差下行较为明显，这对降低信用债违约频
率起到了一定效果。但是，在当前国内新冠肺炎疫情冲击、海外经济增速
下行的背景下，民营企业信用风险仍不断积聚，有待持续观察，未来信用
债违约节奏很可能将保持常态化。

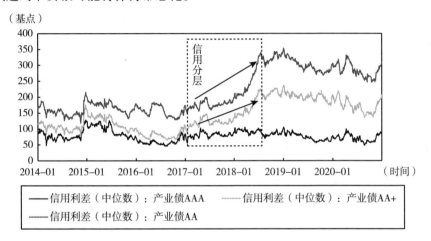

图 5-14 2014～2020 年我国产业债信用利差

资料来源：Wind 数据库。

5.3.2 微观层面因素总结与分析

从违约债券发行主体的微观层面来看，信用债发生违约的根本在于现
金流短缺，以至于无法及时足额支付到期本息。究其原因，债券违约可归
因于发行主体盈利能力不足、应收账款变现速度缓慢，表现为过度投资和
股权纠纷的公司治理问题、财务造假等内控缺陷、"母弱子强"集团型企
业风险暴露较大以及行业周期性积聚风险等，以下分别从上述 6 个微观层
面角度对影响信用债违约的因素进行分析。

1. 发行主体盈利能力低下

发行主体盈利能力不足是信用债发生违约最主要的微观层面因素。发

行主体盈利能力是决定其经营活动现金流量净额的核心因素。一个发行主体若无良好的盈利能力及稳健的现金流来源，由于存在较高的刚性固定成本，其经营活动现金流往往为负。在此情况下，该发行主体若不能及时获得正的筹资活动现金流或收回部分投资，其现金及现金等价物将迅速入不敷出，待现金储备干涸后，其到期债券必然宣告违约。

同时，对于盈利能力低下的发行主体，由于其自身并不存在"造血"能力，借款偿还缺乏根本性保障，亦难以在信贷市场或债券市场中获得融资。因此，发行主体盈利能力不足在很大程度上表明其现金流健康程度存疑，对债券违约具有明显的预测效果，是债券违约最重要的因素。对于部分信用债，其发生违约的主要原因在于其他微观因素，但其盈利能力一般也有待提高。从这一角度来看，发行主体盈利能力不足是信用债发生违约最主要的微观层面因素。

2. 应收账款周转缓慢

上述分析表明，盈利能力是决定发行主体现金流质量的重要因素，但发行主体是否能在合理期间内将本以应收账款形式存在的营业收入变现，是决定其现金流是否充足的重要判断标准。在会计上，销售方销售产品或服务，只要符合与该产品或服务相关的收益及报酬已转移给购买方，且经济利益很可能流入销售方等条件，便可确认该笔收入。在商业实务中，为扩大销路，销售方一般能够给予购买方一定的信用期间。在此期间，虽然收入已在销售方利润表中确认，但销售方现金流量表并无变化，尚无经营活动现金流入。

一旦购买方在信用期间内长时间占用资金未付款或逾期仍无法支付货款，即使其利润表指标良好，其经营活动现金流亦难见增长，无法形成良性现金流。因此，应收账款变现速度缓慢易最终导致债券发生违约。一般而言，市场地位高的发行主体信用期间较短，应收账款周转较快，且其预收账款水平较高而预付账款较少。因此，应收账款变现速度缓慢大多发生在市场地位较弱势的行业发行主体或某一行业内竞争力较低的发行主体中。

3. 公司治理问题

（1）投资激进，无序扩张。从投资活动现金流①角度看，部分发行主体虽然经营活动现金流尚可，但其本身资产负债率已较高，仍漠视客观规律，执意采用较激进的投资策略，进行"短债长投""短贷长投"，即其以发债或信贷方式获取的较短期资金投入回收期较长的项目中，资产久期与负债久期严重错配，大量利用类似方式盲目投资，导致发行主体无序扩张，现金流也在此过程中接近枯竭。在此情形下，当债券到期时，发行主体不具有及时足额兑付本息的能力，因此宣告违约。

（2）股权纠纷，引发混乱。股权结构对于企业的发展十分重要，一旦出现股权纠纷，企业的日常经营和财务状况将受到极大影响。股权争夺各方博弈致使企业相关客户合作不确定性增加，引发企业混乱，造成企业的盈利能力下降，流动性压力增大，最终出现违约，且股权纠纷通常持续时间长，短时间内难以解决，企业在很长一段时间内都将受到股权纠纷带来的不利冲击。

4. 财务造假，内控薄弱

部分发债主体内控薄弱，出现了财务造假、财务舞弊等违规行为，具体表现为发行主体通过关联方交易、提前确认收入等手段虚增营业收入及货币资金等项目，营造发行主体流动比率高、偿债能力强等财务状况良好的假象，吸引投资者认购并持续持有债券，而流动性水平实际较低，导致其所发行债券在到期时爆发违约。

5. "母弱子强"集团型企业风险暴露较大

"母弱子强"集团型企业的违约集中于母公司。在"母弱子强"集团型企业中，子公司承担了集团的生产经营业务，并且相对于母公司贡献了更多的收入和利润。在此情形下，子公司集合了大量集团优质资产，而母

---

① 从筹资活动现金流角度看，融资不畅亦是引发信用债违约的重要因素，但因其具有普遍性，已在前文宏观层面因素中集中阐述，此处略去。

公司层面基本无实质业务，其资产以长期应收款等不易变现的资产为主，即使出现经营业绩不佳的情形，也能够被合并报表掩盖。与此同时，母公司以整个集团的名义进行融资，面临较大的债务压力。在此情况下，母公司的现金流流动性承压，在不利因素叠加时，本就不高的盈利能力难以弥补高额债务，最终使得母公司资金链断裂，进而导致违约。

6. 行业周期性积聚风险

部分行业因具有周期性，受周期波动影响较大。诸如汽车、钢铁、餐饮等周期性行业，在下游产业需求不高的下行周期，容易出现产能过剩情形，导致产品价格下降后，企业自身盈利能力也受影响，赶上短期内债务到期还可能造成流动性风险积聚。身处周期性行业的企业若是恰好赶上行业低迷时期，资产变现能力打折，则较易发生违约事件。

5.4 违约债券处置方式

5.4.1 非司法途径

1. 第三方代偿

（1）担保求偿。担保求偿是指由与发行人具有契约关系的担保机构代偿违约债券的处置方式。若担保方式为一般保证担保，债权人只有在债务人财产依法强制执行仍无法履行还债义务时，要求保证人承担保证责任；若担保方式为连带责任保证担保，则债券违约后，债权人可就违约债券对债务人、担保人共同追偿。

对债权人而言，一般保证担保方式的保护较弱，而连带责任保证担保方式因债务人、担保人均负赔偿责任，债权人权益受到的保护更强。

目前的公募信用债违约处置案例中，尚未见专业担保机构代偿的成功案例。

（2）非担保第三方代偿。非担保第三方代偿主体有多种：母公司、关联企业、资产管理公司、地方政府等，通常因债券违约的负外部效应可能影响自身信誉；或是因低价收购、代偿后可通过一揽子解决方案产生收益；抑或为获取上市公司壳资源，而主动代偿违约债券。

2. 抵押品处置

抵押品处置通常适用于有增信措施的债券。债权人对抵押品具有优先受偿权，有权依法通过抵押品折价或拍卖的方式索赔。但抵押品流动性不强、处置时间较长，仅较少违约债券通过抵押品处置方式赔偿。

3. 自筹资金

自筹资金偿债指债权人给予债务人一定的宽限时间，债务人通过自行筹集资金偿还债务，主要方式包括自有资金偿还、处置资产、寻求借款［如与银行、资产管理公司（AMC）等金融机构合作］、第三方收购、引入战略投资者等。债务人一般需要一定的时间，恢复企业的生产经营活动，或者向外部寻求融资支持，以缓解流动性紧张。这也意味着能够采取自筹资金形式偿还债务的发行人，通常只是遇到了暂时的流动性困境，其自身"造血"能力尚健全，持有数量可观的优质资产。

4. 债务重组

债务重组是最常见的处置方案之一，指债权人与债务人达成协议，建立新的债务关系，并修改原定债务偿还条件。债权人需要作出一定程度的让步，以减轻债务人的负担。

债务重组主要包括两种形式：（1）由政府介入，组织协调多方进行债务重组；（2）以展期、打折（减少债务本金、降低利息）、非现金资产偿还债务、增信（追加担保）、债转股等多种形式，调整条款。通过债务重组进行违约偿付，回收时间和金额的不确定性都较高。

5.4.2 司法途径

1. 违约求偿诉讼

在自主协商效果不及预期的情况下，债务人经营状况恶化但还有一定偿付能力，尚不满足资不抵债等破产条件时，债权人和债务人都可以向法院提起违约求偿诉讼。债权人要求债务人在限期内偿付本息，还可要求其赔偿违约金、逾期利息等。

求偿诉讼目前是债券投资者在违约后求偿的最主要方式，但面临着"起诉容易、进程缓慢、执行困难"等问题：（1）企业内部管理不当，诉讼进展缓慢；（2）诉讼不及时，有效资产几乎被其他债权人通过法律程序冻结、资产保全；（3）诉讼容易，发行人实际执行存在困难。

2. 仲裁

仲裁的前提是合同中必须有约定仲裁条款，条款中明确约定仲裁机构、仲裁地点和仲裁规则，且该条款有效。没有仲裁协议或仲裁条款，一方申请仲裁的，仲裁委员会不予受理。

一般而言，仲裁时效上较快，当事人具有较大自由度。但仲裁作出裁决后，即产生法律效力，即使当事人对裁决不服，也不能就同一案件向法院提出起诉。

目前，我国违约债券仲裁案例少见，更是未见仲裁兑付成功案例。

3. 破产诉讼

在债务人资不抵债或明显缺乏清偿能力的情况下，债权人可以考虑提起破产诉讼。

破产需要债务人满足"不能清偿到期债务"和"资不抵债或明显缺乏清偿能力"两个条件。当债务人还有一定的偿付能力时，债权人发起破产诉讼后法院可以裁定驳回。

破产诉讼分为重整、清算、和解三种。

（1）破产和解。一旦法院受理破产案件，进入破产程序，所有债务全部到期、停止计息，有关债务人财产的保全措施应当解除，有财产担保的债权人不能进行财产处理来实现个别受偿，但保留最后的优先受偿权。

（2）破产重整。破产重整主要具有以下特点。

① 破产重整的方案中往往对小额普通债权人有保护机制，保护的起点在 5 万 ~ 50 万元不等。

② 普通债权人可能有多方案供选择，如选择留债和债转股的比例，留债部分也有多个不同期限的清偿方案可供选择等。

③ 部分破产重整案例对普通债权还有更细的划分，如银行普通债权和非银普通债权、机构债券类普通债权和个人债券类普通债权。

④ 破产重整企业的普通债权人的回收率一般不高，平均回收率24%。[1]

⑤ 从企业首次出现债券违约到企业确定破产重整/破产和解方案，平均时间在400天，达成方案所需时间较长。[2]

（3）破产清算。破产清算主要具有以下特点。

① 企业破产重整失败后会转为破产清算。

② 破产重整失败的原因有多种，如地方政府放弃了对地方国企的救助和支持，破产重整方案的回收率过低而无法得到债权人会议通过等。

③ 一般企业走向破产清算往往说明企业已经丧失了持续经营的能力，无法通过破产重整、破产和解等方式继续整装出发，因此破产清算的回收率往往很低。

5.5　违约债券处置效果及影响

5.5.1　违约债券处置效果

由表5-1可以直观看出，我国公募债券市场违约处置方式仍以破产诉讼为主，在已确定处置方式的88家违约发行人、共234期违约债券中，有52家违约发行人、168期违约债券采取破产诉讼处置方式，违约规模达1 728.01亿元。但从回收率水平来看，破产诉讼的回收率水平较低，这可能受到违约发行人进入破产诉讼的程序复杂、回收期限长、回收的不确定

---

① 回收率口径有三种情况：（1）现金直接清偿的部分占比；（2）对于债权人有多种分期现金兑付方案的情形，选取最短期限内可以获现的金额计算回收率；（3）对于只有转股方案的情形以转股价和重整方案前股票收盘价计算回收率。此外若有银行和非银债权组的区分，选取能够代表债券投资者的非银债权组的回收率进行计算。

② Wind数据库。

性较高影响；而自筹资金与债务重组的回收率则较高。此外，求偿诉讼、第三方代偿两种违约处置的回收率水平也较高，但采取两种处置方式的违约发行人与违约债券期数并不多；而处置抵质押物违约处置方式的回收率为 10.12%，可能原因是抵质押物的变卖时间较长，尚未处置完成；未确定处置方式的违约债券回收率仅为 0.00%。综合来看，违约债券总体回收率水平为 10.65%，仍有较大上升空间。

表 5 - 1　　　　我国公募债违约债券处置方式分布及回收情况

违约处置方式				违约发行人（家）	违约债券期数（期）	违约规模（亿元）	回收规模（亿元）	回收率（%）
已确定（或拟定）处置方式				88	234	2 271.54	267.38	14.84
无担保	司法诉讼	破产诉讼	破产重整	46	136	1 280.15	1.42	0.13
			破产清算	4	16	335.68	0.19	
			破产和解	2	16	112.18	0.00	
		求偿诉讼		1	1	4.02	4.02	100.00
	自主协商	自筹资金		17	23	160.74	106.13	79.14
		第三方代偿		3	3	20.22	19.48	96.34
		债务重组	延长兑付期限	8	15	174.53	99.87	35.08
			折价兑付	2	2	16.96	3.28	
			变更债券形式	1	3	31.85	31.85	
			拟货物偿付	1	2	15.83	0.00	
			豁免债务	1	1	11.49	0.00	
			场外兑付	1	1	4.00	0.50	
			其他方式债务重组	8	16	131.62	0.00	—
	仲裁			—	—	—	—	
有担保	担保方代偿			—	—	—	—	
	处置抵质押物			2	3	11.76	1.19	10.12
未确定处置方式				31	89	707.71	0.00	0.00
合计				118	323	2 979.25	267.38	10.65

　　注：（1）表中数据截至 2020 年 12 月 31 日，因私募债数据难以获取，此处采取公募债口径。（2）因同一发行人涉及的一期或多期违约债券可能采用不同违约处置方式进行回收，各违约处置方式涉及的发行人家数、违约债券期数和违约规模总和均大于实际违约发行人家数、实际违约债券期数和实际违约规模的合计值。（3）表中回收率统计已剔除无法得知回收数据的样本。

　　资料来源：联合资信。

表5-2描述了违约债券回收期限分布情况。从不同处置方式来看回收期限，采用破产重整和债务重组方式的回收期限通常较长，为3个月甚至1年以上；自筹资金和第三方代偿等方式回收时间较短。相较自筹资金、第三方代偿方式，债务重组所选取的方式、延长的期限或减免的金额都由双方协商确定，并无明确规定；而破产重整方式程序复杂，这些因素均导致回收的不确定性提高，导致回收时间较长。

表5-2 违约债券回收期限分布情况

回收期限	违约债券期数（期）		违约规模（亿元）		涉及违约处置方式
	截至2019年末	截至2020年末	截至2019年末	截至2020年末	
<10天	9	8	56.10	57.50	自筹资金/第三方代偿/债务重组
10天至3个月	4	4	24.34	24.34	自筹资金
3个月至1年	12	15	70.82	138.28	破产重整/债务重组/求偿诉讼/自筹资金/第三方代偿
1年以上	9	37	86.93	407.19	破产重整/债务重组/自筹资金

注：（1）数据截至2020年12月31日。（2）因同一期违约债券可能涉及多次违约或多次偿付，各回收期限涉及的违约债券期数和违约规模总和均大于实际违约债券期数和实际违约规模的合计值。

资料来源：联合资信。

整体而言，采用自筹资金偿还的违约债券回收时间较短，且回收率较高。债务重组则因债权人和债务人博弈，耗时和不确定性都相对较高。一旦进入破产诉讼程序，违约债券回收的希望将极其渺茫，回收时间也将无限拉长。

5.5.2 违约债券处置方式影响

1. 对债权人的影响

（1）流动性压力。债券违约将对债权人的资金周转产生影响，资金缺位可能使债权人面临流动性紧张。回收时间相对较短且回收率较高的处置方式，如自筹资金偿付、担保代偿等，可有效缓解债权人的流动性压力；但回收时间较长的处置方式，如债务重组、抵押品处置等，则易影响债权人的现金流动性。

（2）实际收益。虽然债务重组手段处置违约债券不利于债权人的流动性管理，却可能提高债权人的实际收益，但不确定性较大。在部分情形下，债务重组中用以抵债的资产质量可能较高，甚至债权人可以获得债转股的权利，这些抵债资产变现后的收益通常会高于债权本身的账面价值，为债权人带来额外收益。由于债务重组的方式灵活多样，债务重组方案通常由债务人提出，债权人需对此进行评估后才能施行。评估的主要标准是资产组未来的收益能力，这一评价涉及对未来现金流量的估计，本身具备较强的主观性和较大的不确定性，债权人可能因此承担损失。

2. 对重组方的影响

以超日债为例，超日公司负债规模大、资产情况复杂，还涉及 6 万多名股民及大量海外资产，重整难度较大，因此引入同行业有实力的重组方是较优选择，经过公开征集投资人，最终确定由同行业的江苏协鑫能源有限公司等作为重整方。引入同行业投资人可以加快推进重整进程，还可以解决企业现有员工的就业问题，有利于保障社会稳定。

5.6 政策法规梳理

5.6.1 政策梳理

2019～2020 年，最高人民法院、中国人民银行、发展改革委、中国证监会等多部门陆续下发政策文件，旨在推进完善债券违约风险管理制度，对高风险债券的交易、违约处置、主动负债管理、发行及存续期管理等方面作出指导意见及要求。表 5-3 梳理了债券违约处置的相关政策文件。

表 5 – 3   债券违约处置相关政策文件梳理

发布时间	部门	政策文件
指导性文件		
2019 – 12 – 28	全国人大常委会修订	《中华人民共和国证券法》
2020 – 07 – 01	中国人民银行、发展改革委、中国证监会	《关于公司信用类债券违约处置有关事宜的通知》
2020 – 07 – 15	最高人民法院	《全国法院审理债券纠纷案件座谈会纪要》
违约债券交易机制		
2020 – 01 – 02	北京金融资产交易所	《银行间市场到期违约债券转让业务操作指南》
2020 – 03 – 24	全国银行间同业拆借中心	《银行间市场到期违约债券转让规则》
2020 – 08 – 17	中央结算公司和银行间市场清算所	《全国银行间债券市场债券托管结算机构到期违约债券转让结算业务规则》
2020 – 09 – 03	全国银行间同业拆借中心	《全国银行间同业拆借中心债券匿名拍卖实施细则》
债券违约处置指导		
2019 – 12 – 27	中国银行间市场交易商协会	《银行间债券市场非金融企业债务融资工具违约及风险处置指南》
2020 – 07 – 30	上海证券交易所	《关于开展公司债券置换业务有关事项的通知》
2020 – 11 – 02	中国银行间市场交易商协会	《关于试行非金融企业债务融资工具现金要约收购》
存续期管理		
2020 – 06 – 09	上海证券交易所	《公司债券存续期管理业务办理指南》
2020 – 12 – 14	中国银行间市场交易商协会	《银行间债券市场非金融企业债务融资工具存续期管理工作规程》
投资者保护		
2020 – 07 – 31	最高人民法院	《最高人民法院关于证券纠纷代表人诉讼若干问题的规定》
2020 – 10 – 12	中国银行间市场交易商协会	《非金融企业债务融资工具募集说明书投资人保护机制示范文本》
2020 – 11 – 27	中国银行间市场沪深交易所	《公司债券持有人会议规则（参考文本）》
2020 – 11 – 27	上海证券交易所	《公司债券存续期业务指南第 1 号——公司债券持有人会议规则（参考文本）》《公司债券发行上市审核规则适用指引第 1 号——申请文件及编制》
2020 – 12 – 28	中国人民银行、发展改革委、中国证监会	《公司信用类债券信息披露管理办法》

（1）修订版《中华人民共和国证券法》，体现出风险管理由事前向事中、事后转移的特点，显著提高证券违法违规成本，尤其是加大对发行人的欺诈发行、虚假陈述行为和承销机构的未勤勉尽责行为的处罚力度，进一步强化信息披露要求、强化承销商等中介机构法律职责。

（2）发布违约债券处置指导文件，压实各参与方职责、强化募集说明书的使用、提高债券受托管理人制度和持有人会议制度的地位及信息披露质量。

（3）制定违约债券交易操作指引。截至目前，违约债券可以在北京金融资产交易所市场（以下简称"北金所"）、全国银行间同业拆借中心（以下简称"外汇交易中心"）、交易所市场三个市场进行转让，其中北金所、外汇交易中心面向银行间债券，沪深交易所面向交易所债券。

（4）完善债券发行及存续期管理制度，健全投资者保护机制，统一监管标准。多文件齐发力，给予市场较为明确的操作指引，提升债券存续期风险管理水平，切实强化信用风险防控和投资者保护。

5.6.2 重点监管政策文件解析

截至目前，信用类债券违约处置的监管政策中，较为全面和重要的两份文件分别为：2020 年 7 月 1 日发布的《关于公司信用类债券违约处置有关事宜的通知》和 2020 年 7 月 15 日最高人民法院发布的《全国法院审理债券纠纷案件座谈会纪要》。两份文件分别从统一债券违约处理机制和司法领域实践难题两个最关键的维度，针对信用类债券违约处置给出了顶层构架、具体指引和司法实践问题解答。

现对这两份文件的关键内容进行解读，从文件立意、所指问题和所需执行度配合等方面进行分析。

1. 《关于公司信用类债券违约处置有关事宜的通知》

2020 年 7 月 1 日，中国人民银行、发展改革委和中国证监会三部门联合发布《关于公司信用类债券违约处置有关事宜的通知》（以下简称《通知》）。

《通知》在证券法和司法相对接的基础上，构建违约债券的市场化和法治化的解决机制，是中国人民银行、发展改革委和中国证监会联合发布的关于违约债券处置的第一个正式文件，表明三大债券市场在统一管理方面又向前进了一步，有助于投资者利益保护和完善市场制度。其主要内容包括以下几个方面。

（1）违约处置原则：底线思维原则，市场化、法治化原则，各方尽职尽责原则，平等自愿原则。

（2）核心制度：受托管理人和持有人会议，目的是在集体行动的基础上提高违约债券处置效率。《通知》在受托管理人利益冲突、诉讼主体不确定、持有人会议法律效力范围、表决机制方面进行细化和强调。从《通知》以及相关政策文件看，未来违约债券司法处置将以"集中诉讼"为主。

（3）多元化处置和统一监管，是长期的政策目标。多元化处置的一个关键在于实现风险再分配，另一个关键是风险债券报价、估值、交易机制的建立。跨市场统一的落地，一大难点在于司法层面，目前最高人民法院已出台相关指导文件，推动债券市场执法统一的落地。

2.《全国法院审理债券纠纷案件座谈会纪要》

2020年7月15日，最高人民法院颁布了《全国法院审理债券纠纷案件座谈会纪要》（以下简称《会议纪要》），政策主要内容有以下几个方面。

（1）内容框架和逻辑。案件受理遵循4个基本原则，包括坚持保障国家金融安全、坚持依法公正、坚持"卖者尽责、买者自负"、坚持纠纷多元化解。具体看，统一了执法标准，强化各方职责，强调司法手段的多元化和灵活化，明确欺诈发行、虚假陈述引发的债券纠纷解决机制。"在公平的基础上实现高效"是《会议纪要》的核心逻辑。

（2）各方责任与违法成本。①承认受托管理人、诉讼代表人、资产管理产品管理人的主体诉讼资格，明确权利范围和赔偿责任。②明确发行人的违约责任范围、损失计算方式及其他责任主体的连带责任。③提高债券持有人、投资者权利保护的同时，明确其应当履行的义务和自担的风险。④明确其他债券服务机构的义务和过错认定方式。

（3）集中诉讼与个别诉讼。①对于债券违约合同纠纷案件，应以债券受托管理人或者债券持有人会议推选的代表人集中起诉为原则，以持有人个别起诉为补充。②明确了持有人会议的法律效力。即债券持有人会议决议，除非存在法定无效事由，人民法院应当认定为合法有效，除第 5 条、第 6 条和第 16 条规定事项外，对全体债券持有人具有约束力。

（4）提高诉讼效率，降低诉讼成本。①明确允许符合条件的受托管理人、债券持有人和债券投资者以自身信用作为诉讼保全担保方式。②明确公益费用的分担和发行人需要支付实现债权的合理费用。③取消部分诉讼前置条件。

5.7　总结

前文已经对信用债违约处置方式的具体内容、违约处置效果、债务违约处置相关法律法规建设等方面作了详细的分析，接下来将从两个维度——信用债违约处置方式的对比以及违约处置实践的变化趋势，对本章内容进行梳理与总结。

5.7.1　信用债违约处置方式的对比

1. 债券违约的处置路径

债券违约后的处置方式可以分为两大类，即非司法途径（也可称为"自主协商"）和司法途径。从现有违约案例看，违约债券处置路径遵循一定规律：违约以后，企业与债权人一般会首先选择自主协商，若是无法通过自主协商完成处置，则将寻求破产和解或重整方案，再次失败以后走入破产清算。而债权人在自主协商的过程中或破产诉讼之前，还会提起违约求偿诉讼。

2. 不同处置方式的回收情况

从回收率来看，自主协商＞破产重整或和解＞破产清算。通过自主协商完成兑付的企业的回收率整体水平较高，但回收周期的长短则视企业的经营情况与兑付意愿而定。破产重整企业的普通债权人的平均回收率较自主协商低，进入破产清算的企业因为资质差，回收率往往更低。西王集团是目前首家破产和解完成的案例，其回收率达到100%，但不具有很高的参考价值。

3. 处置效果的关键影响因素

违约主体的主观兑付意愿及客观的持续经营能力是影响处置效果的关键因素。

违约主体的主观兑付意愿在违约债券的处置中起着重要作用。采取自主协商方式的违约主体往往会积极寻求关联方（母公司、大股东等）、银行、AMC等金融机构的帮助，或者积极接洽战略投资者、收购方，同时还会与债券持有人、受托管理人等债权方主动沟通，磋商债务重组方案。

而企业自身经营业绩不仅会影响处置方式的选择，还直接关系到违约债券的处置效果。违约主体的经营情况是其以自有资金偿债的关键保障，也是偿债资金提供方的重要评估依据。例如，广西有色集团、富贵鸟集团丧失了持续经营的能力，这也是其重整失败的关键原因。

5.7.2　违约处置实践的变化趋势

随着债券市场违约更加常态化，违约处置方式的细节和内涵不断丰富，违约处置相关法律法规也逐渐趋于完善，我们可以观察到近两年违约回收方案边际上的一些变化。

（1）违约回收方案趋向于多元化、细分化，债权人的选择余地更大。从自主协商方式来看，2017年以前，债权人更多地和企业磋商以等待企业筹集资金；近两年的自主协商方式中常常给予债权人选择的空间，债权人可以自己选择合意的方案。从破产重整方式来看，2017年以前已经有部分案例将普通债权细化为银行普通债权和非银普通债权，近两年还出现了部分案例将债券类普通债权进一步细化为机构债券类普通债权和个人债券类普通债权的情况。

（2）债务人"刚兑"意愿下降，越来越多的违约企业通过破产诉讼处置债务，而破产诉讼中破产重整成为一种常见的、相对更有效的违约处置方式。2017 年 6 月以前违约的企业更多用自主协商的方式解决债务问题，而 2017 年 6 月以后违约的企业更多通过破产诉讼方式解决债务问题。究其原因，违约常态化以后债务人"刚兑"意愿下降，债券违约后债务人没有强烈动机与债权人协商一致，更倾向于庭内解决。这也与我国用司法途径处置债务违约的案例和相关法律法规的完善有关，更多债权人主动选择向法院申请破产重整，通过司法途径保护自己的权益，避免企业恶意逃废债，解决债务纠纷。

（3）相关法律法规的完善正在提速。与美国等成熟债券市场相比，当前我国债券处置的相关法治建设，在信息披露制度、投资者保护机制等方面有较大的改善空间。目前，我国法律法规等基础设施建设正在逐渐完善，相信未来可以在相关方面进一步改善。

5.7.3 信用债违约处置方式建议

由前文分析，债券违约之后，企业与债权人一般会首先选择以非司法途径解决，若是无法完成处置，则将寻求破产和解或重组方案，再次失败以后走入破产清算。而非司法途径中的自筹资金偿还与第三方代偿是相对而言的最优违约债券处置方式，不仅回收率较高，回收期限也较短，更能维护违约主体的信誉、保护债权人的利益。但自筹资金偿还与第三方代偿受制于违约主体的偿债意愿，若是违约主体偿债意愿不足，自筹资金偿还与第三方代偿方式并不是该类违约主体愿意优先考虑的处置方式。

相比之下，债务重组是违约债券处置的次优选择。虽然债务重组方式回收率不如自筹资金偿还与第三方代偿，回收期限也因债权人和债务人的博弈而有较大不确定性，但是债务重组方式仍然有一定概率能够兑付本息，甚至可能给债权人带来额外收益。同样，债务重组也受制于违约主体的偿债意愿，且需要违约主体保有一定持续经营能力。较高的不确定性是债务重组不如自筹资金偿还与第三方代偿方式之处。

而司法处置方式则是级别相对较为劣后的处置选择。通常而言，采用司法处置方式意味着债务人的持续经营能力与偿债能力极度恶化。一旦进入破产程序，债权人收回本息将遥遥无期。目前市场上也少有通过司法处置方式解决违约问题的案例。但随着我国司法途径处置违约债券的相关法律法规越来越完善，破产和解、破产重整、破产清算方式或将能以更加妥善的形式处置违约债券，更好地保护债权人的权益。

第 ⑥ 章

地方政府债与经济增长[*]

6.1 引言

  自 2009 年"四万亿"财政刺激计划开始以来，我国地方政府债务水平经历了迅速的增长，而其中最主要的是地方政府债。从 2009 年开始的全国 2 000 亿元的试点发行，到 2015 年的全面市场化，2019 年地方政府债的发行额为 43 973 亿元，是 2009 年的近 22 倍，而同期国债只增长了 1. 57倍。而且，从 2015 年开始，地方政府债每年的发行额已经超过了国债，成为国内债券市场中存量规模最大的单一品种。但是，至今关于地方政府债的研究却相对比较缺乏。既有的研究大多着眼于地方政府的隐性债务——城投债，集中于讨论城投债发行的影响因素，如预算软约束（王永钦等，2016）、地方转移支付（钟辉勇和陆铭，2015）、官员的变更（陈菁和李建发，2015；罗党论和佘国满，2015）以及金融生态环境（潘俊等 2015）等。作为近年政府支出的重要融资手段，地方政府债对于经济的影响是理解和评估这一政策的重要方面，对于今后相关政策的制定具有非常重要的意义，这也是本章的研究问题。

  债务作为政府融资的重要手段，对整个社会的经济活动产生重要的影响。政府通过发行债务来增加支出，在不加重税收所导致的效率损失的同时，短期内可以提高总需求，从而增加社会总产出（Blanchard & Perotti，2002；Acconcia et al. ，2014），在长期，政府的公共投资不仅作为一种生产

---

  * 本章作者：张静。

投入，可以提高产出并促进私人部门投资的增长，也会直接提高社会的生产率（Aschauer，1989；Romp & De Haan，2007）。但是，过高的政府债务也会对经济增长产生负面的影响，这主要体现在：政府投资会挤占资金，推高资本价格，抑制私人部门的投资（Gale & Orzag，2003；Baldacci & Kumar，2010）；如果政府没有足够的财政收入来偿还债务，可能会增发货币，引发高通货膨胀（Sargent & Wallace，1981；Barro，1995），或者提高税率加重其造成的效率损失（Barro，1979；Dotsey，1994）；政府的债务风险也会为整个经济活动带来不确定性，极端情况下，可能引发银行和货币危机；最后，巨额的债务利息支出也会挤占政府在其他方面（如民生）的支出。

鉴于理论上的不确定，政府债务对于经济增长的影响有赖于实证研究的结果。已有的实证研究主要是基于跨国的数据，在基本肯定了政府债务对于经济发展的积极影响时，也发现这种影响呈现非线性的特征。在发达经济体中低政府债务水平（债务低于 GDP 的 30%）对于 GDP 的促进作用（用中位数的增长率）比高债务水平（高于 GDP 的 90%）的促进作用高出了 2.6 个百分点，并且这一差异在新兴经济体中也有 2.1 个百分点（Reinhart & Rogoff，2010）。政府债务超过 GDP 的 90%~100% 时，债务对于经济增长的影响已经转为负的，并且这种负面影响有可能在债务占 GDP 的 70%~80% 时就已经发生了（Checherita–Westphal & Rother，2012）。世界银行的研究确认了这一发现，认为当政府债务超过 GDP 的 77% 时，就会对经济增长产生抑制作用（Grennes et al.，2010）。类似地，特别是关于地方债即一般所谓的市政债的相应研究较少，这主要是因为在大部分国家支出分权的程度较低（即地方政府的支出占政府总支出的比重较低），地方政府的发债权利较为有限。

我国财政分权（尤其是支出分权）的程度比较高。据国家统计局统计，2019 年我国的财政总支出是 238 858.37 亿元，其中地方财政支出 203 743.22 亿元，占总支出的 85.3%，占同年 GDP 的 20.6%，说明了地方政府在社会经济活动中的重要作用。2019 年各省（区、市）地方政府债务存量占其当年 GDP 的平均比重已经达到了 28.11%，① 此时利用最新的数据研究政府债务对地方经济的影响具有非常重要的现实意义，可为下一步相关政策的制定提供有价值的事实依据。本章研究着眼于这一问题，基于 2005～2019 年省级季度面板数据，从实证研究的角度探讨地方债对于经济发展的影响。

6.2　制度背景与现实

我国地方政府债是指法律认可的、由地方政府发行的，以当地政府的财政收入还本付息的债券，这种债券的性质与国债类似。现实中，人们在讨论地方政府债务时，经常会提到所谓的"隐性债务"，主要是指地方融资平台所背负的债务。2010 年发布的《国务院关于加强地方政府融资平台公司管理有关问题的通知》中将地方政府融资平台界定为"由地方政府及其部门和机构等通过财政拨款或注入土地、股权等资产设立，承担政府投资项目融资功能，并拥有独立法人资格的经济实体"。同年，财政部、发展改革委、人民银行、银监会发布的《关于贯彻〈国务院关于加强地方政府融资平台公司管理有关问题的通知〉相关事项的通知》在此定义的基础上增加了"具有政府公益性项目投融资功能"的描述。② 以上定义表明，地方融资平台（也被称为城投公司）是由政府主要出资成立的，并且所从事的投资活动具有公共投资的特性。③ 由于地方融资平台的股东是当地政府，市场会认为其债务享有隐形的政府担保，安全性会相

---

① 这里是 2019 年底各省（区、市）地方政府债的存量占其 2018 年 GDP 的比重，最低的省份是广东（29.5%），最高的省份是青海（207.3%）。

② 除此之外，银监会也公布了对地方融资平台的定义，但是更多的是从债务责任的角度来界定的。《关于地方政府融资平台贷款监管有关问题的说明》中，地方融资平台是"由地方政府出资设立并承担连带还款责任的机关、事业、企业三类法人"。

③ 本章关于地方融资平台（城投债）的数据来源于 Wind 数据库，其对于地方融资平台的定义为：目前符合在募集说明书的发行人业务情况中，"发行人基本情况"中的股东为"当地地方政府或下属机构"，在"公司业务"中提到该公司的业务是当地城市的基础设施服务或公用事业，具体包括：水务、电力、煤气、通信、交通［公路建设（不含公路收费），铁路建设］、高科技园区建设、公共卫生、基础科研、义务教育、保障性安居工程等。

对较高。

地方融资平台的债务形式主要包括三种：银行贷款、城投债，以及融资租赁、项目融资、信托私募等资本市场融资。早期银行贷款是最主要的形式，根据审计署 2011 年发布的《全国地方政府性债务审计结果》，2010 年底地方政府债务余额中 79.01% 为银行贷款。而后随着 2010 年国务院明确提出银行要对地方融资平台收紧信贷之后，这一比例逐步下降，2013 年下降到 60%，据估算到 2016 年只到 20% 左右（Chen et al.，2020），而信托等方式的融资规模比重相对较小，2013 年之后始终保持在总的政府债务的 10%（Chen et al.，2020）。在这三种融资方式中人们关注最多的是城投债，它是由地方融资平台所发放的企业债和非金融企业债务融资工具，其规模在 2009 年后有着快速的增长，根据 Wind 数据库的统计，2009 年城投债的发行总额为 2 567 亿元，到 2019 年增长为 34 558 亿元。

本章聚焦于地方政府债，讨论其对于经济发展的影响。这也使得本章的结论不仅限于一般意义上政府债务的影响。下面介绍地方政府债的发展过程。

地方政府债从 2009 年开始至今经历了逐步改革和市场化，大致分为"代发代还""自发代还"到现在的"自发自还"三个阶段。1995 年实行的《中华人民共和国预算法》明确规定了"除法律和国务院另有规定外，地方政府不得发行地方政府债券"。直到 2008 年的全球金融危机之后，我国于 2009 年推行了"4 万亿"财政刺激方案，为了缓解"4 万亿"中地方政府配套资金的压力，地方政府开始被允许发行地方政府债券。当时的政策是在 2009～2011 年期间每年总共发行 2 000 亿元地方政府债，由财政部代理发行并代办还本付息和支付发行费，即所谓的"代发代还"模式。① 这时的地方政府债有着较强的计划性，每一期所发行债券期限和利率是统一的，期限相对较短，为 3～5 年，而利率在 1.6%～4.3%，与同时期同期限国债利率非常相近。

2011 年我国开始地方政府债"自发代还"的试点，② 首先选取了上

---

① 《2009 年地方政府债券预算管理办法》。

② 《2011 年地方政府自行发债试点办法》。

海、广东、浙江和深圳这四个省和计划单列市作为试点地区，而后山东和江苏也在2013年被纳入了试点地区。地方债的"自发代还"主要是指地方政府在国务院批准的规模限额内自行发行债权，但是仍由财政部代办还本付息，所有试点省（市）需将还本付息资金足额缴纳中央财政专户。同时，为了保障债务的偿还，试点省（市）需要及时披露本省（市）经济运行和财政收支状况。非试点省和计划单列市仍然实行"代发代还"的发行模式。2011～2013年地方政府债的期限为3年、5年和7年，利率则在2.47%～4.45%之间，其中2012年和2013年地方政府债务的发行量分别为2 500亿元和3 500亿元。总体而言，这一时期试点地区虽然在发债上有了一定的自主权，但是其所发行的债券期限和利率都与当时财政部代发代还的其他省（区、市）的债券非常相似，所以政府债券的市场化程度仍然较低。

2014年开始我国地方政府债发行进入新的时期，即"自发自还"时期。[①] 这一年财政部正式批准上海、浙江、广东、深圳、江苏、山东、北京、江西、宁夏、青岛试点地方政府债券"自发自还"，即在国务院批准的发债规模限额内，试点地区自行组织政府债券的发行、支付利息和偿还本金，规定债券利率以同期限新发国债发行利率及市场利率为定价基础，采用承销或招标方式确定债券发行利率。这一政策为之后地方债的全面市场化奠定了制度基础。2014年地方债的发行量为4 000亿元。

2015年实施的新《预算法》明确了地方政府具有举债融资权利，地方政府债至此全面推开。新的法规中，地方政府债分为一般债和专项债，一般债纳入公共财政预算，用于弥补赤字，而专项债则纳入政府性基金预算，为公益性项目建设筹集资金。之后根据建设项目的具体类型设置多种类型的专项债，如土地储备专项债券、收费公路专项债券、轨道交通专项债券、棚户区改造专项债券、交通基础设施建设专项债券、老旧小区改造专项债券等。与此同时，为了更好地监管地方政府的债务风险，2015～2017年"地方政府存量债务中通过银行贷款等非政府债券方式举

---

① 《2014年地方政府债券自发自还试点办法》。

借部分，通过三年左右的过渡期，由省级财政部门在限额内安排发行地方政府债券置换"①。由此地方政府债的发行在 2015 年激增为 38 350.62 亿元，其中 32 438.62 亿元为存量债务的置换，剩余的 5 912 亿元为新增债务。在新增债务中，一般债为 5 005 亿元，而专项债为 907 亿元。

图 6 - 1 展示了 2009 ~ 2019 年地方政府债、国债和城投债的发行情况。如图 6 - 1（a）所示，2009 ~ 2011 年地方政府债总体发行规模相对较小，平均只占到同时期国债发行规模的 16.02%。② 但是，2015 年后随着地方政府债在法律上正式成为政府财政融资的工具和市场化，其发行规模迅速增长。这一增长并不仅仅是由于以往政府债务存量的置换导致的。如图 6 - 1（b）所示，2015 年后新增政府债券的发行量也有着显著的增长，从 2015 年的 5 912 亿元增长为 2019 年的 30 561 亿元，增长了 4.17 倍。2015 年之后地方政府债发行的另一个明显趋势是专项债的比重逐渐提高。在 2015 年发行的地方债中，一般债为 28 658 亿元，专项债为 9 692 亿元，专项债占地方债总发行额的比重为 25.37%，到 2019 年一般债为 17 773 亿元，而专项债超过了一般债，为 25 851 亿元，占到了总发行额的 58.79%。

2009 年城投债的发行额为 2 567 亿元，到 2014 年发行规模已经达到了 22 615 亿元，增长了 7.81 倍，是当年地方政府债发行额（4 000 亿元）的 5.65 倍。而后，2015 年地方政府债合法化和市场化，城投债发行额的增长速度放缓，2015 ~ 2018 年的发行额分别为 18 851 亿元、28 584 亿元、21 927 亿元和 24 779 亿元，但是到 2019 年又有了较大的增长，这年的发行额为 34 558 亿元。由此可以看出，2015 年地方政府债全面推开之后，虽然对于城投债发行额的增长有一定的抑制作用，但是在最近两年，这一作用非常有限。

---

① 《财政部关于对地方政府债务实行限额管理的实施意见》。
② 2009 ~ 2014 年地方政府债的总体发行规模为 16 000 亿元，同时期国债的发行规模为 99 854.17 亿元。

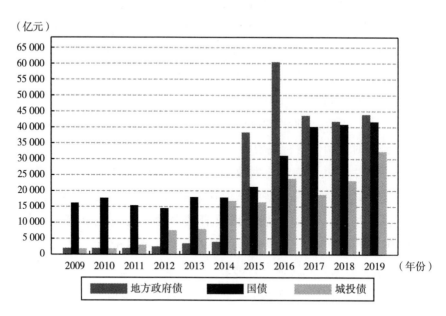

（a）各类债券的发行额

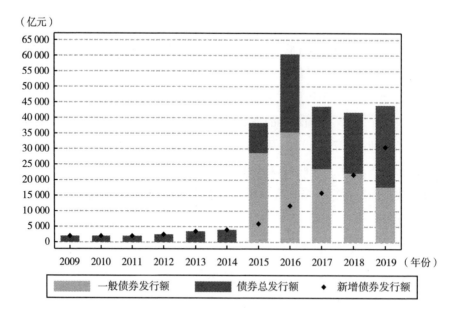

（b）地方政府债券的发行额

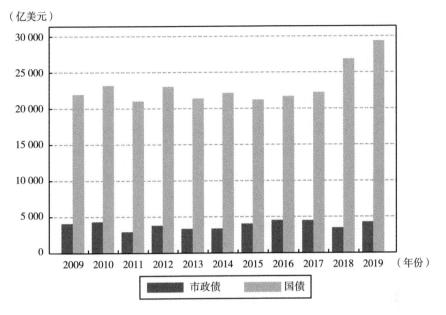

（c）同期美国市政债和国债的发行额

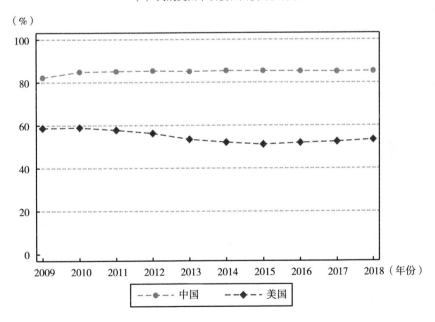

（d）中国和美国地方政府支出占总支出的比重

图 6-1 2009~2019 年地方政府债、国债和城投债的发行额

资料来源：Wind 数据库和中国地方政府债券信息公开平台。

图 6 - 1（c）展示了同时期美国市政债（即地方政府债）与国债的发行额，市政债的规模是较小的，占到了同年国债发行额的 1/5 左右。中国和美国在地方政府债发行规模上的差异主要是由于两国地方政府所承担的支出责任有所不同而导致的。根据图 6 - 1（d）所示的 2009 ~ 2018 年中美两国地方政府支出占政府总支出的比重，美国地方政府的支出只占总支出的不到 60%，而中国的这一比例达到了 80% 以上，所以中国的地方政府承担了更多公共事务支出。当然，也是由于美国国债的安全性，其被世界许多国家和金融机构所持有，所以对美国而言，发行国债更具有优势。

2009 ~ 2019 年地方政府债的期限为 1 年、2 年、3 年、5 年、7 年、10 年、15 年、20 年和 30 年不等。图 6 - 2（a）展示了这一时期地方债、国债和城投债以当年发行额为权重的平均债券期限。在地方政府债试点发行之初，期限相对较短，2009 年地方债券的平均期限为 3 年，之后期限逐渐变长，2019 年的平均期限增长到 10.25 年，高于同时期国债平均期限的 7 年。而与之相对的是城投债平均期限却在逐渐变短，从 2009 年的平均 7.55 年降到 2019 年的 3.81 年。两者期限截然相反的趋势体现了政府债和城投债在现实中为满足不同政府融资需求而存在，当政府债逐渐可以满足政府的长期融资需求时，城投债则更多偏重于短期需求。

图 6 - 2（b）展示了 2009 ~ 2019 年城投债、地方政府债和国债的平均利率。地方债与国债都是以政府的财政收入来还本付息，两者的利率水平也基本相似。城投债是作为一种企业债而存在的，与地方政府债和国债相比其安全性和流动性较低，所以在市场上需要支付较高的利率。在这一时期，城投债的平均利率为 5.81%，比地方政府债的利率高了 2.42 个百分点。如前所述，地方融资所从事的大多是公共事业的投资，这种投资具有规模相对较大、周期较长、回报期限长的特点。利用城投债来为这些项目投资，就会存在资金期限与项目建设运营期限不匹配的问题，而且城投债的利率较高，会给地方政府带来沉重的财政压力，一旦无法兑付，也会引发金融风险。所以，在 2015 年地方债正式推行之时，将这些隐性的存量债务置换期限较长、利率较低的政府债纳入明确的监管体系下，有利于提高整个经济中资金配置的效率。

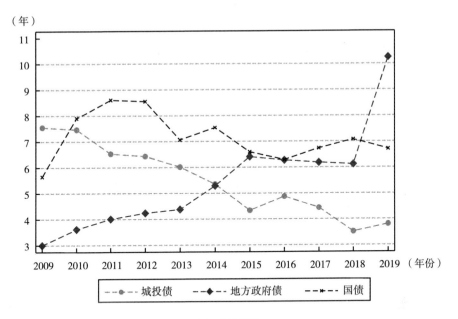

（a）平均期限

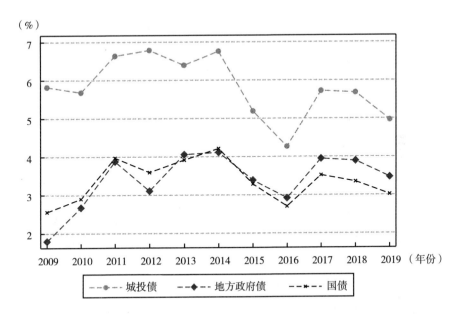

（b）平均利率

图 6-2　2009～2019 年地方政府债、国债和城投债的平均期限与利率水平

注：平均期限和利率都是以当年发行额为权重的加权平均值。

资料来源：Wind 数据库和中国地方政府债券信息公开平台。

6.3 数据和实证研究方法

6.3.1 数据

本章研究所用的地方债数据来自 Wind 数据库和中国地方政府债券信息公开平台，GDP 和财政收支的数据则来自国家统计局网站。在此基础上构建了 31 个省（区、市）2005~2019 年每个季度的地方债券存量和 GDP 的面板数据，共 1 860 个观测值。

6.3.2 计量回归模型

本章所采用的计量回归模型如下：

$$Y_{it} = \beta D_{it} + u_i + v_t + t_i + \varepsilon_{it} \tag{6.1}$$

其中，Y_{it} 为结果变量，主要指省份 i 在第 t 季度的 GDP；D_{it} 为期初地方债的债务存量，这里 GDP 和地方债存量都取对数值；u_i 为 i 省份的固定效应，用于捕捉各省份不随时间变化并且与 GDP 和地方债存在相关关系的因素，如地理文化制度等；v_t 为季度的固定效应，用于捕捉每季度全国层面上宏观经济和政策的影响；t_i 指各省份的线性时间趋势，用于捕捉各省份 GDP 和债务存量本身固有的长期增长趋势；ε_{it} 是误差项，本章的实证分析是基于省级面板数据，地方债存量这一变量也是在省级层面变化的，误差项是在省级层面上聚类计算而得（Cameron & Miller，2015）。现实中许多其他的重要宏观指标都会受到地方债的影响。例如，地方债的发行可以使得政府扩大支出或者相对减少税收；地方债也会占用经济中的资金，提高资本价格，进而影响社会总的投资率。考虑到上述可能性，如果在回归中控制这些内生变量会导致估计偏误，所以基准的回归模型并未控制其他的宏观指标，而主要是以固定效应和时间趋势的变量来捕捉其他可能存在的遗漏变量。

相较于以往关于政府债务的跨国实证往往会存在由于国家的政治制度、

居民消费倾向、金融机构体制的差异而造成的遗漏变量偏误（Kumar & Woo，2010），本章的研究则较少存在这类估计偏差，而且式（6.1）最小二乘法（ordinary least squares，OLS）的回归模型控制了省份和季度的固定效应，捕捉了地区差异和宏观经济政策的影响。尽管如此，地方债存量这一变量的内生性仍是一个需要考虑的问题。举例来说，如果一个省份的GDP水平比较高或者增长较快，那么其政府可能更愿意发行债务来进行公共投资（如道路、水利等），因为公共投资的收益回报会比较高；但是相反的情况也可能成立，即在经济增长缓慢的地区，政府也可能更愿意通过发行债务来投资公共设施，从而刺激经济的发展。上述两种可能性的存在，会使得利用式（6.1）所估计的地方债对于经济发展的影响存在偏误。

为了解决地方债的内生性问题，本章利用地方债券发行过程中2009年试点发行和2015年的全面推开这两次大的政策冲击构造工具变量。具体而言，地方债是政府融资的政策工具，那么自然地，一个省份的发行量就会与其自有财政缺口——财政支出与自有财政收入的差有关。这一缺口越大，政府利用地方债来进行融资的需求也就越大。基于此，两个工具变量的构造如下：

$$Z_{it}^1 = FisGap_{io} \times t_{2009} \tag{6.2}$$

$$Z_{it}^2 = FisGap_{io} \times t_{2015} \tag{6.3}$$

其中，$FisGap_{io}$ 是指在2004年各省份公共预算中财政支出和自有财政收入差值占当地GDP的比重。2004年是样本期起始年的前一年，这一指标一方面反映了各省份固有的财政状况，另一方面可以避免选用样本期内财政缺口引致的工具变量的内生性问题。t_{2009} 和 t_{2015} 分别是指从2009年和从2015年开始的线性时间趋势。采用这两个工具变量，本章利用两阶段最小二乘法（two stage least squares，2SLS）估计地方债对于经济增长的影响。计量回归方程如下：

$$D_{it} = \theta Z_{it} + u_i + v_t + t_i + \eta_{it} \tag{6.4}$$

$$Y_{it} = \beta D_{it} + u_i + v_t + t_i + \varepsilon_{it} \tag{6.5}$$

6.4 实证结果

6.4.1 基准事实

在报告回归分析之前，本节首先展示了地方债务存量与经济增长在时间序列和省级截面上的简单相关关系。图 6-3 展示了各个省份按照 2019年第四季度的地方债务存量排序（每行从左到右）、2009~2019 年每个季度债务存量和债务存量占前一年 GDP 的比重。（1）各个省份的地方债务存量和存量占比都基本呈现出逐年增长的趋势。（2）地方债务存量和存量占比在不同省份有着很大的差异。例如，2019 年末，地方债务存量最高的省份是江苏（14 768.5 亿元），是最低的省份西藏（251.4 亿元）的 58.7倍，是第二低的省份宁夏（4 322.3 亿元）的 9 倍；而债务存量占比最高的省份是青海（75.6%），第二高的省份是贵州（62.8%），最低的省份是广东（12%）。由此可见，由于经济体量和增长率的差异，近期债务存量值和占比在省份之间的相关性较低。地方债在地区间的差异大致可以归结为以下三方面原因：（1）与地方政府的融资需求有关，如果省份财政收支的差异较大，那么债务融资的需求也就更强；（2）与公共投资的回报相关，回报越高，那么政府利用债务融资进行公共投资的动机也就越强；（3）与地方政府债务的偿还能力，即自有收入的增长率有关。

图 6-4 展示了 2005~2019 年地方债务存量与 GDP 增长率在时间序列上和省级截面上的简单相关关系。考虑到季度 GDP 的增长率会受到季节性因素的影响，图 6-4（a）展示了年度实际 GDP 的增长率和当年初地方债务存量占前一年 GDP 的比重。在这一时期，我国 GDP 的增长率在逐渐放缓，同时地方债务存量的比重在不断增长，但是这种时间序列上的相关性并不能很好地反映地方债务对于经济增长的因果性影响，这是因为地方债务的增长正是由于经济增长放缓而采取的财政刺激政策，如果没有这一政策，有可能经济增长的速度更慢。图 6-4（b）展示了 2005~2019 年各省份平均债务存量比重和经济增长率，表明两者之间呈现正向相关关系，地

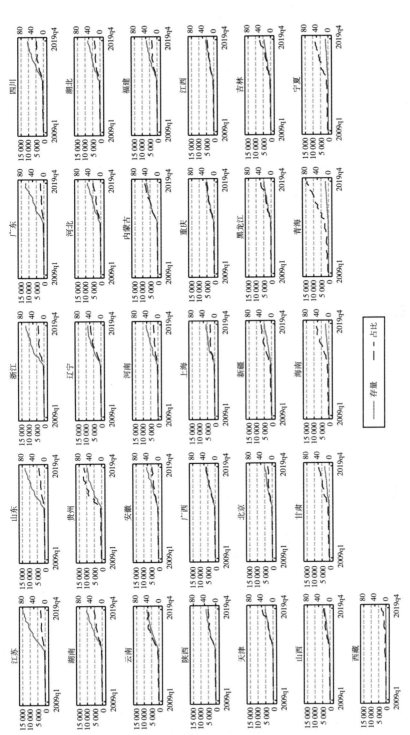

图 6 - 3　2009～2019 年各省（区、市）地方债务存量的时间趋势

注：这里债务存量占比的分母是该省（区、市）前一年的 GDP 总量。

方债务存量较高的省份有着较高的经济增长率。无论是时间序列上的还是省级截面上的相关性用作地方债对经济增长的影响都有可能存在遗漏变量偏误，特别是这两种相关性给出了截然相反的结论，所以对于地方债的影响需要更为严谨的实证研究。

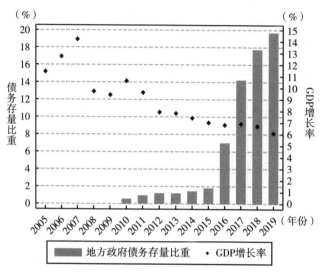

（a）地方债与 GDP 增长率的时间序列

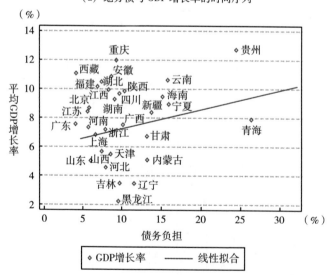

（b）省级平均的地方债务存量与 GDP 增长率

图 6-4 2005～2019 年地方债务存量与 GDP 增长率的时间序列和省级截面的相关性

6.4.2 变量描述统计

本章的研究样本是31个省份2005～2019年每个季度（60期）的面板数据，表6-1列出了关键变量的描述性统计。考虑到债务存量是名义值，GDP也选用名义GDP值，以便两者可比。因为在回归分析中控制了季度的固定效应，所以由于每年价格变动而导致的名义GDP值的差异不会影响回归结果中的估计值。每季度GDP的均值为4560亿元，地方政府债的平均存量为1285亿元。在之后的回归分析中，为了避免利用债务存量（占GDP）的比重而可能带来的内生性问题，所有的变量都直接选用名义值的对数值，但是回归结果在选用存量占比这一变量时仍然成立。

表6-1 　　　　　　　　　描述性统计　　　　　　　　　单位：亿元

变量	观测值数量	均值	标准差	10分位数	中位数	90分位数
季度GDP	1 860	4 560	4 477	597	3 276	9 913
地方政府债存量	1 860	1 285	2 434	0	167	4 921
地方债务存量（政府债+城投债）	1 860	2 102	3 777	0	364	7 160
2004年的自有财政缺口	1 860	0.096	0.098	0.024	0.072	0.159

6.4.3 自有财政缺口与地方债务的关系

我国幅员辽阔，地区间的差异性较大，因为地缘、历史、文化等因素，各省（区、市）政府的支出责任也呈现巨大的差异，如2004年政府财政支出占当地GDP的比重从7.9%（山东）到60.74%（西藏）。同时，地方政府不具有税收的立法权，各省份财政收入占GDP比重的差距则相对较小，如2004年公共预算收入占GDP的比重从最低的4.55%（西藏）到最高的13.7%（上海）。这样的现实使得各省份自有财政缺口（占GDP的比重）存在较大的差异：缺口最小的省份是浙江（2.21%），缺口最大的两个省份分别是青海（23.67%）和西藏（56.19%）。为了证明自有财政缺口和地方债务存量的关系，图6-5展示了各省份2004年自有财政缺口与 2019 年末地方债务占 2004 年（期初）GDP 的比重，很清楚地表明两者呈现正向的相关关系。在经济相对发达的省份，如浙江、江苏、广东等，虽然地方债务的存量绝对数量较大，但因为自有财力较为充足，财政缺口较小，地方债相对 GDP 的规模也较小；在一些经济欠发达的省份，如西藏、青海、贵州等，自有财力较弱，更多地依赖中央政府转移支付，那么当地方债逐步成为地方政府融资的一种方式时，它在这些地区的相对规模也就越大。

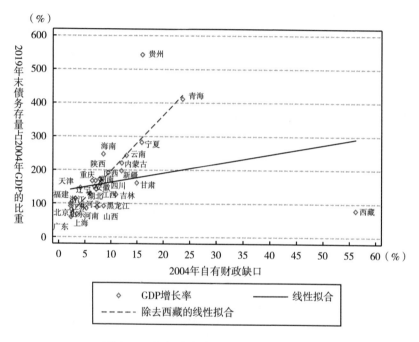

图 6 - 5　自有财政缺口与债务存量的关系

表 6 - 2 报告了第一阶段的回归结果，表明在 2009 年地方政府债开始试点和 2015 年地方政府债全面市场化的两次改革中，自有财政缺口越大的省份，地方债务的增长越快。如果 2004 年的自有财政缺口增长 1 个百分点，那么 2009 年地方债试点后债务存量会以平均每年 0.216% 的速度递增，即 2009 年的地方债增长 0.216%，2010 年则增长 0.432%（ = 2 × 0.216%）。在 2015 年地方政府债全面市场化之后，其存量会以额外平均每年 0.068% 的速度进一步增长。虽然这一影响在统计上并不显著，但是并不妨碍其与另一个变量一起作为工具变量，增加第一阶段回归对于地方债

存量的预测。

表 6 – 2　　　　自有财政缺口对地方政府债务的影响（第一阶段结果）

因变量	地方政府债的存量	地方债务存量（政府债＋城投债）
	（1）	（2）
$FisGap_{2004} \times t_{2009}$	0.216 *** （0.070）	0.224 *** （0.0589）
$FisGap_{2004} \times t_{2015}$	0.068 （0.054）	0.387 *** （0.0340）
省固定效应	是	是
季度固定效应	是	是
省的线性时间趋势	是	是
观测值	1 860	1 860

注：表中每一列展示了一个回归结果。括号内为标准误，在省级层面聚类计算而得。*** 、** 和 * 分别表示在 1% 、5% 和 10% 的水平上显著。

6.4.4　地方债务对经济增长的影响

表 6 – 3 分别报告了地方债务存量对于经济增长的 OLS 和 2SLS 的回归结果。表 6 – 3 第（1）列 OLS 回归结果表明地方债的存量每增长 1% ，GDP 下降 0.001% 。在样本期内的地方债存量和季度 GDP 的均值分别为 1 285 亿元和 4 560 亿元，上述估计值的经济学含义为：地方债存量增长 12.85（ ＝1 285 ×1% ）亿元，那么年度 GDP 下降 0.182（ ＝4 560 ×0.001% ×4） 亿元，并且这一影响在统计上是不显著的。无论是估计值的数值还是显著性都说明地方债对于经济增长的影响微乎其微。但是，考虑到地方债务的发行和存量往往是由当地的经济发展水平内生决定的，表 6 – 3 第（2）列报告了利用政策冲击构造工具变量解决债务内生性的 2SLS 回归结果。债务存量的系数为 0.075 ，意味着地方债的存量每增长 1% ，GDP 会增长 0.048% ，即地方债存量增长 12.85（ ＝1 285 ×1% ）亿元，那么年度 GDP 增长 13.68（ ＝4 560 ×0.007% ×4）亿元，即地方债存量每增长 1 亿元，年度 GDP 增长 1.065 亿元，但是这一影响在统计上仍然是不显著的。

表 6-3　　　　　　　　　　　　　基准回归结果

因变量	GDP			
	地方政府债存量		地方债务存量（政府债 + 城投债）	
	OLS	2SLS	OLS	2SLS
	（1）	（2）	（3）	（4）
政策变量	-0.001 （0.027）	0.075 （0.080）	0.007 （0.019）	0.029 （0.050）
省固定效应	是	是	是	是
季度固定效应	是	是	是	是
省的线性时间趋势	是	是	是	是
观测值	1 860	1 860	1 860	1 860
第一阶段 F 值（p 值）		10.223		112.414
95% 置信区间		［-0.074, 0.225］		［-0.066, 0.124］

注：表中每一列展示了一个回归结果。括号内为标准误，在省级层面聚类计算而得。***、** 和 * 分别表示在 1%、5% 和 10% 的水平上显著。95% 置信区间的算法由安德鲁斯（Andrews, 2016）提出。

首先需要指出的是，在工具变量的 2SLS 回归中，为了避免弱工具变量可能带来的有限样本偏差，需要第一阶段回归结果中的 F 统计值大于 10 和 Stock-Yogo 临界值（Stock & Yogo, 2005）。这里第一阶段的 F 统计值是 10.223，虽然大于 10，但是却小于 19.93 的 Stock-Yogo 临界值，说明工具变量可能会是弱工具变量，上述估计可能会存在偏误。为了解决这一问题，我们计算了在弱工具变量存在时估计值的 95% 的置信区间（Andrews, 2016），这一区间为（-0.074, 0.225），估计值在统计上有可能为零。综上所述，全国平均而言，地方债促进经济增长的作用并不显著。基于包括城投债的整个地方债务存量的结果与之前类似，就全国平均而言，促进地方经济增长的作用并不显著［见表 6-3 第（3）列和第（4）列］。

考虑到地方债是地方政府融资的政策工具，其对经济增长的积极影响主要来自政府支出增加而产生的短期效应和公共投资增加而产生的长期效应。那么在自有财政缺口比较大的省份，有了新的融资工具之后，原来受制于财政收入约束的政府支出和公共投资可以得到较大的增长，从而刺激经济发展。但是，对于原本财政收入比较充足的地区，这种效果可能会比较微弱。基于以上假说，根据各个省份在 2004 年自有财政缺口的大小，根据这一指标的中位数（0.072），将 31 个省份分为两组：一组是财政缺口较大的省份，包括云南、内蒙古、吉林、四川、宁夏、山西、广西、新疆、海南、甘肃、西藏、贵州、陕西、青海和黑龙江；另一组是财政缺口相对较小的省份，包括上海、北京、天津、安徽、山东、广东、江苏、江西、河北、河南、浙江、湖北、湖南、福建、辽宁、重庆。对这两组省份分别利用工具变量作 2SLS 回归分析，结果见表 6 - 4。

表 6 - 4　　　　　　　　异质性回归结果（地方政府债存量）

因变量	自有财政缺口较大的省份		自有财政缺口较小的省份	
	地方政府债务存量	GDP	地方政府债务存量	GDP
	第一阶段	2SLS	第一阶段	2SLS
	（1）	（2）	（3）	（4）
地方政府债存量		0.143 *** （0.0324）		0.373 （0.397）
$FisGap_{2004} \times t_{2009}$	0.317 *** （0.027）		− 0.319 * （0.162）	
$FisGap_{2004} \times t_{2015}$	0.124 *** （0.035）		− 0.342 （0.210）	
省固定效应	是	是	是	是
季度固定效应	是	是	是	是
省的线性时间趋势	是	是	是	是
观测值	900	900	960	960
第一阶段 F 值（p 值）	127.809		3.181	
95% 置信区间			[− 0.350，1.097]	
地方政府债务存量的均值（亿元）	951		1 598	
季度 GDP 的均值（亿元）	2 249		6 726	
样本省份	云南、内蒙古、吉林、四川、宁夏、山西、广西、新疆、海南、甘肃、西藏、贵州、陕西、青海、黑龙江		上海、北京、天津、安徽、山东、广东、江苏、江西、河北、河南、浙江、湖北、湖南、福建、辽宁、重庆	

注：表中每一列展示了一个回归结果。括号内为标准误，在省级层面聚类计算而得。 ***、** 和 * 分别表示在 1%、5% 和 10% 的水平上显著。95% 置信区间的算法由安德鲁斯（2016）提出。

表 6-4 第（1）列的回归结果表明，对于财政缺口较大的省份，第一阶段的回归结果是非常显著的，即 2009 年地方政府债试点和 2015 年地方政府债全面市场化之后，其中那些财政缺口更大的省份的地方债务存量有着更快的增长，这就提供了合适的工具变量来估计债务存量对于经济增长的影响（第一阶段的 F 统计值为 127.809）。第（2）列 2SLS 回归结果则表明，对于这些省份而言，地方债务对于经济发展起着非常积极的促进作用：地方债的存量每增长 1%，GDP 会增长 0.143%。样本期内这些省份的地方债存量和季度 GDP 的均值分别为 951 亿元和 2 249 亿元，类似于之前的计算方法，上述估计值意味着地方债存量每增长 1 亿元，年 GDP 增长 1.353 亿元，并且这种积极影响在 1% 的统计水平上显著。但是，对于那些自有财政缺口较小的省份，第（3）列第一阶段的回归结果表明地方政府债与期初自有财政缺口的关系并不明显，F 统计值只有 3.181，会存在弱工具变量的问题。第（4）列 2SLS 的估计值是 0.373，缺乏统计上的显著性。为了避免由弱工具变量可能带来的估计偏误，这里计算了估计值的 95% 的置信区间，介于 [-0.350, 1.097]。由此可以得出，对于那些自有财政缺口相对较小的省份，地方债对于经济发展的影响并不明显。对于包括城投债的整个地方债务存量的类似研究（见表 6-5），结果表明对于财政缺口较大的省份，上述估计值意味着地方债务存量每增长 1 亿元，年 GDP 增长 0.712 亿元，并且这种积极影响在 1% 的统计水平上显著。这里需要注意的是，地方债务存量对于 GDP 的影响要小于地方政府债存量的影响，这在一定程度上证明了政府债务比城投债更有效率。同样，对于财政缺口较小的省份，地方债的经济增长效果在统计上并不显著。

表 6-5　　异质性回归结果［地方债务存量（政府债 + 城投债）］

因变量	自有财政缺口较大的省份		自有财政缺口较小的省份	
	地方债务存量	GDP	地方债务存量	GDP
	第一阶段	2SLS	第一阶段	2SLS
	（1）	（2）	（3）	（4）
地方债务存量（政府债 + 城投债）		0.103 *** (0.0241)		-0.542 (0.478)

因变量	自有财政缺口较大的省份		自有财政缺口较小的省份	
	地方债务存量	GDP	地方债务存量	GDP
	第一阶段	2SLS	第一阶段	2SLS
	(1)	(2)	(3)	(4)
$FisGap_{2004} \times t_{2009}$	0.257 *** (0.0484)		−0.195 (0.476)	
$FisGap_{2004} \times t_{2015}$	0.333 *** (0.0313)		0.480 (0.316)	
省固定效应	是	是	是	是
季度固定效应	是	是	是	是
省的线性时间趋势	是	是	是	是
观测值	900	900	960	960
第一阶段 F 值（p 值）	63.768		1.189	
95% 置信区间			[−0.350, 1.097]	
地方债务存量的均值（亿元）	1 327		2 829	
季度 GDP 的均值（亿元）	2 249		6 726	
样本省市	云南、内蒙古、吉林、四川、宁夏、山西、广西、新疆、海南、甘肃、西藏、贵州、陕西、青海、黑龙江		上海、北京、天津、安徽、山东、广东、江苏、江西、河北、河南、浙江、湖北、湖南、福建、辽宁、重庆	

注：表中每一列展示了一个回归结果。括号内为标准误，在省级层面聚类计算而得。*** 、** 和 * 分别表示在 1% 、5% 和 10% 的水平上显著。95% 置信区间的算法由安德鲁斯（2016）提出。

6.5　总结

本章利用全国 31 个省（区、市）2005～2019 年的季度面板数据，估计了地方债对于地区经济增长的影响。在回归分析中，以 2009 年地方政府债开始试点以及 2015 年地方政府债全面市场化的两次大的政策改革，构造工具变量，解决了地方债存量的内生性问题。研究结果发现，在自有财政缺口较大的省份，地方债显著地促进了地方经济增长，地方债务存量每增长 1%，地方 GDP 增长 0.143%，即地方债存量每增长 1 亿元，年 GDP 增长 1.353 亿元。但是，对于经济较发达、自有财政收入较为充足的地区，地方债对于经济增长的积极影响并不显著。

本章的研究基于最新的数据，其结论对于理解现阶段地方债的作用有着重要的意义。在讨论地方债对部分地区经济增长的积极作用的同时，也应注意到地方债盲目扩张可能带来的负面影响。例如，债务利息也会给地方财政带来一定的压力，挤占其他的公共支出。2019 年一般债的债券利息支付占各省份公共预算收入的比重平均在 4.68%，相应专项债利息支出占政府性基金预算收入的比重平均在 5.51%。而且这一比重省份间的差异也较大，如青海省的一般债利息占比达到了 19.17%，贵州也有 10.65%，宁夏专项债的利息支出占比也有 10.73%。同时，考虑到地方政府作为中央政府的派出机构，如果其因为债务过高而无法偿还时，很可能需要中央政府的财政援助。如果数量过大，就有可能带来高通胀、高税率，甚至是整个银行和金融系统风险。所以，债务的可持续问题是今后地方政府债发行中需要非常注意的问题。

第 ⑦ 章

国债税收问题及优化建议研究*

7.1 引言

金融市场的核心功能就是为金融资产正确定价，正确的资产定价才能实现资源的优化配置。金融资产收益率包括两部分：无风险利率和风险溢价。由于国债没有信用风险、发行量巨大，国债交易的参与者和投资者数量多且涉及所有类型的投资者，国债收益率曲线在各国都是金融市场基准收益率。不同形态的国债收益率曲线及其变化还反映了宏观经济发展趋势，可以用来判断利率走势、通胀趋势和经济增长等情况，成为中央银行实施货币政策时重要的参考指标，也是货币政策传导机制的重要环节。

目前，国债收益率曲线在我国金融市场中的一些领域已经发挥了基准收益率曲线的作用。例如，国际货币基金组织将 3 个月期国债收益率作为人民币代表性利率纳入 SDR 利率篮子；在国债收益率曲线基础上形成的中债估值成为贷款转让、保险资管产品和理财产品的定价参考基准等。但国债收益率曲线应用范围仍然有限，距离作为整个金融体系的基准收益率曲线还有相当大的距离：债券市场中很多金融产品采用国开债作为定价基准，存贷款市场中的定价基准是与中期借贷便利（medium-term lending facility，MLF）绑定的贷款市场报价利率（loan prime rate，LPR）；央行货币政策实施中收益率曲线调控也不是主要的工具。这不仅影响了资源的优化配置，也影响了货币政策的传导效率。

---

* 本章作者：类承曜。

国债收益率曲线之所以没有成为定价基准，一方面是由于国债自身作为基准利率产品存在一些不足：国债发行量、存量和交易量不足，国债发行量和存量低于地方政府债券。而国债的交易量则低于政策性金融债（以下简称"政金债"）；国债期限结构不合理，关键期限（短期和长期）国债发行量和交易量不足，导致关键期限的利率由于数据不充分而无法准确反映该期限的资金供求状况。另一方面，国债的流动性不足，无法正确代表无风险利率。造成国债流动性不足的原因是多方面的，如国债期货市场限制最大持仓者商业银行的进入、国债的续发行制度有待完善、国债交易中做市商的功能尚未很好发挥等。本章关注和重点研究的影响国债流动性的重要因素是国债的税收制度安排。

我国债券市场当前的税收制度主要从投资者、利息和资本利得、券种和税种（所得税和增值税）四个维度规定了不同的税收待遇。例如，不同的券种之间税收待遇不一样：所有投资者持有政府债券（国债和地方债）的利息收入免税，而非政府债券（如政金债和信用债）的利息收入则几乎不免税；在国债投资的不同环节税收待遇不一样：商业银行持有国债到期则免税，到期前卖掉则对转让价差所得征税；对不同投资者主体的税收待遇也存在差异：对商业银行买卖国债的转让价差所得征税，而对公募基金和外国机构投资者则免相应税收。在上述税收制度下，政府债券的主要持有方（如商业银行）由于购买政府债券并持有到期可以享受免税带来的节税效应，所以购买并持有政府债券的积极性高，导致政府债券的收益率偏低。而公募基金由于免税待遇则愿意购买收益率更高的政金债，且更倾向于交易而非长期持有，客观上压低了国债换手率所衡量的流动性。这一方面导致国债市场按照传统方法衡量的流动性偏低，另一方面造成了各类债券的定价扭曲，令国债收益率无法成为衡量金融市场无风险利率的基准利率。

综上所述，债券市场的税收制度影响了国债二级市场的流动性，也干扰了各类债券之间正常的定价关系，进而影响了国债收益率曲线在经济金融领域的广泛运用，降低了金融市场价格机制传递信息的效率。从国债交易的税收制度入手，消除不合理的税收制度对于流动性和定价的干扰，对于发挥国债收益率曲线定价基准的作用，提高金融市场价格机制的信息质量和定价效率，具有很强的现实意义和必要性。

7.2　国债收益率曲线没有成为基准收益率曲线及其原因

7.2.1　国债收益率曲线的重要作用

国债收益率曲线作为基准利率发挥作用是金融市场最重要的基础设施建设。金融市场机制的核心是价格机制，金融资产价格能及时、准确地反映资金的供求关系和稀缺程度，金融资源配置效率才能最优化。成熟金融市场的标志是存在一条市场化交易形成的公认基准收益率曲线，该曲线为所有金融资产价格的确定提供基准无风险利率。所有金融资产价格都是在此基准利率基础上，结合自身风险加上合理的风险报酬。

基准收益率曲线还是中央银行实施货币政策的重要工具。收益率曲线的形状和变化能够反映金融市场参与者对未来经济增长、通货膨胀的预期，央行可以通过公开市场操作影响收益率曲线的形状、斜率和高度，向金融市场传达央行的政策意图，影响金融市场参与者预期，达到宏观调控目标。

除此以外，国债在金融体系中还承担了重要担保品功能，是很多金融合约的挂钩对象。国债收益率曲线的完善促进国债市场的进一步发展，国债市场质量决定了回购市场、信贷市场和衍生品等金融市场的质量。国债收益率曲线如果能作为基准收益率曲线，一方面会提高金融市场的效率，另一方面则有助于货币政策从数量型工具为主向价格型工具为主转变，以国债收益率曲线为中间变量的货币政策的宏观效力将进一步提高。

7.2.2　国债收益率曲线没有成为基准收益率曲线

形成基准收益率曲线的金融资产应该具有几个特征：无风险、流动性最强、期限结构完整、牵涉的金融机构广泛以及具有连续市场化交易价格。另外，基准收益率曲线应该具有唯一性。如果金融体系内存在几种不同的基准利率，基于不同基准利率定价的金融资产价格不具有可比性，甚至会导致不合理的价格扭曲和套利，降低金融市场的效率。从理论和各国实践经验来看，唯一的基准收益率曲线非国债收益率曲线莫属。

目前我国的国债收益率曲线还没有作为基准利率发挥应有的作用。参照国际清算银行（BIS，2019）基准利率的特征标准：（1）市场特征，在核心货币市场提供稳健且准确的利率参考，该利率不易被市场操控，利率基准从流动性好且活跃的市场交易中产生，外部监管环境能对基准特性形成有力的支撑；（2）定价特征，能作为货币市场外其他金融合约的参考利率；（3）服务特征，能为贷款和筹资提供基准服务。上述特征中，市场特征是定价和服务特征的前提，市场特征的核心就是利率基准对应的资产市场具备流动性的显著优势。我国的国债收益率曲线上述三个特征都不是很完善。（1）货币市场、债券市场、金融机构内部资金转移定价机制（FTP）和存贷款市场等各细分领域都还一定程度存在割裂情况，上述各金融领域都有自己的定价基准。例如，存贷款市场的基准利率是银行报价形成的期限少且非连续的 LPR。另外，中国债券市场中很多债券定价的基准是国开债而非国债收益率。因此，国债收益率曲线作为基准利率的定价特征和服务特征不足。（2）国债作为基准利率的市场特征包括三方面核心内容：一是国债的流动性应该最强；二是相同的国债收益率应该一样，即国债本身定价应该具有一致性；三是国债的收益率与其他金融产品具有可比性。但由于国债税收制度影响，当前国债作为基准利率的市场特征存在明显缺陷：由于国债发行、交易制度的设计，特别是针对国债的一些特殊税收制度安排，限制了国债的流动性，国债的流动性甚至小于可比的国开债；也由于国债税收制度安排，收益率与其他债券收益率的可比性受到影响，进而影响国债收益率的定价基准功能；由于税收差异，相同期限的国债收益率也不一致，破坏了国债定价一致性，妨碍了其基准利率的功能。特别重要的是，国债收益率曲线在央行货币政策中没有发挥重要的作用。国债收益率曲线调控在央行货币政策工具中运用较少，基本上被边缘化。这一方面反映了基准收益率曲线在我国金融体系中应用不广泛的事实，另一方面也是央行不重视基准收益率曲线的结果。

综上所述，国债收益率曲线在金融市场和货币政策中没有得到广泛应用，没有发挥基准利率的作用。这既有金融制度设计的原因，也由于国债收益率曲线自身存在一些根本性问题。而债券市场税收制度不合理安排是国债收益率曲线不能准确代表无风险利率的最主要原因：不同机构和不同券种的税收差异一方面导致了国债收益率和其他债券之间不可比，而且票面利率不同的国债免税的额度不同，从而使待偿期相同的两只国债收益率水平出现差异，动摇了国债收益率曲线发挥基准定价利率作用的基础；另一方面，税收制度扭曲了金融机构的债券投资决策，导致国债市场流动性低于政金债，同样影响了国债收益率基准定价作用。可以说我国国债已经具备了无风险、期限结构完整、牵涉的金融机构广泛以及具有连续市场化交易价格等基准利率的特征要素，唯一欠缺就是流动性不高。

影响国债流动的因素不只有税收制度，还有很多其他因素，如一个国家金融结构决定的国债持仓者的结构、金融机构的监管制度、国债续发行制度、二级市场中的做市商制度以及国债期货等衍生工具市场发展程度等。目前，影响国债流动性最重要的因素就是国债的税收制度安排。而且，在促进国债收益率曲线作为基准收益率曲线的所有改革方案中，国债税收制度改革成本最低、难度最小、可操作性最强、效果最显著。把改善国债税收制度作为完善国债收益率曲线的突破口，让国债成为金融市场流动性最强的金融产品，国债才能具有完整的基准价格属性。国债的基准价格属性完备了，才能吸引央行和各类金融机构对国债收益率曲线的应用。各种机构对国债收益率曲线的应用又会进一步完善国债收益率曲线，这是一个相互促进、相辅相成的过程。因此，以国债税收制度改革为着力点提升国债二级市场交易的流动性，使国债收益率曲线能作为准确反映货币时间价值的基准利率意义重大。

7.2.3　国债利息免税削弱了国债的流动性

金融资产流动性的衡量较为困难，且指标多样。学术界对于如何定义市场流动性并没有形成统一共识。本章把流动性定义为迅速转换成货币且不造成价格大幅变化的能力。

不同学者对流动性概念的理解和侧重点不同，其用于衡量流动性的指标也不相同。其中比较全面、具有代表性的是哈里斯（Harris，1990）所提出的流动性的四个维度，即宽度（width）、深度（depth）、即时性（immediacy）和弹性（resiliency）。宽度是指交易价格偏离市场中间价格的程度，一般用价差来衡量。债券宽度主要取决于债券的存货管理成本和交易风险，因为风险和成本提高，交易商或投资者就要通过扩大价差获取补偿。实践中度量买卖价差的方法具体有两种：（1）做市商（market - maker）报价的价差；（2）某一时期交易价差的加权平均值或实际交易的价差。交易价差最为准确地反映了国债价格的实际变化。深度反映某一特定价格水平下的交易数量，是衡量市场价格稳定程度的指标，通常用某一时期内的周转率（即交易量／上市国债余额）来度量债券交易深度，这一指标不仅较为精确地反映了国债现实交易量和潜在交易量之间的关系，作为相对值还可以用于不同规模市场之间的比较。债券的规模、投资者的差异性越大，债券市场就越有深度。弹性指发生波动的市场价格随机恢复到均衡状态的速度（收敛速度）。如前所述，深度只是从历史数据说明了国债现实的交易量，而弹性则从市场角度反映了即将进行交易的国债所需经历的价格变动过程，反映了价格动态变化条件下的国债潜在交易量，从而解释了市场承受外部冲击的能力，为潜在交易者提供了有用的信息。即时性是指投资者有效报单成交的速度。

鉴于债券流动性衡量的困难性和指标多样性，比较不同债券流动性时要选择合适的流动性指标。从投资者角度看，流动性本质是迅速变现能力以及由此产生的价格波动。本章通过记账式国债与国开债的换手率和交易价差两个指标衡量各自的流动性。换手率越高，说明交易越活跃，债券的流动性越高。债券变现的方式有两种：二级市场卖出和回购交易。本章将综合比较现券交易和回购交易的换手率。

为了研究国债的流动性，本章比较中美两国国债的换手率，也对国债和政金债特别是国开债的换手率和成交量进行比较。因为国开债与国债具有很高的类似性，10 年期国开债活跃券种收益率甚至成为金融市场的定价基准。中美两国的债券市场是全球前两大市场，但两大市场流动性存在差距。截至 2019 年底，美国国债的换手率为 8.98，我国国债的换手率仅为

2.1，人民币国债的流动性相当于美国国债的23%，不及其1/4。① 即使与我国其他债券的流动性比较，国债换手率指标仍然低于政策性金融债的综合统计指标（5.7），但是明显高于地方政府债和信用债的流动性（两者均不到1）。

从历史时间序列角度看，我国国债换手率低于美国国债换手率的事实更加明显。2017年以前国债流动性受债市周期性变化的影响出现了大幅震荡。2013年"钱荒"时期，国债的流动性出现了"腰斩"，由2012年的1.2降到了0.6。2014年以后进入较长的债市牛市期，到2016年第三季度，国债的流动性恢复到2012年的1.2左右的水平。② 2017年债券市场出现了熊市行情，换手率指标下降但是幅度不大，主要原因在于同期人民币国际化成效显著，债券通"北向通"开通、人民币债券加入国际债券指数等促进了债市开放，国债成为境外增持的热点，冲抵了债市周期负向效应。而2017年以来我国国债的流动性正处于持续上升期，据中央结算公司《2019年债券市场统计分析报告》数据显示，中国记账式国债的年换手率从2018年的137.61%大幅上升至222.29%，达到了历史新高。而美国国债流动性指标自2012年以来持续下滑，换手率从12降到9以下，下降幅度超过20%。③美国国债流动性减弱的原因在于量化宽松非常规货币政策的负效应和全球经济低迷导致避险情绪攀升等。中美国债流动性正反变化趋势说明，人民币国际化和金融开放推升人民币安全资产（国债）国际公共服务品功能增强。

由于国债和政金债主要在银行间市场上进行交易并在中央结算公司托管，本章以中央结算公司的数据进行说明，具有代表意义。如图7-1所示，历年国债的成交量都远远低于同期政金债的成交量。从图7-2、图7-3和图7-4可以看出，2020年末中央结算公司托管的国债和政金债余额比重分别为25%和23%，但2020年两者全年现券交易量的比重则分别为30%和56%，质押式回购金额所占比重分别为40%和52%。再来比较国债和代表性的国开债的相关数据。2020年末记账式国债和国开债在中央结算公司登记托管的债券总量中所占比重分别为25%和13%，而两者现券交易量所占比重则分别为30%和37%，质押式回购的资金支付额所占比

① ② ③　郭栋. 国际基准市场特征与国债流动性建设［N］. 金融时报，2020-08-24.

重分别为40%和27%。2020年底，记账式国债的托管量为19.44万亿元，国开债为9.77万亿元。2020年，国债全年现券交易量为45.93万亿元，国开债现券交易量则为56.39万亿元；国债全年总回购交易量（质押式＋买断式）为302.91万亿元，国开债总回购交易量为204.94万亿元。国债的现券交易换手率为2.36，国开债的换手率则为5.77；国债回购交易换手率为15.58，国开债回购换手率则为20.98（见表7-1）。从换手率这个重要的流动性衡量指标来看，国债的流动性确实不如国开债为主体的政金债。

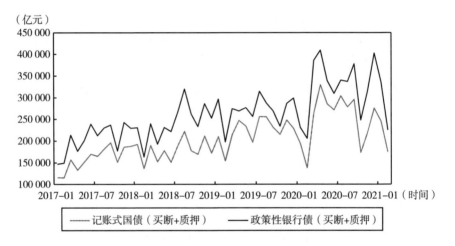

图7-1 国债、政策性金融债成交量对比

资料来源：中国债券信息网。

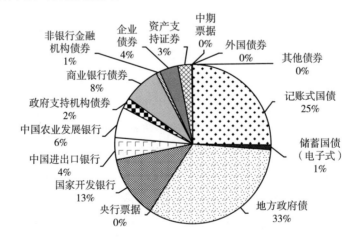

图7-2 2020年末在中央结算公司登记托管的各券种比重

资料来源：中国债券信息网。

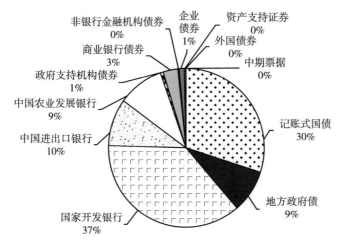

图7-3 2020年末在中央结算公司现券交易的各券种比重

资料来源：中国债券信息网。

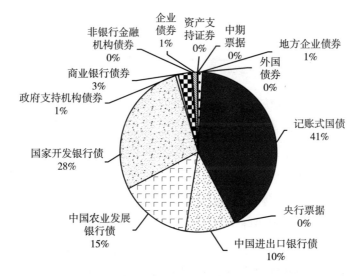

图7-4 2020年末质押式回购资金支付额比重

资料来源：中国债券信息网。

表7-1 2020年末国债和国开债换手率

债券种类	托管量 （万亿元）	现券交易量 （万亿元）	回购交易量 （万亿元）	现券换手率 （%）	回购换手率 （%）
记账式国债	19.44	45.93	302.91	2.36	15.58
国开债	9.77	56.39	204.94	5.77	20.98

资料来源：根据中央结算公司数据计算。

再分析国债和国开债的交易价差。在相同的交易额条件下，某一时段内交易价差越大，说明债券的流动性越差。不考虑交易额而仅仅考虑价差不能准确衡量债券的流动性。本章构建流动性衡量指标：每个交易日最高价和最低价的价差除以当日的交易额（单位：亿元）。流动性指标(liq) =

$$\frac{P_{max} - P_{min}}{\text{成交额（亿元）}}。$$

本章选取两个代表性活跃券：170 018. IB（10 年期国债）和 170 215. IB（10 年期国开债），选取上述两个债券自 2018 年 1 月 1 日至 2020 年 12 月 31 日的 535 个日度交易数据进行计算。流动性衡量指标描述性统计结果如表 7 - 2 所示。

表 7 - 2 　　　　　　　　流动性衡量指标描述性统计结果

债券种类	样本量	均值	标准差	最小值	最大值
$liq\_$国债	535	0.006	0.022	0	0.333
$liq\_$国开债	535	0.004	0.007	0	0.066

资料来源：根据中央结算公司数据计算。

从表 7 - 2 描述性统计结果可以看出，国债的均值（0.006）高于国开债的均值（0.004），高出的幅度为 50%。国债的最大值（0.333）也远远高于国开债的最大值（0.066）。国债价差的波动性（标准差 0.022）也高于国开债价差的波动性（标准差 0.007）。图 7 - 5、图 7 - 6 清楚地显示了国债每日的交易价差整体上远超国开债。所以，上述结果结合国开债换手率高的事实，可以得出明确结论：以国开债为主体的政金债的流动性高于国债的流动性。

但是，无论是从理论上还是从各国实践来看，国债的流动性都应该高于国开债：国债依托政府信用，收益率真正代表了无风险利率，而国开债尽管是准主权债券，但信用等级仍略低于政府信用，特别是随着国家开发银行公司化的改造，其信用等级会进一步下调；国债发行量和存量都高于国开债；国债跨交易所和银行间债券市场交易的效率也更高；我国已推出 2 年期、5 年期和 10 年期国债期货，若干家商业银行和保险机构已参与国债期货市场试点，30 年期国债期货也蓄势待发。因此，我国国债流动性低于国开债流动性的事实实属反常。

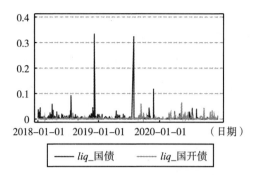

图7-5　国债和国开债的流动性指标比较

资料来源：根据中央结算公司公开数据计算。

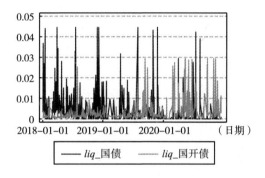

图7-6　国债和国开债的流动性指标比

资料来源：根据中央结算公司公开数据计算。

7.3　我国及国际现行的债券税收制度

7.3.1　我国现行债券税收制度

我国与债券有关的税收制度安排十分复杂，根据税种、收入来源以及金融机构的不同制定了不同的税收制度。按照税种类型可以分为增值税和所得税两种，债券投资收入分为利息所得和资本利得（买卖差价），金融机构则区分为商业银行、公募基金、外国机构投资者、证券公司、信托公司、保险公司、租赁公司和非法人产品①（主要是资管产品）等（见表7－3）。其中，债券市场税收制度最值得关注的核心要点是，根据现行《中华人民共和国个人所得税法》和《中华人民共和国企业所得税法》，国债和地方债利息免纳20%的个人所得税和25%的企业所得税，即所有个人和机构投资者购买国债和地方债的利息都免纳所得税和增值税；商业银行（自营，不包括商业银行理财产品）持有国债的利息所得免税，投资政金债的利息所得按照25%的税率征所得税；商业银行投资国债或政金债获得的资本利得（转让价差）需缴纳增值税和所得税；对公募基金投资国债和政金债的利息收入和转让价差都免税。

表7－3 　　　　　2017年5月不同类型机构投资不同产品
所得税和增值税缴纳规定　　　　　单位:%

| 类别 | 银行自营、保险自营、券商自营、保本理财等 | | | |
| | 增值税 | | 所得税 | |
	持有期利息收入	资本利得	持有期利息收入	资本利得
国债	免	6	免	25
地方政府债	免	6	免	25
政策性金融债	免	6	25	25
铁道债	6	6	减半	25
商业银行债券	免	6	25	25
信用债等	6	6	25	25

非保本资管产品需按照规定由管理人缴纳增值税，穿透后根据具体的投资品种来缴纳；所得税因目前尚未提及可免。

| 类别 | 公募基金 | | | |
| | 增值税 | | 所得税 | |
	持有期利息收入	资本利得	持有期利息收入	资本利得
国债	免	免	免	免
地方政府债	免	免	免	免
政策性金融债	免	免	免	免

---

① 金融机构投资债券可通过自营类业务和非法人产品，自营类业务是指各金融机构自营账户开展的债券投资，非法人产品主要指各类资管产品业务，两者的税收待遇不一样。例如，银行自营业务增值税率为6%，而作为非法人产品的银行理财则按3%的税率缴纳增值税。

续表

	银行自营、保险自营、券商自营、保本理财等			
铁道债	6	免	免	免
商业银行债券	免	免	免	免
信用债等	6	免	免	免

利息收入的所得税，由融资方（上市公司、发行企业和银行等）在向基金支付相关收入时代扣代缴20%的个人所得税。

资料来源：根据中金固收数据整理。

从增值税角度来看，在"营改增"后，金融业增值税主要采用负面清单形式，除了政策列举免缴的增值税外，其他金融服务还需要缴纳增值税。在"营改增"范围扩至金融业全行业后，《关于全面推开营业税改征增值税试点的通知》中将金融服务划分为贷款服务、直接收费金融服务、保险服务和金融商品转让四大类，明确国债利息收入免征增值税。《关于进一步明确全面推开营改增试点金融业有关政策的通知》中明确指出质押式买入返售金融商品、持有政策性金融债券属于金融同业往来的利息收入，可以免征利息收入增值税，至此政策性金融债的利息收入部分也正式免征增值税。《关于资管产品增值税有关问题的通知》明确机构自营、基金等资管类机构和产品，在投资国债、地方债、政策性金融债、金融债时无需缴纳利息收入和资本利得的增值税。"营改增"后，除了政策列举免缴的增值税外，其他金融服务仍需要缴纳增值税。因此，虽然国债和政策性金融债利息收入免征增值税，但是对于银证保信租类企业，国债和政策性金融债的资本利得部分仍然需要征收6%的增值税[①]。对资管类机构征收3%的增值税，对公募基金和境外投资者免征增值税。另外，一般规定债权转让时按照卖出价扣除买入价后的余额为销售额。转让债权出现的正负差，按盈亏相抵后的余额为销售额。若相抵后出现负差，可结转下一纳税期与下期转让债权销售额相抵，但年末时仍出现负差的，不得转入下一个

———

① 一般规定增值税正常税率是6%，并且附加税费（城建税7% + 教育附加费3% + 地方教育附加2%）。所以综合税率为：增值税及附加 =（票面利率/1.06）×6% ×112% = 6.34%；非法人产品（包括理财、信托、公募基金等）投资债券中发生的增值税应税行为，暂适用简易计税方法，按照3%的征收率缴纳增值税，增值税及附加 = 票面利率 ÷1.03 ×3% ×112% = 3.26%。

会计年度。[1]

从所得税角度来看，债券投资利息收入、资本利得均按 25% 的税率征收。国债利息免所得税；地方债利息免所得税；铁道债减半征收。[2] 目前机构自营、基金等资管类机构和产品投资债券，有三类债券的利息收入可以享受税收优惠，包括国债、地方政府债、铁道债券。《中华人民共和国企业所得税法》第二十六条第一款规定："国债利息收入为免税收入"，即任何投资者投资国债均享有国债利息收入的免税政策。国家税务总局于 2011 年 6 月发布《国家税务总局关于企业国债投资业务企业所得税处理问题的公告》，并于 2011 年当月生效。

从市场参与主体结构分析，对于银行、保险、信托、租赁等金融机构，政策性金融债利息收入未做所得税个别安排，也不属于以上三类利息免所得税征税范围，除基金等资管类机构和资管产品外，需要对政策性金融债利息收入和资本利得收入征收 25% 的所得税。

为了鼓励基金行业发展，我国在所得税和增值税上都给予了基金公司优惠。公募基金投资债券的税收优势明显。根据财政部、国家税务总局 2008 年下发的《关于企业所得税若干优惠政策的通知》，对证券投资基金从证券市场中取得的收入，包括买卖股票、债券的差价收入，股权的股息、红利收入，债券的利息收入及其他收入，暂不征收企业所得税；证券投资基金（封闭式证券投资基金、开放式证券投资基金）管理人运用基金买卖股票、债券的转让收入免收营业税；对投资者从证券投资基金分配中取得的收入，暂不征收企业所得税。2016 年"营改增"对国开债、国债的税收产生了一定的影响，但最终条款中增值税的免征范围与过去的营业税基本一致，实际影响可忽略不计。值得说明的是，基金公司购买债券所得的利息收入免征企业所得税，但向基金投资者派发需要征收个人所得税（通常是 20%）（国债利息收入免税的除外），由基金公司代扣代缴。实际操作中，因为基金公司买卖债券免交增值税，买卖成本低，基金公司通常会在债券派息前将债券卖出以避税。对具有免税优惠（还有有效避税手

---

① 《关于全面推开营业税改征增值税试点的通知》。
② 《财政部 国家税务总局关于地方政府债券利息免征所得税问题的通知》。

段）的基金公司而言，其投资国债和政金债都不需要缴纳所得税和增值税，持有和交易国债相对于政金债没有税收优势。

资管产品属于非法人实体，不是独立纳税实体，且存在多层嵌套的可能，进项抵扣的认定比较复杂。为了便于纳税，税务局规定由管理人缴纳资管产品的增值税，且实行简易计税方法，按照减半3%的税率缴纳。

为了促进我国债券市场的对外开放，《关于境外机构投资境内债券市场企业所得税增值税政策的通知》对境外机构作出了如下税收优惠安排："自2018年11月7日起至2021年11月6日止，对境外机构投资境内债券市场取得的债券利息收入暂免征收企业所得税和增值税。上述暂免征收企业所得税的范围不包括境外机构在境内设立的机构、场所取得的与该机构、场所有实际联系的债券利息。"实际上就是全方位对所有境外机构投资者免除所有债券相关税收。但需要注意，该措施到2021年底如果不续，境外机构仍需针对债券交易价差收入和利息收入缴税。2018年开始，境外投资者因为免税的激励措施，开始加大对政金债的投资力度，因为政金债和国债风险最为接近，但是之前没有免税优惠，现在对境外机构投资者而言等同化，票息更高。2020年境外资金对政金债投资的增速在45%~70%之间，远高于投资国债的增速。

7.3.2 国债税收制度的国际经验比较

根据税收经济学理论，对某个产品或交易环节提供税收优惠，将会导致人们决策行为的改变以进行税收套利，这不可避免地会造成税收扭曲效应和效率损失。政府对国债利息免税的初衷是增强国债吸引力，降低政府融资成本。但国债利息的免税效应会提高投资者的需求，降低国债的税前收益，理论上经过风险调整的国债税后收益与其他债券收益应该相等，所以投资者并不会得到好处；而政府尽管降低了融资成本，但也减少了相应的税收收入，也几乎没有获得利益。国债利息的免税对发行者和投资者都没有带来实质性好处，却增加了税收扭曲效应。

换个角度思考，如果国债利息免税确实能提高效率，其他国家也应该采用类似做法。但是纵观国际经验，目前主要国家对国债利息收入和资本利得几乎都征税（见表7-4）。其中，美国国债利息收入和资本利得均征收联邦税。但是，美国联邦政府对市政债的利息免征所得税，这是基于联邦主义中央政府支持地方政府的理念。英国对居民企业投资者购买国债从双重不征演变到双重征税。国外惯例也符合我们的逻辑推导，单边征收资本利得税或是造成机构持有国债到期为主，将导致国债流动性低下。

表7-4　　　　　　　各国债券市场的增值税和所得税政策

国家	居民个人		居民企业	
	利息收入	资本利得	利息收入	资本利得
日本	征税	—	征税	免征
韩国	征税	—	征税	征税
英国	不征税	不征税	征税	征税
法国	—	—	征税	征税
德国	征税	征税	征税	征税
意大利	征税	征税	征税	征税
美国	征税	征税	征税	征税
新西兰	征税	不征税	—	不征税

世界主要经济体的国债流动性都是最高的，对所有债券和机构税收平等是重要原因。理论界和业界常用美国国债流动性与中国国债进行对比。但美国国债与中国国债的持有者结构差异明显，可比性不强。美国30年期国债近1/3由境外投资者持有，近年来持有比例有所下降。但是，华尔街作为世界金融中心，美元作为世界货币，美国国债作为安全性最强、流动性最高的避险资产，既是国家主权投资机构参与交易的重要标的，又是各国央行对外储备的重要外汇资产，难以单一变量对比分析。

与美国相比，德国国债的持有者结构与我国更为类似。银行和资产管理公司等金融机构是德国国债的主要持有者。德国国债二级市场中主要的参与者是经纪人（29%）、资产管理机构（27%）、银行（21%）以及央行（12%），交易者结构多样化（见图7-7）。且德国国债与中国国债类似都不作为世界避险资产，因此德国国债的参与者结构和交易制度设计更具有针对性和指导意义。但是，德国国债市场有完善的交易机制，银行等金融机构有较高的交易意愿，德国国债的流动性并未因为商业银行为主要持有者而降低。

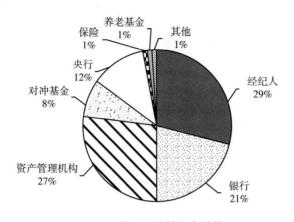

图7-7 德国国债持有者结构

资料来源：德国金融署（Deutsche-Finanzagentur）。

目前上市的德国国债都可以在德国交易所、国际电子交易平台和场外市场进行交易。德国国债二级市场交易活跃，一方面德国国债作为避险资产深受投资者欢迎；另一方面是财务代理公司的作用，其可以在市场流动性不足时作为"做市商"参与市场。2008～2017年德国国债总交易量如图7-8所示。

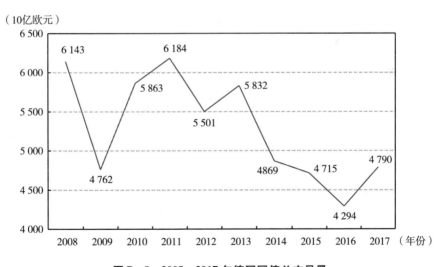

图7-8 2008～2017年德国国债总交易量

资料来源：德国联邦银行（Bundesbank）。

德国国债存量在 1.2 万亿欧元左右，与我国的国债存量规模相近。但德国国债的年交易量却是我国国债的近 10 倍。因此，德国国债的换手率是我国的 7 倍左右。由此可见，德国凭借完善的交易机制和平等化的税制，让银行等金融机构有较高的交易意愿，导致国债具有最高的流动性。

7.4 国债利息免税的税收套利扭曲效应

通过上述分析可以看出，我国债券市场税收制度的各种税收优惠制度都是从财政角度出发：要么为了鼓励某类机构发展，如对公募基金和境外机构的免税优惠；要么为了降低政府发债成本，如对国债和地方债利息收入的免税规定。[①] 国债不仅仅作为政府融资工具而具有财政属性，也作为重要的金融产品而具有金融属性。税收制度要综合考虑国债的金融属性和财政属性。

理论研究表明，非中性税收会产生替代效应，即税收会改变课税对象的相对价格，人们为了减少税收负担而在可供替代的课税对象或经济行为之间做出改变。具有替代效应的非中性税收会产生税收套利扭曲效应，这是因为可替代（金融）产品之间税收差异必然改变没有这种税收（或税收无差异）时处于均衡状态的相对价格体系，降低了市场有效性，影响了价格机制作用的发挥，导致社会经济资源配置效率损失。我国债券市场税收套利扭曲效应包括两方面：对国债、地方债利息收入免税而对其他债券的利息收入征税，导致政府债券和其他债券的相对价格（收益率）发生变化而导致价格扭曲；国债利息免税但资本利得征税以及对公募基金和境外机构全方位免税则导致了金融机构债券投资行为的改变，最终国债流动性低于政金债的流动性。

国债利息免税产生的价格扭曲效应可以通过两个具体例子来说明：一个是国债和国开债的税后收益率比较；另一个是"新券"和"老券"由于

---

① 国债利息收入免税表面上看是对国债投资者的优惠，但由于国债利息具有免税优势会降低其票面利率，投资者得到的利益有限，最终政府获得了免税带来的融资成本降低的好处。

税收差异导致的价格扭曲。

7.4.1　国开债与国债的税后收益率比较

从理论上看，国债、国开债同属于利率债，如果不考虑流动性差异，国债的利息收入免征所得税，而政金债的利息收入征收25%的所得税，国债收益率应该等于政金债的税后收益率，即政金债税前收益率的75%。本章按照发行日期相近（不超过5个工作日）的原则选取四组有代表性的国债和国开债10年期活跃券，比较其税后收益率，其中国开债的税后收益率按照票面利率的75%计算。通过对比可以发现，国债收益率比同组内国开债税后收益率要高，高出的区间范围为44BP~55.25BP（见表7-5）。

表7-5　　　　　　同时发行的国债和国开债税后收益率比较

国开债代码	发行日期	利率 C（%）	国债代码	发行日期	利率 F	C×0.75	F-C×0.75
150210. IB	2015-04-07	4.21	150005. IB	2015-04-08	3.64	3.1575	0.4825
170215. IB	2017-08-22	4.24	1700002. IB	2017-08-29	3.62	3.1800	0.4400
190210. IB	2019-05-16	3.65	190006. IB	2019-05-22	3.29	2.7375	0.5525
200210. IB	2020-06-16	3.09	2000003. IB	2020-06-23	2.77	2.3175	0.4525

根据国债和国开债最近3年税后收益率比较，其中，收益率选取二级市场中债券到期收益率的月度数据[①]，10年期国开债的税后收益率近似等于到期收益率的75%。从图7-9可以看出，10年期国债的收益率始终高于10年期国开债的税后到期收益率，二者之差为10BP~50BP。国债收益率高于国开债税后收益率的一个主要原因是国开债的流动性更强，国债收益率中包括了流动性溢价。

进一步分析发现，10年期国开债与相同期限国债月平均收益率的利差变化与10年期国开债收益率走势基本相符，二者相关系数为0.847，且明显高于该利差与10年期国债走势的相关系数0.536。主要原因是国开债的交易属性和流动性更强，而国债的配置属性更强，流动性较差。债券市场

---

① 到期收益率的月度数据是用日度数据的简单算术平均数来计算的。

牛市时国开债被追买造成两者的利差变小，而熊市时国开债被抛售导致两者的利差变大。

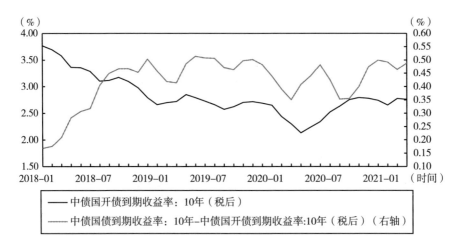

图 7-9　10 年期国开债到期收益率和 10 年期国债—国开债利差历史走势（税后）
资料来源：Wind 数据库。

7.4.2　"新券"和"老券"由于税收差异导致的价格扭曲

如果两个到期期限不同的国债的剩余期限一样，但由于发行时间不一样导致票面利率不一样，则利息免税和征收资本利得税的存在会产生价格扭曲。本章假设存在"新券"和"老券"两种国债。"新券"是刚刚在一级市场发行并被认购持有至到期的国债现券，"老券"指在国债二级市场交易的国债现券。"新券"的起息时间、付息频率和到期日等要素与"老券"相同，但由于发行日期以及发行时的利率水平不同造成二者票面利率不同。根据金融市场的"一价定律"，"新券"和"老券"的税后到期收益率应该相同（不考虑流动性差异）。然而，税收因素会产生价格扭曲效应。

表 7-6 分别描述了"新券""老券"在情形一：利息免税，对资本利得按 25% 征税；情形二：资本利得和利息都免税；情形三：对利息和资本利得都按 25% 征税三种情形下的假设情况。从情形一可以看出，在市场到期收益率（YTM）为 5% 的情况下，票面利率为 3% 的"老券"现价应为

98.0952元，但是由于资本利得部分征税，需要为"老券"缴纳0.4762元的资本利得税，则实际收益只能达到4.51%。根据"一价定律"，投资人往往要求更低的现值以获得与"新券"同样的实际回报率，案例中是以97.50元①的现值买入，则能实现5.64%的税前收益，缴纳资本利得税的税后收益恰为5%。此时就出现了现券的价格扭曲，即同券不同价。而在情形二和情形三两组案例中都能看到，在98.0952元的现券价格下，情形二中"新券""老券"的到期收益率能一直保持在5%；情形三中则因双重征税能稳定保持在3.75%。故虽然存在因为税收制度安排的差异而产生的收益绝对值不一致，但是各组内部能保持"新券""老券"的到期收益率一致，不存在价格扭曲情况。

表7-6　　　　　　　"新、老"国债在不同税制下的收益表现

情形	债券类别	票面利率（%）	按照债券定价公式计算的债券全价（不考虑税收因素）（元）	折溢价（元）	利息收入（元）	利息收入征税额（元）	资本利得征税额（元）	持有一年后获得的现金流（元）	实际回报率（%）	投资者为达到新的实际回报率所愿意付出的全价（元）	投资者购买时要求的收益率（%）
情形一	新券	5	100	0	5	0	0	105	5		
	老券	3	98.0952	1.0948	3	0	0.4762	102.5238	4.51	97.50	5.64
情形二	新券	5	100	0	5	0	0	105	5		
	老券	3	98.0952	1.0948	3	0	0	103	5		
情形三	新券	5	100	0	5	1.25	0	103.75	3.75		
	老券	3	98.0952	1.0948	3	0.75	0.4762	101.7738	3.75		

现实中观察的情况则更为复杂，由于我国不同类型投资人适用税率不同，且相同类型投资人持有的待偿期相同但发行期限不同现券的资本利得征税额也存在差异，资本利得实际综合税率低于理论值25%，处于15%～25%的范围。由于微观层面不能确定一个统一的资本利得纳税额度，"老券"的实际收益率难以计算。实务中因为税收制度的影响，常常只用"新券"来编制收益曲线，但又引入新的问题，即不能及时反映国债二级市场的资金价格变化，使得国债收益率曲线的价格信号作用不能得到充分

① 按照实际回报率5%反推，计算过程为：假设最终价格为x元，则有$[100+3-(100-x)\times0.25-x]/x=5\%$，解得$x=97.5$。

发挥。

从以往经验来看，由于银行内部资金转移定价（FTP）考核税后成本，而国债税后收益曲线不可得，难以对银行内部资金转移定价形成指导。实际上，银行内部资金转移定价更多是参考国开债收益曲线，国开债利息和资本利得双征税为考核税后成本的机构提供了很好的参考，但在极端情况下国开债不能承担基准收益率曲线的作用。

7.5 税收制度如何影响金融机构债券投资决策

如前所述，国债的税后收益率高于国开债的税后收益率，这种税收安排导致了商业银行，特别是全国性商业银行主要购买国债（更准确地说是政府债券）① 并大部分持有到期，压低了国债的收益率；而公募基金和境外机构则倾向于投资收益率更高的政金债，公募基金和境外机构追求高收益且交易意愿更强，造成政金债的流动性更强。

不同金融机构的投资风格和偏好存在明显差异，如图 7 – 10 所示，国债的主要持有者如商业银行（尤其是国有大行）、保险公司和特殊结算成员② 均以配置型投资为主，交易活跃度偏低；如图 7 – 11 所示，政金债的投资者如广义基金③、境外机构、农商行、部分城商行、券商等均以交易型投资为主，活跃度明显较高，造成政金债的流动性持续好于国债。

公募基金和境外机构在税收上具有免税优势（见表 7 – 7），银行愿意通过投资公募基金来投资债券以达到节税的目的，甚至通过定制公募基金或投资发起式基金间接投资债券从而实现避税。近年通过这种委外业务的发展，商业银行的债券投资有向广义基金转移的趋势，进一步加剧了国债和金融债流动性的分化。

---

① 基于相同理由，商业银行也倾向于投资地方债，本章主要研究国债收益率曲线，故不讨论地方债。

② 特殊结算成员包括中国人民银行、交易所和中央结算公司等。

③ 广义基金包括基金和非法人产品，后者则主要包括银行理财、券商资管和信托计划等。

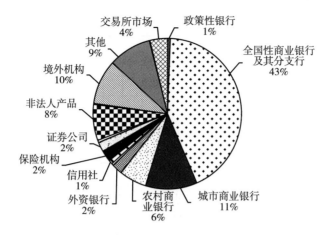

图7-10 国债持有者结构

资料来源：Wind 数据库。

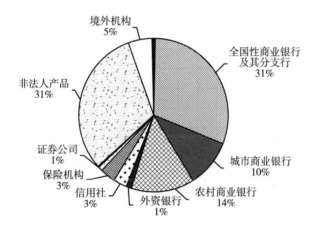

图7-11 政金债持有结构

资料来源：Wind 数据库。

表7-7　　　　　　　　　　债券市场投资机构偏好

机构	类型	资金成本	久期	杠杆	偏好品种	交易活跃度
国有商业银行	配置型	低	中短	极低	利率债/中短期高评级信用债	低
股份制商业银行	平衡型	较低	中短	适度	视银行风格分化明显	中
农村金融机构	平衡型	较高	中短	较低	利率债/高评级信用债	较低
外资银行	交易型	高	中短	多品种套利	利率债	高

续表

机构	类型	资金成本	久期	杠杆	偏好品种	交易活跃度
保险公司	配置型	低	中长	低	企业债/中期/长久期利率债	低
证券公司	交易型	高	中	高	信用债	高
基金	平衡型	较高	中短	适度	视基金类型而定	中
银行理财	配置型	较高	中短	适度	视产品类型而定	低

从目前国债市场投资者结构看，商业银行是我国国债的最大持有者。以国债托管量规模最大的银行间债券市场为例，截至 2020 年 6 月，商业银行共持有国债约 10.49 万亿元，在国债余额中占比 66.5%，远超其他参与机构。从持有国债的商业银行类型看，全国性商业银行及其分支行占据最大份额，在整个银行体系中持有规模占比接近 70%，其债券投资结构可以在一定程度上代表商业银行整体的债券投资行为。从图 7 – 12 可以看出，全国性商业银行更倾向于投资政府债券（国债 + 地方政府债）。

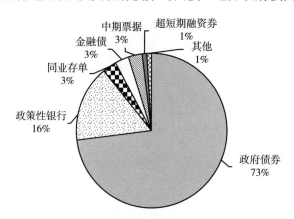

图 7 – 12　2020 年 6 月末全国性商业银行持有各种类债券比例
资料来源：Wind 数据库。

由于在国债市场占据绝对的市场份额，商业银行国债交易的规模和频次对国债市场交易活跃度有直接影响，决定了国债收益率能否及时反映资金供求状况变化，以及国债收益率曲线是否能真实反映市场无风险利率的水平和变动趋势。

根据财政部 2017 年修订的新金融工具相关会计准则，金融资产对应的会计科目中以摊余成本计量的金融资产代表的是持有至到期的投资。以五大国有银行 2019 年末的债券投资结构为例，各行持有至到期国债的规模占比均超过 70%。

商业银行普遍偏好将国债持有到期，主要基于以下考虑。（1）管理流动性的需要。我国商业银行以吸收存款和发放贷款为主营业务，资产和负债规模波动较易产生流动性缺口，配置无风险、易变现且有稳定利息收益的国债，能够有效缓释潜在流动性风险。（2）资产质押的需要。目前公开市场操作、中央和地方国库现金管理操作中，国债均可作为质押品，且在人民银行质押品列表中，国债作为 A1 类质押品，质押率为 100%。商业银行客观上需持有一定规模可用于质押的国债，以保障相关业务的顺利推进。（3）满足流动性监管指标的需要。在监管部门流动性监管核心指标流动性覆盖率（LCR）的计算过程中，具有良好变现能力的国债风险权重是 0，商业银行倾向于通过尽可能多地持有国债来提高 LCR，以满足监管考核要求。

根据调研，对银行持有到期账户（银行账户）投资经理的绩效考核指标是税后收益；而交易账户则是根据税前收益。因此，持有到期账户更倾向于购买税后收益更高的国债且持有到期。而证券公司、基金、银行理财和境外机构等金融机构对投资经理的绩效考核主要以税前收益作为考核指标。金融机构在投资决策中对于所得税因素的考虑不足，如很多银行综合经营成本计价和部门内部转移定价（FTP）不是按照税后收益率考量，而是将投资组合的税前收益率简单加权平均，对于交易员的业绩考核也是以税前利润作为衡量指标。考核机制不完善会导致微观主体进行投资交易时将税率因素排除在外，过于青睐高利率的金融债，压低金融债与国债之间的隐含税率[1]。

采用税前收益考核除了简捷方便之外，另一个可能的原因或许在于所得税的纳税形式是预缴，每年的 4 月、7 月、10 月预缴第一、第二、第三季度的所得税，1 月缴纳上一年度第四季度的所得税。在预缴时，国债的利息收入是不免税的，这部分税收优惠需要在每一年汇算清缴后的第一次

---

① 隐含税率 = [1 − (国债收益率/国开债收益率)] × 100%。

所得税预缴时抵扣。而汇算清缴的时间从 2 月到 5 月不等（取决于企业的会计什么时候做），换句话说，每年国债的税收优惠事实上要到下一年度才能享受到。而金融机构的业绩呈报、考核和奖励往往是在年底，难以体现税率的影响。

全国性商业银行、城市商业银行主要投资国债，而农村商业银行、广义基金、保险公司、证券公司和境外机构更愿意投资政金债（见图 7 – 13）。根据 2020 年末国债持有结构数据（见图 7 – 14），商业银行持有国债比例为 61%（其中，全国性商业银行持有国债比例为 43%），而其他金融机构持有比率均不超过 10%。从 2020 年末政金债的投资者结构来看（见图 7 – 15），大型商业银行持有比例为 31%，而广义基金的比例则超过了 31%，城市商业银行和农村商业银行持有政金债的比例高达 24%，后两者交易倾向（主要是交易政金债）比较高，特别是城市商业银行和农村商业银行将国债和地方债持有到期，而主要将国开债用于交易。从图 7 – 16 可以看出，全国性商业银行 2020 年现券交易规模与托管量的比值仅为 1.12，远远低于证券公司（83.97）、外资银行（15.89）、城市商业银行（15.43）和农村商业银行（5.59）。如图 7 – 17 所示，从 2020 年上半年商业银行的现券交易规模与托管量的比值来看，全国性商业银行的该值是最低的。

（亿元）

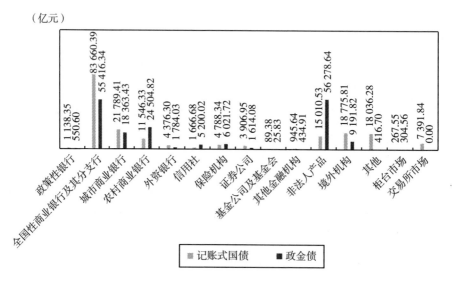

图 7 – 13　2020 年末国债、政金债主要投资者持有结构

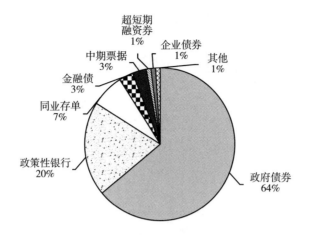

图 7 – 14　2020 年末商业银行重仓政府债券

资料来源：Wind 数据库。

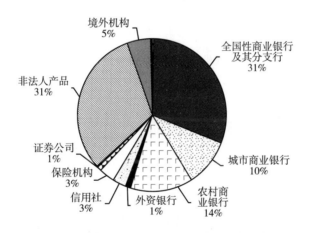

图 7 – 15　2020 年末政金债持有结构

资料来源：Wind 数据库。

从投资者结构方面看，银行的配置盘和保险资金是国债投资的主要参与者。银行等存款类金融机构持有国债的90%以上，大量国债被持有至到期，加之存量国债到期期限主要集中在2～10年（70%～80%），流动性较强的短期国债占比反而较低，严重影响国债流动性。对于保险公司来说，由于寿险公司资金使用期较长，须为资产匹配投资期限较长的债券，目前保险公司是交易所市场长期国债的最大投资者，对持有长期现货国债有强大参与意愿。对比之下，偏向于交易属性的广义基金托管国债的合计规模占比只有7%左右，因而交易性偏好较低。此外，我国债券托管制度间接导致债券市场分割，限制了中小投资者进入银行间国债市场，使得主要参与群体意愿单一，进一步导致了流动性不足。

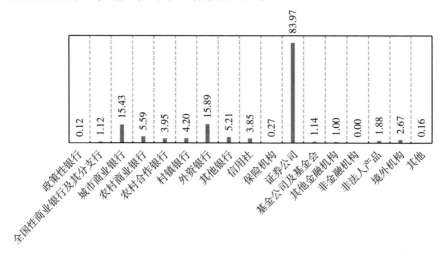

图7-16　金融机构2020年现券买卖量与托管量比值

资料来源：Wind 数据库。

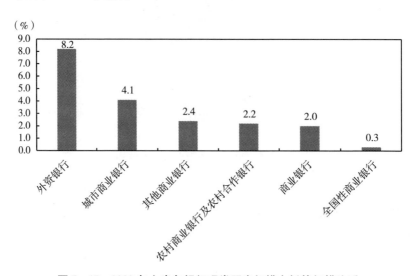

图7-17　2020年上半年银行现券买卖规模占托管规模比重

资料来源：Wind 数据库。

综上所述，由于国债利息免税而转让价差征税，金融机构特别是商业银行，出于配置的目的投资税后收益更高的国债并持有到期。交易账户的绩效考核主要是税前收益指标，所以金融机构交易账户更愿意投资税前收益更高的政金债，特别是基金和境外机构，由于享受全方位税收优惠，更愿意购买收益率更高的政金债并用来交易。

7.6　为何国开债收益率曲线不能普遍指导金融资产定价

成为无风险利率基准需要具备以下三个重要条件：信用等级与国家主权平级，即无风险；完全市场化的定价方式；流动性较高，可以实现连续报价。

当前二级债券市场中，国开债流动性确实高于国债流动性，且投资者组成结构更为丰富和多元，其他政策性金融债也大抵存在类似的情况。考虑到其高信用等级和高流动性，似乎以政策性金融债收益率构建基准收益率曲线也有其合理性。但对于这一问题，答案似乎更偏向于否定。国家开发银行成立于1994年，是直属中国国务院领导的政策性金融机构。2008年12月改制为国家开发银行股份有限公司（以下简称"国开行"），现在的国开行实际上已是一家名副其实的商业银行，其他几家政策性银行也大抵相似。由于我国的利率市场化尚在进程之中，国开行金融债、银行存款基准利率等仍可以在一定程度上保持与国家主权相同的信用评级。但随着利率市场化程度的加深，国家不会再为除国债外的品种兜底，国债将成为唯一的无风险产品。同时，作为考虑商业利益的机构，当市场要求收益率极高且快速上升时期，恐不具备发债动机，则无法保证现券市场的新券有效供给。

相比之下，国债的发行和交易均采取市场化的方式进行，银行间市场的参与者均为资金雄厚的银行和金融机构，参与者众多，为形成市场化的利率提供了基础。国债由财政部发行，极端情况下仍能保证现券稳定供给，且对基准收益曲线管理不考虑利益因素，更多以市场需求为出发点。国债的存量规模更大，能有效满足各类参与者的配置和交易需求。同时，作为长期利率基准的超长期国债的发行，可以充当长期无风险利率基准，降低长期资产定价偏误，提高超长期国债的价格发现效率，完善收益率曲线。如果超长期国债一级市场的流动性也得到保证，国债收益率曲线将提供重要的无风险利率基准作用。

7.7 取消国债免税政策的影响探讨

7.7.1 取消免税对市场的影响探讨

目前来看，国债的免税效应至少造成了以下几个方面的影响。

（1）形成了国债与政金债的利差和隐含税率。如前所述，国债与政金债在多方面具有相似特征，国债免税效应是二者形成利差的主要原因。从历史上看，国债相对国开债的隐含税率在大多数时期没有达到理论上的25%，且2018年底以来中枢似乎下降（见图7-18、图7-19）。这可能是因为存在公募基金等不用考虑所得税影响的投资者，并且2018年底以来摊余债基等这类投资者的增加带动了隐含税率中枢下降。

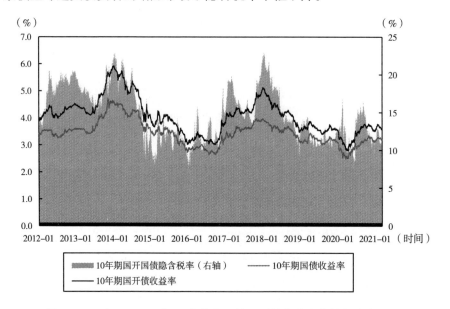

图 7 – 18　2012～2021 年 10 年期国开债、国债收益率走势与隐含税率

资料来源：根据 Wind 数据计算。

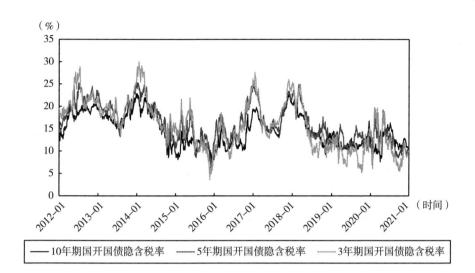

图 7 - 19　2012 ~ 2021 年 10 年期、5 年期、3 年期国开国债隐含税率走势
资料来源：根据 Wind 数据计算。

（2）造成国债与政金债投资者群体的差异化。目前，国债投资者以商业银行为主，而政金债投资者中非法人产品占比较多（见图 7 - 20）。

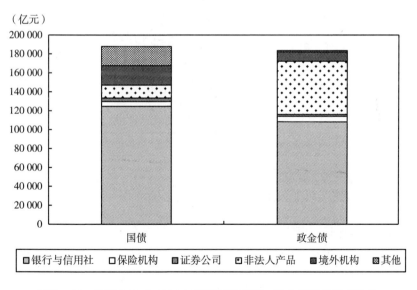

图 7 - 20　截至 2021 年 3 月中债托管的国债、政金债的投资者结构
资料来源：根据 Wind 数据计算。

（3）国债到期收益率受票面利率影响较大。国债个券的到期收益率分布错落不齐，一些国债剩余期限相近，但到期收益率相差很大。而国开债收益率分布则更接近一条平滑曲线。这主要是因为国债票面利率不同造成了免税效应不同。对于票面利率较高的国债，投资者可以获得更高的免税效应，因此会接受更低的到期收益率，反之亦然。

例如，国债200005与国债150005剩余期限均为3.95年，但2021年4月27日前者到期收益率为3.00%，后者到期收益率为2.80%（见图7－21）。对于公募基金等不需要考虑免税效应的投资者，后者吸引力明显弱于前者。但对于享受国债利息免税政策的投资者而言，国债200005的票面利率1.99%较低，估算税收还原收益率[①]约为3.67%；而150005票面利率3.64%较高，估算税收还原收益率约为4.01%，反而吸引力更高。

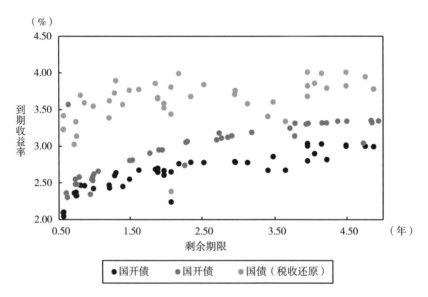

图7－21　2021年4月27日下午有成交的0.5～5年期国债、国开债最后成交价
资料来源：根据 Wind 数据计算。

值得注意的是，可能由于货币基金和公募基金现金比例配置力量的存在，使得免税型投资者成为1年内利率债的主要参与方，导致1年内的政金债与国债利差较小，相近期限、不同票面利率的国债之间的收益率差别也较小。

如果取消国债利息收入免税，可能较大程度导致上述三方面影响消

---

① 税收还原收益率 = 到期收益率 + 票面利率 × 25% ÷ (1 - 25%)。

失。（1）国债与政金债和其他非免税品种的利差将趋于收敛。考虑到银行等此前享受国债免税政策的投资者可能向政金债、商银债等品种迁移，可能同时出现国债收益率上行、其他品种收益率下行的现象。票面利率越高、此前享受免税效应更多的国债个券，面临的收益率上行压力更大。政金债、商银债等资本占用低的品种对银行更具吸引力，在此过程中可能最直接受益。（2）随着国债与政金债税收政策的趋同、利差收敛，二者将更具相似性，投资者结构或将更加趋同。国债市场上的非银交易型机构占比可能增多，其流动性反而可能有一定提升。（3）国债票面利率对到期收益率的影响将明显弱化，到期收益率将更多由剩余期限和流动性特征决定，构建国债收益率曲线的难度也将下降，曲线准确性将得到提升。

7.7.2 取消免税对基金行业的影响探讨

公募基金投资国债的比例可能上升。由于公募基金本身享受免税政策，投资国债规模明显小于政金债。据 Wind 数据库对 2021 年一季报的统计，公募基金共持有债券 10.32 万亿元，其中政金债 3.04 万亿元，而国债与地方政府债仅有 0.31 万亿元（见图 7 - 22）。如果取消国债免税政策，国债与政金债利差趋敛，公募基金在二者上的配置可能更趋均衡。

（万亿元）

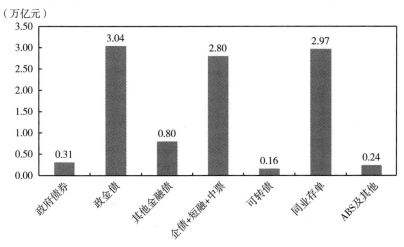

图 7 - 22 2021 年一季报公募基金持有各券种规模

资料来源：Wind 数据库。

银行与公募基金合作可能增多。根据中债托管数据，截至 2021 年 3 月商业银行持有约 12.3 万亿元国债，按存续国债加权平均票面利率 3.3% 估算，免税效应的影响约每年 1 400 亿元；此外商业银行还持有约 22.1 万亿元地方政府债，按存续地方政府债加权平均票面利率 3.5% 估算，免税效应影响约每年 2 600 亿元，两者合计约每年 4 000 亿元。与商业银行 2020 年行业净利润 5.1 万亿元相比，若这部分免税效应消失，对商业银行利润影响较为显著。公募基金本身享有的投资各种债券的免税优惠可能受到更多关注，银行与基金的合作可能增多。

重点投资国债的基金产品数量和规模可能增加。近年来，随着主要投资政金债的基金产品大量发行，公募基金持有政金债的规模大幅增长（见图 7-23、图 7-24）。如果国债免税政策取消，国债收益率与政金债收益率或趋于收敛，届时重点投资国债或国债 + 政金债的基金产品可能增多。

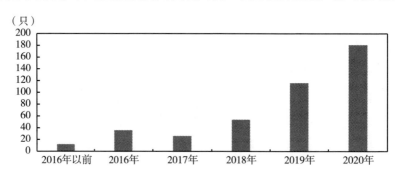

图 7-23 近年来主要投资政金债的基金数量

资料来源：Wind 数据库。

图 7-24 2010～2020 年公募基金投资政金债的规模

资料来源：Wind 数据库。

7.8 总结

对国债利息收入免税的初衷是增强国债的吸引力，降低政府融资成本。从理论上看，国债税后收益与其他债券的税后收益应相等，因此从长期来看，投资者并不会得到更多的收益；而免税政策尽管降低了融资成本，但减少了相应的税收收入，发行人也没有获得更多收益，但却导致二级市场国债价格出现了扭曲。

从各国情况来看，主要经济体几乎没有对国债利息收入实行免税的，而几乎都是对国债利息收入和资本利得进行征税。如果取消国债利息免税政策，债券市场有望出现三方面改观。（1）国债与政策性金融债乃至其他非免税债券品种的利差将趋于收敛。考虑到商业银行等此前享受国债利息收入免税政策的投资者可能转为增加政策性金融债、商业银行债券等投资，在此情况下，国债收益率上行、其他品种的收益率下行现象有望同时出现。票面利率越高、此前享受免税收益越大的国债个券，其所面临的收益率上行压力越大。在其他券种中，政策性金融债、商业银行债券等资本占用较低的品种对商业银行将更具吸引力。（2）随着国债与政策性金融债的税收政策趋同、利差收敛，二者的投资者结构将趋同，非银行类交易机构的国债投资占比可能增大，国债流动性有望增强。（3）国债票面利率对二级市场到期收益率的影响将明显弱化，到期收益率将更多由剩余期限和流动性所决定，构建国债收益率曲线的难度将下降，国债收益率曲线的准确性也将提升。

基于以上分析，建议改革国债税收制度，对国债利息收入和资本利得均征税，以增强国债流动性，消除国债利息免税给国债定价带来的扭曲，并以此推动国债收益率曲线更好地发挥利率基准作用。

第⑧章

决策异质性对债券市场交易
效率的影响：一个实验研究视角 *

8.1 引言

　　本章主要关注决策异质性对债券市场交易效率的影响，这里的决策异质性反映在债券交易者拥有信息的差异上。投资者对基本面的认识会影响证券价格，而现实中信息的获取存在成本，因此获取有价信息过程中的激励及其对金融市场的影响一直是研究的焦点（Grossman & Stiglitz，1980；Verrecchia，1982）。在理性预期的前提下，投资者拥有的不同信息可以通过资产价格反映出来，且在交易环节有关资产价格的信息同样会发挥作用。

　　既然债券交易者获取信息的差异会影响最终的交易结果，那么进一步需要明确的问题是，什么样的机制会决定债券交易者获取信息的多少。本章重点关注了影响信息获取的两种重要机制。（1）社会网络的作用。大量研究发现，信息会在社会网络中传递，从而对不同类型的经济行为产生影响，如应聘、产品使用、技术等（Jackson，2008，2010）。经常当面交流以及拥有相同教育经历的人，实际上共处于一个社会网络中，信息在上述网络中的传递会对资本市场中的投资活动产生重要影响。而围绕社会网络这一主题，越来越多的研究发现，在考虑经济行为的动因时，以社会网络为代表的社会情境才是最主要的因素。鉴于社会网络在传递信息过程中的

---

* 本章作者：代志新。

重要作用，本章在思考债券交易者获取信息的差异时会将社会网络的作用纳入研究范畴。（2）信息获取过程的作用。现有研究主要将债券交易者从事的具体经济活动简单抽象为获取信息环节和债券交易环节，也就是说，债券交易者在获取信息后就会据此进行债券交易，上述两个环节不会重复发生。因此，从信息获取过程来看，这是一种静态的信息获取。相比之下，现实中的债券交易过程由多次获取信息环节和交易环节共同构成，即债券交易者可以反复更新信息集并进行债券交易决策，这其实是一种动态信息获取过程。因此，区别于以往研究，本章重点考虑动态信息获取对债券交易者获取信息决策以及整个债券市场交易结果的影响。

本章对债券市场交易效率的衡量主要包括以下几个方面：（1）债券市场中选择获取信息的交易者数量以及市场层面信息总量；（2）债券市场成交总量；（3）债券市场成交价格与债券真实价值之间的偏离程度。本章通过衡量拥有社会网络以及动态信息获取两种不同机制下的债券市场信息量、交易量以及成交价差，可以分析出不同机制下债券市场交易效率的改变。

8.2 研究思路

围绕以上内容，本章利用经济学实验室实验的方法展开研究，主要设计思路如下。（1）本章将在实验室实验中构造一个虚拟的债券交易市场，参与实验的被试可以在这一平台上对债券进行自由交易。实验中债券买卖数量和价格均由被试自己决定，且通过虚拟债券交易市场，被试可以获知债券挂牌价、成交价、成交数量的实时信息。（2）本章实验中债券的信息具有内生属性。当获取信息存在成本时，资产的市场价格并非有效的（Grossman，1976），这是因为理性预期假设下的市场均衡不存在信息获取成本和交易费用（Grossman & Stiglitz，1980；Milgrom & Stokey，1982）。而在包含噪声的理性预期假设下，市场均衡时信息的获取是内生的（Grossman & Stiglitz，1980；Verrecchia，1982；Peress，2004），但部分噪声会使得均衡价格不能反映交易者拥有的资产信息。大多数以资产定价为主题的实验研究是在史密斯等（Smith et al.，1988）研究的基础上展开的。实验中的虚拟资产市场将重复多期，且资产的结构是交易者间的共识。研究发现，资产价格存在泡沫，即在持续多期交易中价格会超过基本面。另一类资产定价的实验研究表明，市场不仅能够有效传递信息（Forsythe et al.，1982；Friedman et al.，1984），还能在静态市场中加总私人信息（lott & Sunder，1982，1988）。上述研究中有关资产的信息均是外生的，现有的实验研究很少关注内生信息的获取（Copeland & Friedman，1992；Sunder，1992；Ackert et al.，1997；Huber et al.，2011；Page & Siemroth，2017）。本章将对此不足进行改进，将实验中有关债券的信息设定为内生性质，用以刻画现实中债券交易者主观获取信息的过程。因此，本章实验中债券交易者主观获取信息的结果会造成整个债券市场信息总量的变化，进而会影响市场层面的交易数量和效率。（3）本章在实验中将构造无社会网络和完全社会网络两种信息传递机制。在无社会网络的实验中，参与实验的被试获取的信息仅限于自己知道，也就是说市场中扮演债券交易者的被试不知道其他人拥有的信息。相比之下，在完全网络的实验中，处于同一个债券交易市场的被试相互之间信息共享，不同债券交易者私人获取的有价信息会通过社会网络无偿传递给他人。（4）本章在实验中将构造静态信息获取和动态信息获取两种信息获取机制。在静态信息获取实验中，参与实验的被试在一个完整的交易周期内有一次获取信息的机会，而后参与债券交易；而在动态信息获取实验中，参与实验的被试在一个完整的交易周期内则有三次获取信息的机会，每次决定获取信息的数量后再参与债券交易。

本章的实验于 2021 年在首都经济贸易大学展开，共有 96 名学生被试参与其中。学生被试通过互联网及校园各处的招募公告获知相关的实验信息，而后由实验员根据学生被试的基本信息及报名情况将其随机分配到不同的实验场次。在本章的实验中，学生被试均需要在计算机上完成所有操作，实验设计的实现则通过 Ztree 软件中的编程最终实现（Fischbacher，2007）。实验展开过程中学生被试全程匿名，且相互之间不允许任何形式的交流。每场实验的学生被试人数为 12 名，持续时间大约为 90 分钟。整个实验以真实的现金作为激励，在实验结束后实验员按照每个实验币等于

0.25 元的汇率给予被试实验报酬。实验中每名被试可获得的总体收益由 10 元出场费以及根据自身决策计算出来的实验收益两部分累加而得，总计为 50 元左右。本章中包含的具体实验设计如下。

第一阶段：债券交易实验。这部分围绕债券交易的实验设计是在佩奇和西姆罗斯（Page & Siemroth，2017）、哈利姆等（Halim et al.，2019）研究基础上的延续。在本阶段实验中，参与实验的被试将在虚拟的市场上交易债券，既可以买入其他被试持有的债券，也可以卖出自己拥有的债券。

在交易之前的初始条件下，每名被试将获得 100 个实验币和 6 项债券资产。被试需要依据债券的价值决定买入或卖出，以及按多少价格买入或卖出。实验中，债券的真实价值由不同的罐子类型在交易发生之前决定，具体如下：如果罐子为 A，债券的真实价值为 10 个实验币；如果罐子为 B，债券的真实价值为 0 个实验币。罐子 A 和罐子 B 中均拥有 10 个球，两者的差别为，罐子 A 中有 6 个黑球和 4 个白球，罐子 B 中有 4 个黑球和 6 个白球。罐子 A 和罐子 B 出现的概率相等，均为 50%。举例来说，在交易结束时如果实验中的某名被试拥有 105 个实验币和 5 项资产，这时候计算机公布决定资产价值的罐子为 A，那么这名被试在债券交易结束后拥有的收益总计为 $105 + 5 \times 10 = 155$ 个实验币；反之，如果计算机公布决定资产价值的罐子为 B，那么这名被试在债券交易结束后拥有的收益总计为 $105 + 5 \times 0 = 105$ 个实验币。

在交易开始之前，被试可以得到有关罐子内不同颜色球的构成信息，用以推测罐子的类型。每名被试可以得到 2 次免费随机抽取球的机会，每次抽取 1 个球，放回后抽取第 2 个球，2 次抽球结束后可以获知球的颜色信息，且 2 个球的颜色信息由所有参与者共享。

每名被试均有机会增加抽球次数，以此获取额外的信息，用以推测罐子类型。但是，这一过程需要花费成本，每多抽取 1 个球需要支付 1.5 个实验币。额外获取的信息只显示给付费者本人，并不对其他被试显示。付费抽球结束后，根据被试抽取球的次数和颜色，系统将计算出债券价值等于罐子 A 的概率，并将这一概率显示。被试可以据此进行买卖债券资产的决策。

信息获取环节结束后，被试将进入交易环节，这一过程将持续 180 秒，计时结束后虚拟债券交易市场将关闭。交易期间，扮演交易者的被试将被计算机随机分为3组，资产可以通过虚拟债券市场在组内被试之间进行交易，任何被试均可以买入或卖出资产。当然，资产的交易遵循自愿原则，而不是必须参与。在每期交易结束以后，罐子的类型将公布，因而每期中被试最终所持有的债券价值也将确定。

第一阶段债券交易实验将重复进行10期，每期决定债券价值的罐子类型均由计算机随机决定，债券交易环节结束后计算机将显示每名被试在这一期所获得的收益，待每场实验所有内容均完成后，计算机会随机选取10期中的3期计算平均收益，这一平均收益构成了被试在第一阶段债券交易实验中可获得的最终收益。此外，在正式开始第一阶段实验之前，每名被试均需要参加2期与本阶段实验内容完全相同的预实验并完成内容理解测试，以便被试如实了解实验内容并熟悉相关操作，而被试在预实验中的任何决策均不计入收益。

第二阶段：计算实验。在这部分实验中，被试需要完成10道计算题。每答对1题将获得4个实验币收益，答错题目并不会给被试造成损失。被试也可以选择不填写答案，那么对应题目收益为0。

第三阶段：风险偏好测度实验。本章沿用霍尔特和劳里（Holt & Laury，2002）的实验设计对风险偏好进行测度，目前为止该方法应用广泛且具有外部有效性，成为测度风险偏好的经典方法。具体地，在本部分实验中被试需要在10组不同的彩票组合中做出选择，每组选项包括彩票A和彩票B两种，被试可任选其一。在进行彩票选择之前，被试知道其自身所做的决策将会影响其在后续抽奖环节所能得的收益。彩票A和彩票B的内容及相关的10种彩票组合如表8-1所示。当所有被试完成决策后，针对每名被试计算机会随机选取10组彩票组合中的一组，而后根据被试在这一组中对彩票A和彩票B的选择进行抽奖。例如，对某名被试来说，假设计算机随机抽取到第3组彩票组合，而该被试在第3组彩票组合中选择了彩票B，此时抽奖池中的10个数字则分别为2个3以及8个0，计算机会随机选择10个数字中的任何一个作为被试的收益。由于计算机选择的随机性，被试并不知道哪组彩票组合会被选中，因而本部分实验中被试的收益决定方式使得每名被试的每一次决策均会直接关乎自身收益，且这种收益决定方式还可以排除财富效应对被试决策的干扰。

表 8-1 彩票选择

序号	彩票 A	彩票 B
1	1 元	0% 的概率获得 3 元，100% 的概率获得 0 元
2	1 元	10% 的概率获得 3 元，90% 的概率获得 0 元
3	1 元	20% 的概率获得 3 元，80% 的概率获得 0 元
4	1 元	30% 的概率获得 3 元，70% 的概率获得 0 元
5	1 元	40% 的概率获得 3 元，60% 的概率获得 0 元
6	1 元	50% 的概率获得 3 元，50% 的概率获得 0 元
7	1 元	60% 的概率获得 3 元，40% 的概率获得 0 元
8	1 元	70% 的概率获得 3 元，30% 的概率获得 0 元
9	1 元	80% 的概率获得 3 元，20% 的概率获得 0 元
10	1 元	90% 的概率获得 3 元，10% 的概率获得 0 元

由表 8-1 可知，对于 10 组彩票组合中的任何一组，彩票 A 能够确定性地给被试带来 1 元收益，而彩票 B 可能给被试带来的收益则为 3 元或 0 元。因此，相比彩票 B 来说，彩票 A 可视作安全选项。被试选择彩票 A（即安全选项）的数量越多，被试自身对风险的厌恶程度也就越高，这也是本阶段实验设计能够依据被试选择安全选项的个数确定其自身风险厌恶程度的原因。此外，从第 5 组彩票组合开始彩票 B 的期望收益大于彩票 A，说明随着赢得高收益的概率不断提升，更多的被试可能在第 4 组彩票组合后由选择彩票 A 变成选择彩票 B。综合表 8-1 中存在的以上特征可知，高度风险爱好者将从第 1 组彩票组合开始就选择彩票 B，高度风险厌恶者则会到第 10 组彩票组合时才会选择彩票 B，相比之下风险中性的个体将在第 4 组彩票组合以后选择彩票 B。

以上便是本章实验的主体内容，待所有被试均完成上述三个阶段的实验后，将进入问卷环节，问卷的内容包含基本信息调查及相关问题测度等。本章重点考虑债券交易者传递信息时社会网络发挥的作用，以及获取信息时动态过程产生的影响，因此总计有 2×2=4 个实验设计，具体如表 8-2 所示。在实验开展过程中，每个实验组将重复 2 场，每场 12 名被试参与，总计 2×12×4=96 名被试参与实验。对于本章实验中包括的 4 个实验组，其中实验组 1 可视作控制组，对应的被试依次完成上述三个阶段的实验内容；实验组 2 与控制组的差别为，被试在获取有价信息的决策之后，对于计算机随机生成的 3 组被试，每组内部被试之间可以共享信息；实验组 3 与控制组的差别为，虽然被试信息获取环节结束后同样会进入债券交易环节，但是上述过程将重复进行 3 次，且每次债券交易的期限为 60 秒；实验组 4 与控制组的差别既包括信息在组内被试间的共享，也包括信息获取与债券交易的重复过程，因此实验组 4 包括了实验组 2 和实验组 3 与控制组的所有差异。

表 8－2 实验设计说明

实验组	信息获取	社会网络
1	静态	无网络
2	静态	完全网络
3	动态	无网络
4	动态	完全网络

结合上述不同实验设计的具体内容可以进行以下几方面的分析。（1）对比实验组 1 与实验组 2、实验组 3 与实验组 4 的实验数据，可以分别得到在静态信息获取和动态信息获取两种不同情形下，信息传递过程中社会网络的存在对信息获取决策、市场层面的债券交易量和成交价差的影响。（2）对比实验组 1 与实验组 3、实验组 2 与实验组 4 的实验数据，可以分别得到在无社会网络和完全社会网络两种不同的信息传递机制下，动态信息的获取过程相比静态信息获取是否会改变债券交易者信息获取决策以及对市场层面的影响。

8.3 取得的主要研究进展、重要结果、关键数据等及其科学意义或应用前景

本章将从债券交易者获取信息决策以及市场层面的整体效果两方面展开论述，通过对实验数据的分析检验社会网络效应以及动态信息获取效应所能产生的影响。

8.3.1　不同信息获取机制（静态、动态）和传递机制（无网络、完全网络）是否会影响决策者的信息获取行为

在实验组 1 和实验组 2 中，被试在第一阶段债券交易实验中有一次机会决定是否获取有价信息以及获取信息的数量；而在实验组 3 和实验组 4 中，被试可分别得到三次机会以进行获取有价信息的决策。因此，对于 4 个实验组所有被试来说，每个人在是否获取有价信息以及获取信息数量上均可能存在差异。表 8 - 3 列举了各实验组获取信息人数占比和获取信息数量的描述性统计分析。其中，获取信息变量为虚拟变量，当其值为 1 时表示被试选择获取有价信息；获取信息数量变量表示被试获取有价信息的数量，取值为 0 及正整数。表 8 - 3 中数据呈现出以下两点特征：（1）由实验组 1 和实验组 2 对比可知，静态信息获取机制下，当信息在完全网络间传递时，被试获取信息的比例（0.35 < 0.79）和获取信息的数量（0.43 < 2.43）均呈现下降趋势。类似地，由实验组 3 和实验组 4 对比可知，动态信息获取机制下，当信息在完全网络间传递时，被试获取信息的比例（0.54 < 0.89）和获取信息的数量（1.54 < 5.38）同样也呈现下降趋势。（2）由实验组 1 和实验组 3 对比可知，当不存在社会网络传递信息时，动态信息获取相比于静态信息获取会提升被试获取信息的比例（0.89 > 0.79）和获取信息的数量（5.38 > 2.43）。类似地，由实验组 2 和实验组 4 对比可知，当存在社会网络传递信息时，动态信息获取相比于静态信息获取同样会提升被试获取信息的比例（0.54 > 0.35）和获取信息的数量（1.54 > 0.43）。下面通过样本层面的统计检验，可以验证上述两点发现是否如实存在。

表 8 - 3　各实验组获取信息人数占比和获取信息数量的描述性统计

项目	实验组 1 静态信息获取 无网络	实验组 2 静态信息获取 完全网络	实验组 3 动态信息获取 无网络	实验组 4 动态信息获取 完全网络
获取信息（=1）	0.79 (0.41)	0.35 (0.48)	0.89 (0.32)	0.54 (0.50)

续表

项目	实验组 1 静态信息获取 无网络	实验组 2 静态信息获取 完全网络	实验组 3 动态信息获取 无网络	实验组 4 动态信息获取 完全网络
获取信息数量	2. 43 (2. 32)	0. 43 (0. 67)	5. 38 (4. 90)	1. 54 (1. 93)
被试人数	24	24	24	24
观察值	240	240	240	240

注：获取信息变量和获取信息数量变量对应的两行数值分别为均值和标准差。

根据表 8 - 4 中卡方检验的结果可知，无论在静态信息获取机制下 (0. 35 < 0. 79；chi = 95. 33，p-value < 1%) 还是在动态信息获取机制下 (0. 54 < 0. 89；chi = 71. 76，p-value < 1%)，当信息在完全网络间传递时，被试获取信息的比例低于无网络的情形，且两者之间的差异在 1% 的水平上显著；无论对于信息传递过程中的无网络情形 (0. 89 > 0. 79；chi = 8. 82，p-value < 1%) 还是完全网络情形 (0. 54 > 0. 35；chi = 17. 88，p-value < 1%)，动态信息获取相比于静态信息获取会提升被试获取信息的比例，且两者之间的差异同样在 1% 的水平下显著。由表 8 - 4 中双边 Wilcoxon 秩和检验可知，无论在静态信息获取机制下 (0. 43 < 2. 43；z = 12. 73，p-value < 1%) 还是在动态信息获取机制下 (1. 54 < 5. 38；z = 11. 64，p-value < 1%)，相比于无网络的情形，信息通过完全网络传递会降低被试获取信息的数量，且两者之间的差异在 1% 的水平下显著；无论对于信息传递过程中的无网络情形 (5. 38 > 2. 43；z = - 8. 48，p-value < 1%) 还是完全网络情形 (1. 54 > 0. 43；z = - 6. 76，p-value < 1%)，动态信息获取相比于静态信息获取会提升被试获取信息的数量，且两者之间的差异同样在 1% 的水平下显著。

因此，总体来看，由实验组之间变量差异的统计检验结果可知，信息通过社会网络传递会降低债券交易者获取信息的比例和获取信息的数量；而动态信息的获取过程相比静态信息的获取过程会提升债券交易者获取信息的比例和获取信息的数量。

表 8 – 4　　　　　　　　各实验组获取信息决策的分布差异检验

项目	静态信息获取 无网络 Vs 静态信息获取 完全网络	动态信息获取 无网络 Vs 动态信息获取 完全网络	静态信息获取 无网络 Vs 动态信息获取 无网络	静态信息获取 完全网络 Vs 动态信息获取 完全网络
获取信息（＝1）	95.33 (0.00)	71.76 (0.00)	8.82 (0.00)	17.88 (0.00)
获取信息数量	12.73 (0.00)	11.64 (0.00)	−8.48 (0.00)	−6.76 (0.00)

注：获取信息变量的分布差异检验采用 Pearson 卡方检验，经该检验可得 chi2 统计量值，chi2 值下方括号内为对应的 p 值；分布差异检验采用双边 Wilcoxon 秩和检验，经该检验可得 z 统计量，z 值下方括号内为对应的 p 值。

　　接着，本节将对个体层面的实验数据进行回归分析，用以检验上述发现的有效性。由于获取信息变量为虚拟变量，为了检验信息传递过程中的社会网络效应和动态信息获取效应，本章将采用 Logit 模型进行回归分析，并报告各变量估计值的平均边际效应。而对于获取信息变量，其取值范围是 0 及正整数，因此在验证社会网络及动态信息获取对获取信息数量的影响时，本章将采用 OLS 方法进行回归分析。此外，在对个体层面的实验数据进行回归分析时，本章对市场中有关债券价值的初始信息存量以及被试的特征进行了控制，具体包括以下几个方面。（1）债券交易实验中两次免费抽球结果的不确定性。现有研究发现，当实验中的资产交易者拥有更多货币和资产，或者市场中有关资产的现存信息不全面时，均会选择获取更多的有价信息（Page & Siemroth，2017）。因此，为了排除本章实验中债券市场现存信息对被试的影响，在回归分析中引入控制变量"免费抽球结果不确定"。当这一变量的值为 1 时，表述两次免费抽球的结果为一个黑球一个白球，这种抽球结果使被试无法判断债券价值对应的罐子类型，属于不完全信息。（2）风险厌恶程度。本章在第三阶段实验中对被试的风险偏好进行了测度，回归分析中风险厌恶变量的构成来自这部分实验数据。风险厌恶变量取值范围为 1 ~ 10 的正整数，数值越大表明被试的风险厌恶程度越高。（3）计算能力。本章通过第二阶段实验衡量了被试的基本计算能力，回归分析中计算能力变量的取值来自这部分的实验数据。计算能力变量取值范围是 0 ~ 10 的整数，数值越大表明被试的计算能力越强。（4）被试的人口学特征，包括年龄和性别。（5）债券交易实验中的期数，期数变量取值范围是 1 ~ 10 的整数。通过在回归分析中控制上述影响因素，有助于准确地检验不同实验设计对应的实验效应是否如实存在。

由表 8 - 5 中的回归结果（1）可知，在静态信息获取机制下，信息传递过程中完全网络的存在会使被试获取信息的决策意愿降低 39%，且这一估计值在 1% 的水平上显著。由回归结果（2）可知，在控制了被试性别等因素后，完全网络变量的平均边际效应仍然为负，且在 1% 的水平下显著。这说明，在静态信息获取机制下，完全网络的存在会降低债券交易者获取信息的决策意愿。同样地，由表 8 - 5 中的回归结果（4）可知，在控制了被试的基本特征后，在动态信息获取机制下，信息传递过程中完全网络的存在同样会使被试获取信息的决策意愿降低 33%，且这一估计值在 1% 的水平上显著。这说明，在动态信息获取机制下，完全网络的存在同样会降低债券交易者获取信息的决策意愿。基于回归分析所得结论与样本层面的检验相一致，均说明社会网络的存在会提高债券交易者搭便车的动机，降低债券交易者获取信息的决策意愿。

表 8 - 5　　　　　　　　　社会网络对获取信息决策的回归分析

解释变量	被解释变量			
	静态		动态	
	获取信息（=1）	获取信息（=1）	获取信息（=1）	获取信息（=1）
	（1）	（2）	（3）	（4）
完全网络（=1）	- 0.39*** (0.02)	- 0.38*** (0.03)	- 0.30*** (0.03)	- 0.33*** (0.03)
免费抽球结果不确定（=1）	0.01 (0.04)	0.05 (0.04)	0.07* (0.04)	0.06* (0.04)
风险厌恶	- 0.01 (0.01)	- 0.02** (0.01)	- 0.04*** (0.01)	- 0.04*** (0.01)
年龄		0.02* (0.01)		- 0.02*** (0.01)

解释变量	被解释变量			
	静态		动态	
	获取信息（=1）	获取信息（=1）	获取信息（=1）	获取信息（=1）
	（1）	（2）	（3）	（4）
男性 （=1）		0.30 *** （0.08）		0.07 （0.05）
计算能力		0.05 *** （0.01）		−0.05 *** （0.02）
期数		−0.02 ** （0.01）		−0.01 * （0.01）
观察值	480	480	480	480

注：（1）每个系数对应着两行数据，第一行数据为 Logit 回归估计所得的平均边际效应值，根据回归模型中各解释变量估计值计算所得；第二行括号内数值表示稳健标准误。（2）*、** 和 *** 分别表示变量估计值在 10%、5% 和 1% 的水平上显著。

由表 8−6 中的回归结果（1）可知，在静态信息获取机制下，信息传递过程中完全网络的存在会使被试获取信息的数量降低 2 个，且这一估计值在 1% 的水平上显著。由回归结果（2）可知，在控制了被试性别等因素后，完全网络变量的估计值为 −1.97，且在 1% 的水平下显著。这说明，在静态信息获取机制下，完全网络的存在会降低债券交易者获取信息的数量。同样地，由表 8−6 中的回归结果（4）可知，在控制了被试的基本特征后，动态信息获取机制下，信息传递过程中完全网络的存在同样会使被试获取信息的数量降低 4.15 个，且这一估计值在 1% 的水平上显著。这说明，在动态信息获取机制下，完全网络的存在同样会降低债券交易者获取信息的数量。基于回归分析所得结论与样本层面的检验相一致，均说明社会网络的存在会提高债券交易者"搭便车"的动机，降低债券交易者获取信息的数量。

表8－6　　　　　　社会网络对获取信息数量的回归分析

解释变量	被解释变量			
	静态		动态	
	获取信息数量	获取信息数量	获取信息数量	获取信息数量
	(1)	(2)	(3)	(4)
完全网络 （ ＝1）	-2.00 *** (0.16)	-1.97 *** (0.15)	-3.80 *** (0.35)	-4.15 *** (0.38)
免费抽球结果不确定 （ ＝1）	-0.10 (0.16)	0.05 (0.15)	0.89 *** (0.34)	0.95 *** (0.33)
风险厌恶	0.02 (0.03)	-0.01 (0.03)	-0.02 (0.08)	0.09 (0.09)
年龄		0.08 ** (0.04)		-0.24 *** (0.07)
男性 （ ＝1）		2.42 *** (0.27)		1.94 *** (0.39)
计算能力		0.22 *** (0.05)		-0.34 *** (0.10)
期数		-0.02 (0.02)		-0.01 (0.06)
常数项	2.32 *** (0.27)	-1.29 (1.11)	4.99 *** (0.59)	11.88 *** (1.91)
观察值	480	480	480	480

注：（1）每个系数对应着两行数据，第一行数据为 OLS 回归分析所得的估计值，第二行括号内数值表示稳健标准误。（2）＊、＊＊和＊＊＊分别表示在10%、5%和1%的水平上显著。

由表8－7中的回归结果（1）可知，当信息不能在社会网络中传递时，动态信息获取机制相比静态信息获取机制会使被试获取信息的决策意愿提高7%，且这一估计值在5%的水平上显著。由结果（2）可知，在控制了被试性别等因素后，动态信息获取变量的平均边际效应仍然为正，且在5%的水平上显著。这说明，当不存在社会网络时，动态信息获取机制会提高债券交易者获取信息的决策意愿。由表8－7中的回归结果（4）可知，在控制了被试的基本特征后，当信息在社会网络中传递时，动态信息获取机制同样会使被试获取信息的决策意愿提高6%，但这一估计值并不显著。结果（4）中动态信息获取变量不显著的原因在于，完全网络的存在会降低被试信息获取的决策意愿，而由结果（1）和结果（2）可知，动态信息获取机制会提升被试信息获取的决策意愿，两种机制产生的效应相互抵消，最终使得动态信息获取变量的估计值并不显著。

表 8-7　　　　　　　动态信息获取对获取信息决策的回归分析

解释变量	被解释变量			
	无网络		完全网络	
	获取信息（=1）	获取信息（=1）	获取信息（=1）	获取信息（=1）
	（1）	（2）	（3）	（4）
动态信息获取 （=1）	0.07 ** （0.03）	0.09 ** （0.04）	0.19 *** （0.04）	0.06 （0.05）
免费抽球结果不确定 （=1）	0.02 （0.03）	0.04 （0.03）	0.07 （0.04）	0.07 （0.04）
风险厌恶	−0.03 *** （0.01）	−0.04 *** （0.01）	−0.02 ** （0.01）	−0.01 （0.01）
年龄		0.04 *** （0.01）		−0.04 *** （0.01）
男性 （=1）		0.14 ** （0.06）		0.19 *** （0.06）
计算能力		0.04 *** （0.01）		−0.03 （0.02）
期数		−0.02 *** （0.01）		−0.01 * （0.01）
观察值	480	480	480	480

注：（1）每个系数对应着两行数据，第一行数据为 Logit 回归估计所得的平均边际效应值，根据回归模型中各解释变量估计值计算所得；第二行括号内数值表示稳健标准误。（2）*、** 和 *** 分别表示在 10%、5% 和 1% 的水平上显著。

由表 8-8 中的回归结果（1）可知，当信息不能在社会网络中传递时，动态信息获取机制相比静态信息获取机制会使被试获取信息的数量增加 3.02 个，且这一估计值在 1% 的水平上显著。由结果（2）可知，在控制了被试性别等因素后，动态信息获取变量的估计值为 1.95，且在 1% 的水平上显著。这说明，当信息不能通过社会网络传递时，动态信息获取机

制会提高债券交易者获取信息的数量。同样地，由表 8 - 8 中的回归结果
（4）可知，在控制了被试的基本特征后，当信息能够在社会网络中传递
时，动态信息获取机制同样会使被试获取信息的数量提高 0.79 个，且这一
估计值在 1% 的水平上显著。这说明，当存在信息传递的社会网络时，动
态信息获取机制同样会提高债券交易者获取信息的数量。基于回归分析所
得结论与样本层面的检验相一致，均说明动态信息获取机制的存在会提高
债券交易者获取信息的数量。

表 8 - 8　　　　　　　动态信息获取对获取信息数量的回归分析

解释变量	被解释变量			
	无网络		完全网络	
	获取信息数量	获取信息数量	获取信息数量	获取信息数量
	（1）	（2）	（3）	（4）
动态信息获取（ =1）	3.02 *** (0.36)	1.95 *** (0.36)	1.12 *** (0.13)	0.79 *** (0.15)
免费抽球结果不确定（ =1）	0.71 ** (0.35)	0.77 ** (0.32)	0.13 (0.13)	0.13 (0.13)
风险厌恶	0.08 (0.08)	-0.02 (0.09)	-0.07 ** (0.03)	-0.04 (0.03)
年龄		-0.17 ** (0.08)		-0.13 *** (0.03)
男性（ =1）		4.20 *** (0.45)		0.05 (0.19)
计算能力		-0.13 (0.10)		-0.01 (0.05)
期数		-0.01 (0.06)		-0.04 * (0.02)
常数项	1.49 ** (0.66)	7.02 *** (2.36)	0.83 *** (0.23)	3.95 *** (0.82)
观察值	480	480	480	480

　　注：（1）每个系数对应着两行数据，第一行数据为 OLS 回归分析所得的估计值，第二行括号
内数值表示稳健标准误。（2）＊、＊＊ 和 ＊＊＊ 分别表示在 10%、5% 和 1% 的水平上显著。

　　为了进一步验证社会网络与动态信息获取两种机制所能产生的实验效

应，本章将对所有实验数据进行全样本回归分析，以确认前面分析结论是否具有一般性。由表8-9中的回归结果（1）和结果（3）可知，信息传递过程中完全网络的存在会使被试获取信息的决策意愿和数量分别降低36%和3.11个，且上述两个估计值均在1%的水平上显著。由回归结果（2）和结果（4）可知，动态信息获取机制下被试获取信息的意愿和数量分别提升15%和1.88个，且上述两个估计值同样在1%的水平上显著。因此，通过全样本的回归分析可知，社会网络和动态信息获取均会改变债券交易者获取信息的决策意愿和数量。综合前面样本间分析和回归分析的所有发现，本章得到以下两点结论。

结论1：社会网络的存在会提高债券交易者"搭便车"的动机，降低债券交易者获取信息的决策意愿与数量。

结论2：动态信息的获取机制有助于提高债券交易者获取信息的决策意愿与数量。

表8-9　　　　　获取信息决策和数量的全样本回归分析

解释变量	被解释变量			
	获取信息（=1）	获取信息（=1）	获取信息数量	获取信息数量
	（1）	（2）	（3）	（4）
完全网络（=1）	-0.36*** (0.02)		-3.11*** (0.20)	
动态信息获取（=1）		0.15*** (0.03)		1.88*** (0.22)
免费抽球结果不确定（=1）	0.05* (0.03)	0.05* (0.03)	0.42** (0.19)	0.48** (0.20)
风险厌恶	-0.02*** (0.01)	-0.03*** (0.01)	-0.03 (0.04)	-0.06 (0.05)
年龄	-0.01** (0.01)	0.03*** (0.01)	-0.20*** (0.04)	0.18*** (0.05)
男性（=1）	0.19*** (0.04)	0.21*** (0.05)	2.59*** (0.26)	2.43*** (0.28)
计算能力	-0.004 (0.01)	-0.01 (0.01)	-0.17*** (0.06)	-0.17*** (0.07)

续表

解释变量	被解释变量			
	获取信息（=1）	获取信息（=1）	获取信息数量	获取信息数量
	(1)	(2)	(3)	(4)
期数	- 0.01 ***	- 0.01 ***	- 0.03	- 0.03
	(0.004)	(0.01)	(0.03)	(0.04)
常数项			9.52 ***	- 1.08
			(1.13)	(1.28)
观察值	960	960	960	960

注：（1）前两列结果中每个系数对应着两行数据，第一行数据为 Logit 回归估计所得的平均边际效应值，根据回归模型中各解释变量估计值计算所得；第二行括号内数值表示稳健标准误。（2）后两列结果中每个系数对应着两行数据，第一行数据为 OLS 回归分析所得的估计值，第二行括号内数值表示稳健标准误。（3） * 、** 和 *** 分别表示在 10%、5% 和 1% 的水平上显著。

8.3.2 不同信息获取机制（静态、动态）和传递机制（无网络、完全网络）作用下市场层面的整体效果

在探讨社会网络和动态信息获取两种机制对债券市场整体层面的影响时，本节延续个体层面实验数据的回归分析思路，将市场中所有参与债券交易被试的个体特征加总后进行平均，以此刻画市场层面的整体特征，并作为控制变量加入这部分的回归分析中。本节中市场层面的控制变量包括免费抽球结果不确定、市场平均风险厌恶水平、市场中交易者的平均年龄和男性占比、交易者的平均计算能力。上述变量的含义与前面个体层面回归分析中对应变量相同，而取值为对应变量的均值。

由表 8-10 中的回归结果（1）和结果（3）可知，信息传递过程中完全网络的存在会使整个市场获取信息的数量和人数占比分别降低 10.47 个和 180%，且上述两个估计值均在 1% 的水平上显著。由回归结果（2）和结果（4）可知，动态信息获取机制下整个市场获取信息的数量和人数占比分别提升 13.01 个和 155%，且上述两个估计值同样在 1% 的水平上显著。因此，通过对市场整体层面的回归分析可知，社会网络和动态信息获取分别会增加和减少市场中获取信息的人数占比和数量。这一发现进一步

验证了结论 1 和结论 2 的正确性，也就是说，社会网络和动态信息获取通过降低和提升债券交易者获取信息的意愿和数量，最终导致整个市场中获取信息人数占比和数量减少和增加。

表 8 – 10　　　　市场层面获取信息数量和人数的回归分析

解释变量	被解释变量			
	获取信息数量	获取信息数量	获取信息人数	获取信息人数
	（1）	（2）	（3）	（4）
完全网络（ =1）	– 10. 47 *** (1. 18)		– 1. 80 *** (0. 14)	
动态信息获取（ =1）		13. 01 *** (1. 40)		1. 55 *** (0. 20)
免费抽球结果不确定（ =1）	1. 66 * (0. 90)	1. 93 ** (0. 89)	0. 15 (0. 11)	0. 21 * (0. 13)
平均风险厌恶	0. 04 (0. 36)	0. 32 (0. 36)	– 0. 03 (0. 04)	– 0. 04 (0. 05)
平均年龄	– 0. 01 (0. 37)	4. 03 *** (0. 36)	– 0. 09 ** (0. 04)	0. 49 *** (0. 05)
男性占比	25. 91 *** (3. 05)	13. 82 *** (3. 57)	0. 69 * (0. 37)	– 0. 36 (0. 50)
平均计算能力	– 1. 50 *** (0. 56)	– 0. 62 (0. 59)	0. 17 ** (0. 07)	0. 20 ** (0. 08)
期数	– 0. 11 (0. 15)	– 0. 11 (0. 15)	– 0. 06 *** (0. 02)	– 0. 06 *** (0. 02)
常数项	22. 29 ** (8. 91)	– 86. 56 *** (11. 27)	4. 52 *** (1. 07)	– 10. 25 *** (1. 58)
观察值	240	240	240	240

注：（1）每个系数对应着两行数据，第一行数据为 OLS 回归分析所得的估计值，第二行括号内数值表示稳健标准误。（2） * 、** 和 *** 分别表示在 10% 、5% 和 1% 的水平上显著。

本节将进一步检验不同机制对市场交易量的影响，而在回归分析中将引入整个市场中拥有的信息存量和债券资产价值对应于罐子 A 的概率作为控制变量。由表 8 – 11 中的回归结果 （1） 可知，当信息通过社会网络传递时，整个市场中债券的交易量将提升 1. 07 个，且这一估计值在 10% 的水平上显著。而由回归结果（2）可知，动态信息获取机制同样会使整个市场中的债券交易量增加 3.43 个，且这一估计值在 1% 的水平上显著。另外，回归结果（1）和结果（2）中市场信息数量的估计值均为正，且分别在 1% 和 5% 的水平上显著，说明市场提供的信息越充分，越有利于债券成交。基于表 8 - 11 中的回归结果，得到以下结论。

结论 3：从市场层面看，社会网络与动态信息获取分别会提高债券的交易量。

表 8 - 11　　　　　　　　　　　　市场交易量的回归分析

解释变量	被解释变量	
	市场交易量	市场交易量
	(1)	(2)
市场信息数量	0.15 ***	0.06 **
	(0.03)	(0.03)
完全网络 （ = 1）	1.07 * (0.58)	
动态信息获取 （ = 1）		3.43 *** (0.67)
资产价值概率	- 1.35	- 1.35
	(1.00)	(0.96)
平均风险厌恶	0.09	0.37 **
	(0.15)	(0.15)
平均年龄	- 0.09	0.45 **
	(0.16)	(0.19)
男性占比	1.30	- 1.39
	(1.48)	(1.52)
平均计算能力	- 1.66 ***	- 1.20 ***
	(0.24)	(0.24)
期数	- 0.15 **	- 0.16 **
	(0.07)	(0.06)
常数项	17.92 ***	0.67
	(3.85)	(5.19)
观察值	240	240

注：（1）每个系数对应着两行数据，第一行数据为 OLS 回归分析所得的估计值，第二行括号内数值表示稳健标准误。（2） * 、** 和 *** 分别表示在 10% 、5% 和 1% 的水平上显著。

本节还关注不同机制影响下债券市场成交价格与价值之间的偏离程度。表 8 – 12 报告了社会网络对市场交易价差的回归分析结果,由回归结果(1)可知,在静态信息获取机制下,社会网络的存在会使得市场成交价与价值之间的偏离程度增加 1.23 个实验币,且这一估计值在 10% 的水平上显著。而在回归结果(2)中,完全网络变量的估计值并不显著,说明动态信息获取机制下,社会网络的存在不一定会引发市场成交价差的提升。

表 8 – 12　　　　　　　社会网络对市场交易价差的回归分析

解释变量	被解释变量	
	静态	动态
	市场交易价格偏离	市场交易价格偏离
	(1)	(2)
市场信息数量	-0.01 (0.08)	0.04 (0.03)
完全网络 (=1)	1.23 * (0.69)	-0.45 (0.82)
资产价值概率	0.08 (1.33)	2.39 ** (0.97)
平均风险厌恶	0.37 * (0.20)	-0.36 (0.29)
平均年龄	0.04 (0.35)	-0.36 (0.24)
男性占比	-1.08 (2.63)	0.61 (1.55)
平均计算能力	-0.52 (0.44)	0.17 (0.28)
期数	-0.08 (0.07)	-0.11 (0.07)
常数项	4.70 (9.10)	11.96 ** (5.81)
观察值	120	120

注:(1)每个系数对应着两行数据,第一行数据为 OLS 回归分析所得的估计值,第二行括号内数值表示稳健标准误。(2)* 、** 和 *** 分别表示在 10% 、5% 和 1% 的水平上显著。

本节进一步检验动态信息获取机制对市场成交价差的影响。由表 8 − 13 中回归结果（2）可知，当信息能够通过社会网络传递时，动态信息获取机制会使得市场成交价与价值之间的偏离程度降低 2.08 个实验币，且这一估计值在 5% 的水平上显著。而在回归结果（1）中，动态信息获取变量的估计值并不显著，说明当不存在社会网络时，动态信息获取机制不一定会降低市场成交价差。综合表 8 − 12 和表 8 − 13 中的发现，得到以下结论。

结论 4： 社会网络的存在会导致静态信息获取机制下债券成交价格与价值偏离程度的提升，而动态信息获取则有助于缓解存在社会网络时债券成交价格与价值的偏离。

表 8 − 13　　　　动态信息获取对市场交易价差的回归分析

解释变量	被解释变量	
	无网络	完全网络
	市场交易价格偏离	市场交易价格偏离
	（1）	（2）
市场信息数量	− 0.01 （0.03）	0.24 *** （0.09）
动态信息获取 （ = 1）	1.17 （0.98）	− 2.08 ** （0.93）
资产价值概率	1.93 （1.26）	1.59 （1.01）
平均风险厌恶	0.50 （0.33）	− 0.001 （0.17）
平均年龄	− 0.32 （0.24）	0.17 （0.26）
男性占比	− 1.28 （2.67）	3.72 ** （1.68）
平均计算能力	− 0.24 （0.24）	− 1.03 ** （0.48）
期数	− 0.15 ** （0.07）	− 0.02 （0.07）
常数项	9.49 （6.57）	7.65 （6.81）
观察值	120	120

注：（1）每个系数对应着两行数据，第一行数据为 OLS 回归分析所得的估计值，第二行括号内数值表示稳健标准误。（2）*、** 和 *** 分别表示在 10%、5% 和 1% 的水平上显著。

8.4　总结

结合前面所有结论，可以将不同机制下债券交易者的决策逻辑和最终结果概括如下。

（1）当信息可以通过社会网络传递时，债券交易者具有的"搭便车"动机会使得自身降低获取有价信息的意愿和数量，这会减少整个市场拥有信息的人数和数量，虽然这种情形下债券交易量有所提升，但是在静态信息获取机制下成交价格和价值的偏离程度提升，市场效率降低。

（2）当存在动态信息获取机制时，债券交易者会提升自身获取信息的意愿和数量，这会增加整个市场拥有信息的人数和数量，并进一步促进市场成交量的提升，有助于缓解存在社会网络时债券成交价格与价值的偏离，提高市场效率。

参 考 文 献

［1］蔡定洪，刘仁林，蒋明剑．银行间债券市场波动性特征研究［J］．金融纵横，2014.

［2］陈菁，李建发．财政分权、晋升激励与地方政府债务融资行为——基于城投债视角的省级面板经验证据［J］．会计研究，2015（1）.

［3］陈军泽，杨柳勇．国债市场的降息效应分析［J］．浙江大学学报（人文社会科学版），2000（3）：77－81.

［4］陈启欢，杨朝军．上证180指数流动性效应的实证研究［J］．上海管理科学，2005（2）：16－18.

［5］崔学刚．公司治理机制对公司透明度的影响——来自中国上市公司的经验数据［J］．会计研究，2004（8）：71－96.

［6］董乐．银行间债券市场流动性及异常交易研究［D］．北京：清华大学，2008.

［7］冯用富．交易商制度与中国二板市场［J］．经济研究，2001（7）：74－82.

［8］冯宗宪，郭建伟，孙克．企业债的信用价差及其动态过程研究［J］．金融研究，2009（3）：54－71.

［9］高强，邹恒甫．企业债券与公司债券的信息有效性实证研究［J］．金融研究，2010（7）：99－117.

［10］郭泓，杨之曙．国债市场新券和旧券流动性实证研究［J］．证券市场导报，2006（2）：7.

［11］何平，金梦．信用评级在中国债券市场的影响力［J］．金融研究，2010（4）：15－28.

［12］蒋贤锋，Packer F．中外企业信用评级的差异及其决定因素［J］．中国人民银行工作论文，2017.

［13］寇宗来，盘宇章，刘学悦．中国的信用评级真的影响发债成本吗？［J］．金融研究，2015（10）：81-98．

［14］寇宗来，千茜倩，陈关亭．跟随还是对冲：发行人付费评级机构如何应对中债资信的低评级？［J］．管理世界，2020（9）：26-39．

［15］李丽．公司债券市场的强制担保要求和投资者定位［J］．金融研究，2006（3）：67-75．

［16］李贤平，江明波，刘七生．国债市场有效性的初步探讨［J］．统计研究，2000（7）：32-38．

［17］李新．中国国债市场流动性分析［J］．金融研究，2001：116-121．

［18］李焰，曹晋文．对我国国债市场流动性的实证研究［J］．财贸经济，2005（9）：55．

［19］林晚发，陈晓雨．信用评级调整有信息含量吗？——基于中国资本市场的证据［J］．证券市场导报，2018（7）：29-37．

［20］林晚发，何剑波，周畅，等．"投资者付费"模式对"发行人付费"模式评级的影响：基于中债资信评级的实验证据［J］．会计研究，2017（9）：62-68．

［21］刘海龙，仲黎明，吴冲锋．股票流动性的度量方法［J］．系统工程理论与实践，2003（1）：16-21．

［22］刘绪硕．我国地方政府债券流动性研究［D］．北京：中国财政科学研究院，2019：9-21．

［23］罗党论，佘国满．地方官员变更与地方债发行［J］．经济研究，2015（6）：131-146．

［24］马榕，石晓军．中国债券信用评级结果具有甄别能力吗？——基于盈余管理敏感性的视角［J］．经济学（季刊），2016（1）：197-216．

［25］潘俊，王亮亮，沈晓峰．金融生态环境与地方政府债务融资成本——基于省级城投债数据的实证检验［J］．会计研究，2015（6）：36-43．

［26］任彪，李双成．中国股票市场波动非对称性特征研究［J］．数学的实践与认识，2004，34（9）．

[27] 阮永锋，徐晓萍，刘音露．"投资者付费"模式能改善评级市场的信息质量吗？——基于中债资信评级的实证研究 [J]．证券市场导报，2019（5）：58 – 65.

[28] 沈红波，廖冠民．信用评级机构可以提供增量信息吗——基于短期融资券的实证检验 [J]．财贸经济，2014（8）：62 – 70.

[29] 时文朝，张强．基于结构突变理论的中国银行间债券市场流动性的长期趋势分析 [J]．世界经济，2009（1）：78 – 87.

[30] 时文朝．增强透明度对我国银行间债券市场信息效率的影响——以交易信息对流动性的影响为例 [J]．金融研究，2009（12）：99 – 108.

[31] 汤亮．公开信息与国债市场价格的价格发现过程——基于中国的经验实证分析 [J]．南开经济研究，2005（5）：100 – 105.

[32] 万树平．上海股票市场流动性的度量与影响因素实证分析 [J]．系统工程理论与实践，2006（2）：1 – 9.

[33] 汪炜，蒋高峰．信息披露、透明度与资本成本 [J]．经济研究，2004（7）：107 – 114.

[34] 王超，高扬，刘超．中国债券市场流动性度量方法的比较 [J]．北京理工大学学报（社会科学版），2018（1）：70 – 80.

[35] 王雄元，张春强．声誉机制、信用评级与中期票据融资成本 [J]．金融研究，2013（8）：150 – 164.

[36] 王茜田，文志瑛．银行间和交易所债券市场信息溢出效应研究 [J]．财经问题研究，2012（1）：60 – 67.

[37] 王永钦，陈映辉，杜巨澜．软预算约束与中国地方政府债务违约风险：来自金融市场的证据 [J]．经济研究，2016（11）：96 – 109.

[38] 吴育辉，翟玲玲，张润楠，等．"投资人付费" vs. "发行人付费"：谁的信用评级质量更高？[J]．金融研究，2020（1）：130 – 149.

[39] 夏凡，姚志勇．评级高估与低估：论国际信用评级机构"顺周期"行为 [J]．金融研究，2013（2）：184 – 193.

[40] 邢天才，詹明君，王文钢．评级机构竞争、声誉与债券信用评级质量 [J]．财经问题研究，2016（6）：66 – 71.

[41] 徐军伟，毛捷，管星华. 地方政府隐性债务再认识——基于融资平台公司的精准界定和金融势能的视角 [J]. 管理世界，2020 (9)：37 – 53.

[42] 徐晓萍，阮永锋，刘音露. 市场竞争降低评级质量了吗——基于新进入评级机构的实证研究 [J]. 财贸经济，2018 (11)：96 – 111.

[43] 杨晔. 企业债券品种创新驱动因素实证分析 [J]. 金融研究，2006 (12)：39 – 50.

[44] 姚红宇. 评级机构声誉机制与评级上调——来自中国信用评级的证据 [J]. 经济学报，2019 (2)：125 – 154.

[45] 姚秦. 债券市场委管结构与做市商制度理论与中国实证 [M]. 上海：复旦大学出版社，2007.

[46] 尹华阳，张鹏程，万华炜. 股票市场流动性迁徙效应的分析框架 [J]. 统计与决策，2006 (6)：97 – 101.

[47] 袁东. 交易所债券市场与银行间债券市场波动性比较研究 [J]. 世界经济，2004 (5)：63 – 68.

[48] 张帆，李同帅. 违约债券交易化处置方式实践与探索 [J]. 金融市场研究，2019 (10)：50 – 60.

[49] 张瑞晶. 我国地方政府债券流动性问题研究 [J]. 甘肃金融，2018 (9)：17 – 21.

[50] 张雪莹，焦健. 担保对债券发行利差的影响效果研究 [J]. 财经论丛，2017 (2)：48 – 57.

[51] 张瀛. 做市商、流动性与买卖价差：基于银行间债券市场的流动性分析 [J]. 世界经济，2007 (10)：86 – 95.

[52] 钟辉勇，陆铭. 财政转移支付如何影响了地方政府债务? [J]. 金融研究，2015 (9)：1 – 16.

[53] 周新苗，唐绍祥，刘慧宏. 中国绿色债券市场的分割效应及政策选择研究 [J]. 中国软科学，2020 (11)：42 – 51.

[54] 朱世武，许凯. 银行间债券市场流动性研究 [J]. 统计研究，2004 (11)：41 – 46.

[55] 朱万权. 农发债二级市场流动性建设探析 [J]. 农业发展与金

融, 2016 (3): 55 –57.

[56] 宗军. 中国债券市场开放建设的空间巨大 [J]. 经济研究参考, 2015 (71): 18 –19.

[57] Acconcia A, Corsetti G, Simonelli S. Mafia and public spending: Evidence on the fiscal multiplier from a quasi-experiment [J]. American Economic Review, 2014, 104 (7): 2185 –2209.

[58] Ackert L F, Church B K, Shehata M. Market behavior in the presence of costly, imperfect information: Experimental evidence [J], Journal of Economic Behavior and Organization, 1997, 33: 61 –74.

[59] Alexander G J, Edwards A K, Ferri M G. What does Nasdaq's high-yield bond market reveal about bondholder conflicts? [J]. Financial Management, 2000, 29: 23 –39.

[60] Amihud Y. Illiquidity and stock returns: Cross-section and time-series effects [J]. Journal of Financial Markets, 2002, 5 (1): 31 –56.

[61] Andrews I. Conditional linear combination tests for weakly identified models [J]. Econometrica, 2016, 84 (6): 2155 –2182.

[62] Aschauer D A. Is public expenditure productive? [J]. Journal of Monetary Economics, 1989, 23 (2): 177 –200.

[63] Baldacci E, Kumar M. Fiscal deficits, public debt, and sovereign bond yields [Z]. IMF Working Paper, No. 10/184, 2010.

[64] Barro R J. Inflation and economic growth [Z]. NBER Working Paper, No. 5326, 1995.

[65] Barro R J. On the determination of the public debt [J]. Journal of Political Economy, 1979, 87 (5): 940 –971.

[66] Bekaert G, Harvey C R, Lundblad C. Liquidity and expected returns: Lessons from emerging markets [J]. Review of Financial Studies, 2007, 20 (6): 1783 –1831.

[67] Blanchard O, Perotti R. An empirical characterization of the dynamic effects of changes in government spending and taxes on output [J]. The Quarterly Journal of Economics, 2002, 117 (4): 1329 –1368.

［68］Bloomfield R J, O'hara M. Can transparent markets survive? ［J］. Journal of Financial Economics, 2000, 55 (3): 425 –459.

［69］Blume M E, Keim D B, and Patel S A. Returns and volatility of low-grade bonds 1977 – 1989 ［J］. The Journal of Finance, 1991, 46: 49 –74.

［70］Boehmer E, Saar G, Lei Y U. Lifting the veil: An analysis of pre-trade transparency at the NYSE ［J］. The Journal of Finance, 2005, 60 (2): 783 –815.

［71］Bollerslev B T. Prediction in dynamic models with time-dependent conditional variances ［J］. Journal of Econometrics, 1992 (52): 91 –113.

［72］Cameron A C, Miller D L. A practitioner's guide to cluster-robust inference ［J］. Journal of Human Resources, 2015, 50 (2): 317 –372.

［73］Campbell J Y, Lo A W, MacKinlay A C. The Econometrics of Financial Markets ［M］. New Jecsey: Frinceton University Press, 1998.

［74］Chakravarty S, A Sarkar. Trading costs in three US bond markets ［J］. The Journal of Fixed Income, 2003, 13 (1): 39 –48.

［75］Chen L, Lesmond D A, Wei J. Corporate yield spreads and bond liquidity ［J］. Journal of Finance, 2007, 62 (1): 119 –149.

［76］Chen Z, He Z, Liu C. The financing of local government in China: Stimulus loan wanes and shadow banking waxes ［J］. Journal of Financial Economics, 2020, 137 (1): 42 –71.

［77］Copeland T E, Friedman D. The market value of information: Some experimental results ［J］. Journal of Business, 1992, 65: 241 –266.

［78］Cornell B, Green K. The investment performance of low-grade bond funds ［J］. The Journal of Finance, 1991 (46): 29 –48.

［79］Corwin S, Schultz P. A simple way to estimate bid-ask spreads from daily high and low prices ［J］. Journal of Finance, 2012 (67) : 719 –759.

［80］Demsetz H. The cost of transacting ［J］. Quarterly Journal of Economics, 1968, 82 (1): 33 –53.

［81］Dick-Nielsen J, Feldhütter P, Lando D. Corporate bond liquidity before and after the onset of the subprime crisis ［J］. Journal of Financial Economics, 2012, 103（3）: 471 – 492.

［82］ Dotsey M. Some unpleasant supply side arithmetic ［J］. Journal of Monetary Economics, 1994, 33（3）: 507 – 524.

［83］ Downing C, Underwood S, Xing Y H. The relative informational efficiency of stocks and bonds: An intraday analysis ［J］. Journal of Financial and Quantitative Analysis, 2009, 44: 1081 – 1102.

［84］ Edwards A, Harris L, Piwowar M. Corporate bond market transaction costs and transparency ［J］ . Journal of Finance, 2007（62）: 1421 – 1451.

［85］ Ernst Maug. Large shareholders as monitors: Is there a trade-Off between liquidity and control? ［J］. The Journal of Finance, 1998, 53（1）.

［86］ Feldhutter P. The same bond at different prices: Identifying search frictions and selling pressure ［J］. Review of Financial Studies, 2012（25）: 1155 – 1206.

［87］ Fischbacher U. Z-Tree: Zurich toolbox for ready-made economic experiments ［J］. Experimental Economics, 2007, 10（2）: 171 – 178.

［88］ Fleming M J. Measuring treasury market liquidity ［C］. Federal Reserve Bank of New York Economic Policy Review, 2003, 9（3）: 83.

［89］ Forsythe R, Palfrey T R, Plott C R. Asset valuation in an experimental market ［J］. Econometrica, 1982, 50（3）: 537 – 567.

［90］ Friedman D, Harrison G W, Salmon J W. The informational efficiency of experimental asset markets ［J］. Journal of Political Economy, 1984, 92（3）: 349 – 408.

［91］ Gale W, Orszag P. The economic effects of long-term fiscal discipline ［Z］, Urban-Brookings Tax Policy Center Discussion Paper, No. 8, 2003.

［92］ Glosten L R. Insider trading, liquidity, and the role of the monopolist specialist ［J］. Journey of Economics, 1989（21）: 211 – 236.

［93］ Goyenko R, Holden C, Trzcinka C. Do liquidity measures measure liquidity? ［J］. Journal of Financial Economics, 2009（92）: 153 – 181.

［94］ Grennes T, Caner M, Koehler-Geib F. Finding the tipping Point— When sovereign debt turns bad ［Z］. World Bank Policy Research Working Paper Series, No. 5391, 2010.

[95] Grossman S J, Miller M, Liquidity and market structure [J]. Journal of Finance, 1988 (43), 617 – 633.

[96] Grossman S J, Stiglitz J E. On the impossibility of informationally efficient markets [J]. American Economic Review, 1980, 70 (3): 393 – 408.

[97] Grossman S. On the efficiency of competitive stock markets where traders have diverse information [J]. Journal of Finance, 1976, 31 (2): 573 – 585.

[98] Halim E, Riyanto Y E, Roy N. Costly information acquisition, social networks, and asset prices: Experimental Evidence [J]. The Journal of Finance, 2019, 74 (4): 1975 – 2010.

[99] Handa P, Schwartz R A. Limit order trading [J]. The Journal of Finance, 1996, 51 (5): 1835 – 1861.

[100] Harris L. Statistical properties of the Roll serial covariance bid/ask spread estimator [J]. Journal of Finance, 1990, 45 (2): 579 – 590

[101] Harris, Lawrence E. Liquidity, trading rules, and electronic trading systems [J]. Monograph Series in Finance and Economics, 1990 (4).

[102] Hasbrouck J. Trading costs and returns for U. S. equities: Estimating effective costs from daily data. Journal of Finance, 2009 (65) : 1445 – 1477.

[103] Holt C A, Laury S K. Risk aversion and incentive effects [J]. American Economic Review, 2002, 92 (5): 1644 – 1655.

[104] Houweling P, Mentink A. Vorst T. Comparing possible proxies of corporate bond liquidity [J]. Journal of Banking & Finance, 2005, 29 (6): 1331 – 1358.

[105] Huber J, Angerer M, Kirchler M. Experimental asset markets with endogenous choice of costly asymmetric information [J]. Experimental Economics, 2011, 14: 223 – 240.

[106] Hui B. Comparative liquidity advantages among major US stock markets [M] (Vol. 84081) . Data Resources Incorporated, 1984.

[107] Jackson M O. An overview of social networks and economic applica-

tions [J]. In Benhabib J, Bisin A, Jackson M (eds.). The handbook of social economics [M]. Amsterdam: North Holland Press, 2010: 511 –585.

[108] Jackson M O. Social and Economic Networks [M]. Princeton: Princeton University Press, 2008.

[109] Jankowitsch R, Nashikkar A, Subrahmanyam M G. Price dispersion in OTC markets: A new measure of liquidity [J]. Journal of Banking & Finance, 2011, 35 (2): 343 –357.

[110] Jones C M, Lamont O, Lumsdaine R L. Macroeconomic news and bond market volatility [J]. CRSP working papers, 1998, 47 (3), 315 –337.

[111] Jordan S D, Jordan B D. Seasonality in daily bond returns [J]. The Journal of Financial and Quantitative Analysis, 1991, 26: 269 –559.

[112] Katz S. The price and adjustment process of bonds to rating reclassifications: A test of bond market efficiency [J]. The Journal of Finance, 1974 (29): 555 –559.

[113] Keynes J M. A Treatise on money [M]. London: Macmillan, 1930.

[114] Kumar M, Woo J. Public debt and growth [Z]. IMF Working Papers, No. 10/174, 2010.

[115] Kyle A S. Continuous auctions and insider trading [J]. Econometrica, 1985, 53 (6): 1315 –1336.

[116] Lesmond D A, Ogden J P, Trzcinka C A. A new estimate of transaction costs [J]. Review of Financial Studies, 1999, 12 (5): 1113 –1141.

[117] Mahanti S, Nashikkar A, Subrahmanyam M, Chacko G, Mallik G. Latent liquidity: A new measure of liquidity, with an application to corporate bonds [J]. Journal of Financial Economics, 2008, 88 (2): 272 –298.

[118] Martin P. Analysis of the Impact of Competitive Rates on the Liquidity of NYSE Stocks [J]. Economic Staff Paper, 1975, 75 (3).

[119] Milgrom P, Stokey N. Information, Trade, and Common Knowledge. Journal of Economic Theory, 1982, 26: 17 –27.

[120] Naik N Y, Yadav P K. The effects of market reform on trading costs of public investors: Evidence from the London Stock Exchange [J]. Available at

SSRN 172328, 1999.

[121] Najand, Mohammad, Kenneth Yung. The weekly pattern In treasury bond futures and garch effects [J]. Review of Futures Markets, 1993 (12), 1 – 18.

[122] Pagano M, Roell A. Transparency and liquidity: A comparison of auction and dealer markets with informed trading [J]. The Journal of Finance, 1996, 51 (2): 579 – 611.

[123] Page L, Siemroth C. An experimental analysis of information acquisition in prediction markets [J]. Games and Economic Behavior, 2017, 101: 354 – 378.

[124] Pastor L, Stambaugh R. Liquidity risk and expected stock returns [J] . Journal of Political Economy, 2003 (111) : 642 – 685.

[125] Peress J. Wealth, information acquisition, and portfolio choice [J]. Review of Financial Studies, 2004, 17: 879 – 914.

[126] Plott C R, Sunder S. Efficiency of experimental security markets with insider information: An application of rational-expectation models [J]. Journal of Political Economy, 1982, 90: 663 – 698.

[127] Plott C R, Sunder S. Rational expectations and the aggregation of diverse information in laboratory security markets [J]. Econometrica, 1988, 56: 1085 – 1118.

[128] Roll R. A simple implicit measure of the effective bid-ask spread in an efficient market [J]. Journal of Finance, 1984, 39 (4): 1127 – 1139

[129] Romp W, De Haan J. Public capital and economic growth: A critical survey [J]. Perspektiven der wirtschaftspolitik, 2007, 8 (1): 6 – 52.

[130] Sargent T J, Wallace N. Rational expectations and the theory of economic policy [C]. In Sargent T, Lucas R (eds). Rational expectations and econometric practice: Volume 1 [M]. University of Minnesota Press, 1981.

[131] Schultz P. Corporate bond trading costs: A peek behind the curtain [J]. Journal of Finance, 2001 (56) : 677 – 698.

[132] Smith V L, Suchanek G L, Williams A W. Bubbles, crashes and

endogenous expectations in experimental spot asset markets [J]. Econometrica, 1988, 56, 1119 – 1151.

[133] Stock J, Yogo M. Asymptotic Distributions of Instrumental Variables Statistics with Many Instruments [C]. In Andrews D (eds.). Identification and Inference for Econometric Models [M], New York: Cambridge University Press, 2005.

[134] Stoll H R. Presidential address: Friction [J]. Journal of Finance, 2000, 55 (4): 1479 – 1514

[135] Sunder S. Market for information: Experimental evidence [J]. Econometrica, 1992, 60: 667 – 695.

[136] Verrecchia R E. Information acquisition in a noisy rational expectations economy [J]. Econometrica, 1982, 50: 1415 – 1430.

后　记

　　中国债券市场过去几十年发展成绩令世人瞩目，原因是多方面的：既有中国经济增长对债券市场的巨大支持，也有科学、前瞻性的债券市场制度的顶层设计，还有债券从业人员的创新努力。中国债券市场在借鉴国际先进经验的基础上，结合中国实际，创新性地走出了一条成功的、具有中国特色的债券市场发展道路。经过近20年的高速发展，中国债券市场迈入了崭新的全面质量提升阶段。债券市场从数量增长到质量提高的转型对债券理论研究提出了更高的要求：一方面，要总结过去中国债券发展的成功经验，分析中国债券市场存在的问题并提出改进建议；另一方面，要借鉴国际先进经验和理论研究成果，针对中国债券市场实践进行理论创新和制度设计。

　　中央国债登记结算有限责任公司与中国人民大学财政金融学院合作成立的中债研究所，一直致力于中国债券市场重大基础理论的研究，对中国债券市场核心问题进行深入研究并提出政策建议。本书依托于中国人民大学中债研究所各课题组最新的研究成果，历经两年多研究和撰稿，并多次与业界专家进行研讨，听取业界专家的意见和建议，反复修改打磨而成。希望本书的出版，能为推动债券市场更高质量发展添砖加瓦，带动更多研究者对中国债券市场的关注和进一步深入研究。希望学界和业界共同努力，为建设更好的中国债券市场贡献力量。

　　除了各位优秀的研究学者，中国人民大学财政金融学院的很多研究生也为本书的撰写和数据整理工作提供了帮助，他们是：邓晴元、姜圆、卢征宇、王宏博、徐泽林、梅博韬、冯桂芳和但雨洁。再次感谢大家付出的努力，让本书得以按时与各位读者见面。

尽管参与本书编写的各位作者都倾注了大量努力，但难免会有疏忽和不当之处，望各位读者批评指正。

类承曜
2022 年 4 月于中国人民大学

图书在版编目（CIP）数据

债券市场质量：评价体系、影响因素与优化设计 /
类承曜等著. —北京：经济科学出版社，2022.9
ISBN 978 - 7 - 5218 - 3999 - 9

Ⅰ.①债…　Ⅱ.①类…　Ⅲ.①债券市场 - 研究 - 中国
Ⅳ.①F832.51

中国版本图书馆 CIP 数据核字（2022）第 166513 号

责任编辑：初少磊
责任校对：杨　海
责任印制：范　艳

债券市场质量：评价体系、影响因素与优化设计

类承曜　等　著

经济科学出版社出版、发行　新华书店经销

社址：北京市海淀区阜成路甲 28 号　邮编：100142

总编部电话：010 - 88191217　发行部电话：010 - 88191522

网址：www. esp. com. cn

电子邮箱：esp@ esp. com. cn

天猫网店：经济科学出版社旗舰店

网址：http://jjkxcbs. tmall. com

北京季蜂印刷有限公司印装

710×1000　16 开　16.5 印张　250000 字

2022 年 12 月第 1 版　2022 年 12 月第 1 次印刷

ISBN 978 - 7 - 5218 - 3999 - 9　定价：78.00 元

（图书出现印装问题，本社负责调换。电话：010 - 88191510）

（版权所有　侵权必究　打击盗版　举报热线：010 - 88191661

QQ：2242791300　营销中心电话：010 - 88191537

电子邮箱：dbts@ esp. com. cn）